एन एल पी
सीक्रेट्स

चिंता, डर और भय को दूर करने के लिए, साथ ही अपने मस्तिष्क को प्रशिक्षित करने के लिए, एन एल पी की आवश्यक तकनीकों को जानें। काम और रिश्तों में सफल होने के लिए जीत की मानसिकता प्राप्त करें।

एमी ब्राउन

अनुवाद : पूजा कुमारी

Pharos Books

HB ISBN : 978-93-59837-77-2
ISBN : 978-93-59837-95-6

© प्रकाशकाधीन

प्रकाशक: फॅरोज बुक्स
प्लॉट नं.-55, मेन मदर डेयरी रोड
पांडव नगर, ईस्ट दिल्ली-110092
फोन: 011-40395855
व्हाट्स ऐप: +91 9319228272
ई-मेल: sales@pharosbooks.in
वेबसाइट: www.prabhakarprakashan.com

प्रथम संस्करण: 2024

एन एल पी सीक्रेट्स	: एमी ब्राउन
अनुवाद	: पूजा कुमारी

जीवन में बढ़त पाने में आसानी होगी अगर आप अपनी उन भावनाओं पर नियंत्रण करने का तरीका ढूंढ़ेंगे जो नियंत्रित नहीं हैं तो अच्छा होगा, ताकि आप आसान, सुखद और त्वरित परिणाम प्राप्त कर सकें। क्या ये इच्छाएँ केवल सोचने भर तक हैं? लेकिन न्यूरो (तंत्रिका)-भाषाई प्रोग्रामिंग एक ऐसा तरीका है, जिससे आप ऐसा कर सकते हैं। यह दर्द रहित, दवा मुक्त है और आपके द्वारा देखे जाने वाले प्रभावों के लिए न्यूनतम प्रयास की आवश्यकता होती है।

एन एल पी मनोवैज्ञानिकों द्वारा विकसित किया गया था, जिन्हें कई अर्ध-चिकित्सीय तरीकों के विपरीत, व्यवहार प्रबंधन दृष्टिकोण के मूल्य की मज़बूत समझ थी। उन्होंने केवल चीज़ों को एक कदम आगे ले जाने और परिणामों की गति में सुधार की दिशा में आगे बढ़ने में, अवचेतन मन की सहायता को एकीकृत करने का एक तरीका ईजाद किया।

यह पुस्तक आपको सिखाएगी, कि आपको उन व्यक्तिगत मुद्दों को अलग करने के लिए क्या करना चाहिए, जिन्हें आपको ठीक करने की आवश्यकता है और जो परिवर्तन आप चाहते हैं, उसे शुरू करने के लिए आवश्यक कदम और प्रक्रियाएँ प्रदान करेंगी। सबसे अच्छी बात यह है कि, सभी रीप्रोग्रामिंग स्वयं किए जा सकते हैं। यह आपको ड्राइवर की सीट पर बिठा देता है।

न्यूरो (तंत्रिका)-भाषाई प्रोग्रामिंग से मदद मिलेगी:

- शिथिलता जैसी खराब आदतों को खत्म करें।
- लत की आदतों को नष्ट करें।
- मूड और समग्र भावनात्मक संतुलन को बढ़ावा दें।
- भावनात्मक रोलर कोस्टर की सवारी बंद करें।

- भावनात्मक संकेतों और चेतावनी अलार्म को पहचानें, जो व्यवहार संबंधी समस्याओं में योगदान करते हैं।

इसके लिए खुला दिमाग़, कुछ अतिरिक्त समय और परिवर्तन के लिए दृढ़ संकल्प की ही आवश्यकता है। खराब आचरण और भावनात्मक नियंत्रण की कमी से उत्पन्न मुद्दों का समाधान खोजने के लिए बहुत अधिक खर्च नहीं करना पड़ता है। कल्पना कीजिए, कि आप बुरी आदतों को छोड़ सकते हैं या ऐसा जीवन जी सकते हैं, जो अधिक आरामदायक और शांतिमय हो। क्या आप इसमें शामिल होने और एन एल पी का उपयोग करना सीखने के लिए तैयार हैं? चलो, अब शुरू करते हैं!

अनुक्रम

न्यूरो (तंत्रिका)-भाषाई प्रोग्रामिंग क्या है?

एन एल पी का वर्णन करने के कई तरीके हैं और दर्शकों के आधार पर, कई एन एल पी अभ्यासकर्ता इसका वर्णन करने का तरीका बदल देते हैं। एक अक्सर इस्तेमाल की जाने वाली प्रक्रिया है, "अपने दिमाग की भाषा न्यूरो (तंत्रिका) का उपयोग करके व्यवहार के प्रोग्रामर (या पैटर्न) को कैसे बदलें।" काम पर व्यवहार पैटर्न के उदाहरण हैं:

- प्रस्तुतियों या बैठकों से पहले चिंतित (या आत्मविश्वास) महसूस करना।
- समय पर डिलीवरी न करने के कारण श्रमिकों से परेशान होना (या समझदारी दिखाना)।
- निर्णय लेने में विलंब (या निर्णायक होना)।

एन एल पी की एक अन्य परिभाषा, "आपके वांछित परिणामों और उद्देश्यों को प्राप्त करने में आपकी सहायता करने के लिए कौशल, तकनीकों और विधियों की एक शृंखला है। अलग-अलग अर्थ मौजूद होने के दो मुख्य कारण यह हैं, कि एन एल पी का उपयोग अलग-अलग तरीकों से किया जा सकता है, जैसे कि कोचिंग, बिक्री, प्रबंधन, खेल, चिकित्सा, कल्याण, शिक्षा और यह अभी भी अपेक्षाकृत नया करियर है।

आपको यह समझने के लिए तकनीकी बातों को समझने की ज़रूरत नहीं है, कि एक साथ रखे गए, तीन शब्दों का किसी प्रकार का अर्थ है। न्यूरो (तंत्रिका) का अर्थ है, मस्तिष्क की भाषा से उत्पन्न होने वाला भाषाई साधन। प्रोग्रामिंग का सीधा-सा मतलब है, कि आपके जीवन को आसान बनाने के लिए निर्धारित मापदंडों के भीतर संपर्क की डिग्री की निगरानी करने में सक्षम होना।

सीधे शब्दों में कहें, न्यूरो (तंत्रिका) शब्द "न्यूरो (तंत्रिका)लॉजी" शब्द से आया है और इस तथ्य को संदर्भित करता है, कि हमारे सभी व्यवहार मस्तिष्क द्वारा संसाधित होने वाली हमारी इंद्रियों की हमारी समझ पर आधारित हैं। लोग अपनी इंद्रियों का उपयोग कर सकते हैं। इंद्रियां उत्तेजनाओं का जवाब देती हैं और जब वे ऐसा करती हैं, तो आप जो देखते हैं, वह एक प्रतिक्रिया है, जो मामले की नकारात्मकता या सकारात्मकता के आधार पर संतोषजनक या नकारात्मक हो सकती है।

आपको यह ध्यान देने की आवश्यकता है, कि आपके द्वारा कही गई सभी बातें मौखिक रूप में नहीं हैं। आपका शरीर बहुत कुछ बता सकता है, उदाहरण के लिए, केवल शारीरिक भाषा और हावभाव का उपयोग करके। यदि आप किसी पर उँगली उठा रहे हैं, तो उन्हें यह विचार आएगा, कि आप शत्रुतापूर्ण हैं, जैसे कि यदि आप उन्हें गले लगा रहे हैं, तो आप स्नेही हैं।

जब आप "प्रोग्रामिंग" शब्द का परिचय देते हैं, तो यह थोड़ा मुश्किल होता है, क्योंकि लोग तुरंत मान लेते हैं, कि आपका मतलब किसी प्रकार की स्वतंत्र-प्रतिक्रिया पैदा करना है और यह थोड़ा दूर की बात है।

प्रोग्रामिंग सिद्धांतों और वास्तविकताओं पर केंद्रित है। उदाहरण के लिए, लोग हाथ मिलाने के लिए बाध्य हैं। उन्हें सार्वजनिक रूप से न थूकने की शर्त दी गई है, क्योंकि उन्हें विनम्र नहीं माना जाता है। हालाँकि, यदि आप इस मूल्य प्रणाली की पहुँच का विस्तार करते हैं, तो आप अन्य निर्धारित गतिविधियों को शामिल करने में सक्षम होंगे, जो जीवन के प्रति आपके दृष्टिकोण को बदलने में मदद कर सकते हैं और आप इसके भीतर क्या कर सकते हैं। जब लोग अपने जीवन को विकसित करते या बदलते हैं, तो वे अपने जीवन की आदतों को भी बदलते हैं। इसका मतलब है, नई चीजों को अपनाना। यही कारण है, कि लोग दावा करते हैं, कि जो लोग बड़े पैमाने पर यात्रा करते हैं, वे न्यूरो (तंत्रिका)लिंग्विस्टिक प्रोग्रामिंग विधियों के बारे में अधिक बात करते हैं, क्योंकि उन्हें हर बार दुनिया बदलने पर लागू किया जाता है और यात्री अक्सर वातावरण बदलते हैं।

हर कोई नई विशेषज्ञता प्राप्त करने में भी सक्षम है और इसमें न्यूरो (तंत्रिका) लिंग्विस्टिक प्रोग्रामिंग के फायदों को समझना शामिल है। यदि आप और सबूत चाहते हैं, तो निम्नलिखित प्रश्नों के उत्तर देने पर विचार करें:-

ऐसे कई प्रश्न हैं, जो पूछे जा सकते हैं, जो एक संकेत देंगे, कि कोई व्यक्ति कितना खुले विचारों वाला है। उदाहरणार्थ:-

- खरपतवारों की कितनी किस्में हैं?
- आपके पास चिकन बारबेक्यू कितने तरीके होंगे?
- क्या आप किसी रात्रि में तारों की संख्या गिनने की स्थिति में हैं?

इन सभी सवालों के परिवर्तनशील उत्तर हैं। नतीज़तन, समस्याओं को उसी तरह से पेश किया जा सकता है, लेकिन न्यूरो (तंत्रिका) लिंग्विस्टिक प्रोग्रामिंग विशेषज्ञता के साथ, आप अपने दृष्टिकोण से केवल संभावित प्रतिक्रिया के रूप में अपनी प्रतिक्रियाओं को सीमित करने के बजाय, उन पर प्रतिक्रिया देने के और अधिक तरीके खोज लेंगे।

जब आप दो लोगों को एक कमरे में एक साथ लाते हैं और उनसे पूछते हैं, कि बाहर होने के बाद वे कमरे के बारे में क्या सोच रहे हैं, तो उनमें से प्रत्येक को अलग-अलग चीज़ें दिखाई देंगी। ऐसा इसलिए है, क्योंकि प्रत्येक दृष्टिकोण अलग है। उसी तरह, ऊपर पूछे गए प्रश्नों का उत्तर एक सार्वभौमिक और निर्णायक उत्तर के बजाय, जो आपने देखा या समझा है, उसके बहुत विशिष्ट दृष्टिकोण से दिया जाएगा। वह छोटी सी प्रतिक्रिया देकर, आप एक बड़ी छवि देखने से बच रहे हैं, जो सभी के लिए खुली है, लेकिन उसमें बहुत कुछ कमी है।

न्यूरो (तंत्रिका)-भाषाई प्रोग्रामिंग की उत्पत्ति 1970 के दशक में हुई थी। जॉन ग्रिंडलर, जो एक भाषाई विशेषज्ञ थे, रिचर्ड बैंडलर के साथ आए और विशेषज्ञता के संयोजन ने उन्हें गेस्टाल्ट सिद्धांत के आधार पर व्यवहार पैटर्न को देखने में मदद की। इस अज्ञात में उनका साहसिक कार्य गुंजाइश देने के लिए था।

इस विचार के लिए आवश्यक कई करियर कि सफलता का स्तर दृष्टिकोण द्वारा तय किया जा सकता है और दृष्टिकोण की सीमा, सफलता का स्वीकार्य स्तर बनाने में मदद करती है।

रिचर्ड बैंडलर की मनोचिकित्सा में सक्रिय रुचि थी और इस अवधि में दो प्रसिद्ध मनोचिकित्सकों, फ्रिट्ज पर्ल्स और वर्जीनिया सैटिर के साथ मिलकर काम किया, जो रिचर्ड बैंडलर और जॉन ग्राइंडर के समान खुले दृष्टिकोण का उपयोग कर रहे थे।

नतीजतन, न्यूरो (तंत्रिका)-भाषाई प्रोग्रामिंग अगला कदम था और सम्मोहन चिकित्सा का उपयोग करते हुए शोध के बाद, इन अग्रदूतों ने देखा कि सहायक चिकित्सीय पैटर्न बनाए जा रहे थे, जिनका उपयोग लोगों को अपने जीवन को बेहतर बनाने, स्वयं सहायता में और शिक्षण, कोचिंग, व्यावसायिक अनुप्रयोग और मानसिक सहायता दोनों ही क्षेत्रों के लिए किया जा सकता है।

उपयोग की जाने वाली संरचनाओं को उन लोगों द्वारा पढ़ाया जाता है, जिन्हें विधियों को सिखाने के लिए प्रशिक्षित किया जाता है और दुनिया में उपयोगी विधियों को उपयोग में लाने का अनुभव होता है। कॉलेज दुनिया भर में मौजूद हैं और इन संस्थानों में की गई शिक्षा, व्यवसाय और व्यक्तिगत जीवन के कई पहलुओं में सहायक होती है।

इस प्रकार, यह साबित हो गया है, कि न्यूरो (तंत्रिका)-भाषाई दृष्टिकोण बहुत अच्छी तरह से काम करता है और जो लोग इसका अध्ययन करते हैं, वे चीजों को अन्य दृष्टिकोणों से देख सकते हैं और इसलिए, व्यापक परिणामों और अधिक प्रभावी परिणामों के साथ निर्णय लेने में सक्षम हो सकते हैं। इस प्रणाली का उपयोग करने वाले मनोचिकित्सकों ने पाया, कि उनके रोगी के डॉक्टर की रिपोर्ट खुल गई है और व्यापक तस्वीर देखने के लिए सिखाए जाने से रोगियों को अच्छी प्रतिक्रिया देने की अधिक संभावना है।

व्यवसाय से जुड़े लोगों को उम्मीदें अधिक रखनी चाहिए, क्योंकि न्यूरो (तंत्रिका)-भाषाई प्रोग्रामिंग दृष्टिकोण कार्यकर्ता के दृष्टिकोण को बढ़ा सकता है, ताकि पालन किए जाने वाले उद्देश्यों का विस्तार करना बहुत आसान हो जाए। जिन खिलाड़ियों को न्यूरो (तंत्रिका)-भाषाई प्रोग्रामिंग रणनीतियों में प्रशिक्षित किया जाता है, वे अपने शरीर को आगे बढ़ाने में सक्षम होते हैं और इस प्रकार अपने प्रदर्शन में अधिक अनुभव प्राप्त करते हैं। यह ढाँचा इतना मजबूत है, कि यह सर्वसमावेशी है और इसका अध्ययन करने वाले किसी भी व्यक्ति के लिए उपयोगी है।

इतिहास

न्यूरो (तंत्रिका) लिंग्विस्टिक प्रोग्रामिंग 1970 के दशक में रिचर्ड बैंडलर और जॉन ग्राइंडर द्वारा विकसित की गई थी। बैंडलर ने कैलिफोर्निया विश्वविद्यालय से

दर्शनशास्त्र और मनोविज्ञान में बी.ए और लोन माउंटेन कॉलेज से मनोविज्ञान में एम.ए. किया है। ग्राइंडर ने सैन फ्रांसिस्को विश्वविद्यालय से मनोविज्ञान में बीए और कैलिफोर्निया विश्वविद्यालय से भाषाविज्ञान में पीएचडी की उपाधि प्राप्त की है।

एन एल पी की शुरुआत कैलिफोर्निया विश्वविद्यालय के साथ उनके संबंधों पर केंद्रित थी। बैंडलर, विश्वविद्यालय में एक छात्र ने गेस्टाल्ट थेरेपी मॉडलिंग के मुद्दे पर चर्चा करने के लिए ग्राइंडर से संपर्क किया। पूरे सत्र उनके साथियों के साथ गहन चर्चा हुई थी। वे जल्द ही गेस्टाल्ट थेरेपी पर फ्रिट्ज़ पर्ल्स, सम्मोहन पर वर्जीनिया सैटिर और मनोचिकित्सा पर मिल्टन एरिक्सन के कार्यों का एक उदार मिश्रण बनाने में सक्षम थे।

दोनों संस्थापकों ने पाया है, कि पर्ल्स, सैटिर और एरिकसन के काम के संश्लेषण ने एक मजबूत ढांचा तैयार किया है, जो संचार, विकास और चिकित्सा के क्षेत्र में छलांग लगाने की क्षमता रखता है। इसमें किसी व्यक्ति के अंतरंग, मनोवैज्ञानिक, पेशेवर और सामाजिक जीवन के व्यापक पहलुओं को प्रभावित करने की भी क्षमता है। इस मिश्रण को आज के एन एल पी के मूल मूल्यों में दर्ज और संहिताबद्ध किया गया है।

एन एल पी बनाने में संस्थापकों के पीछे प्रेरक शक्ति, उन लोगों का अध्ययन और उनके परिणाम थे। उन्होंने पाया कि जिन लोगों ने स्कूली शिक्षा, प्रशिक्षण और अनुभव में समान अनुभव साझा किया है, उन्होंने कई स्तरों पर प्रदर्शन किया है। कुछ प्रभावी और सफल थे, जबकि अन्य असफल थे। व्यापक असमानता किसी ऐसी चीज़ से प्रेरित होनी चाहिए, जो सफल व्यक्ति के इतिहास के पारंपरिक विश्लेषण से छूट गई हो। उन्होंने यह भी सिद्धांत दिया, कि सफल लोगों के पास सफलता की एक कुँजी या स्रोत होना चाहिए, जो उनकी शिक्षा या अनुभव में नहीं पाया जा सकता है।

संस्थापकों ने सफल लोगों द्वारा उपयोग की जाने वाली विधियों और दृष्टिकोणों को एकत्र किया है। इस संग्रह से, उनका लक्ष्य तीन चीजें हासिल करना था, अपनी शिक्षा और अनुभव के अलावा सामान्य सूत्र ढूँढ़ना, पैटर्न को संक्षिप्त करना और उनकी वैधता का परीक्षण करना और अंत में, सबसे महत्त्वपूर्ण बात,

पैटर्न साझा करना ताकि अन्य लोग समान प्रदर्शन प्राप्त करने के लिए उनका अनुकरण कर सकें।

संकलन के नतीजे ने उन्हें एक ध्यान देने योग्य तत्व प्रदान किया, जो उन लोगों को अलग करता था, जो अच्छे थे और जो अच्छे नहीं थे: उनके संचार की गुणवत्ता। उन्होंने पाया, कि प्रभावशाली लोग अलग-अलग तरीके से व्यवहार करते हैं, जैसे कि उनके बोलने का तरीका, जिन शब्दों का वे इस्तेमाल करते हैं और यहाँ तक कि उनके द्वारा इस्तेमाल किया जाने वाला गैर-मौखिक संचार भी। जब उन्होंने संचार रणनीतियों का अनुकरण किया, तो वे ऐसे मॉडल बनाने में सक्षम हुए, जिससे बाद में एन एल पी की नींव बन गए।

एन एल पी का औषधीय उद्योग में एक अद्वितीय स्थान है। अधिकांश दवाएँ और उपचार उस समस्या पर ध्यान केंद्रित करते हैं, जो एक व्यक्ति के पास है, या वास्तव में अनुभव कर रहा है। पारंपरिक दृष्टिकोण समस्या का विश्लेषण करना, मूल्यांकन करना और उस पर ध्यान केंद्रित करना है। वास्तव में, अधिकांश चिकित्सा सत्र समस्या को समझने के लिए समर्पित हैं। एन एल पी इस मायने में अद्वितीय है, कि यह समस्या-केंद्रित होने की तुलना में अधिक समाधान-केंद्रित है। समस्या कैसे उत्पन्न हुई, इसकी लंबी चर्चा के बजाय, एन एल पी इसका अभ्यास करने वालों को तत्काल, व्यक्तिगत और टिकाऊ समाधान प्रदान करता है। यह भी एक कारण है, कि एन एल पी क्यों दुनिया भर में लोकप्रियता हासिल कर रहा है, क्योंकि ज्यादातर लोगों के पास इस मुद्दे को समझने के लिए समय ही नहीं है। वे अपना खाली समय समाधान खोजने में लगाना पसंद करेंगे।

एन एल पी इसलिए भी विशेष है, क्योंकि यह वास्तव में अर्थ में कोई सिद्धांत नहीं है। इसके बजाय, यह तकनीकों का एक सेट है, जिसका उपयोग उन लोगों द्वारा किया जाता है, जो पहले से ही अपने पेशे में सफल हो चुके हैं। ऐसी अमूर्त अवधारणाएँ प्रदान करने के बजाय, जिन्हें कभी भी व्यावहारिक अभ्यास में नहीं लाया जा सकता, एन एल पी आपको वास्तविक संसाधन प्रदान करता है, जिनका आप उपयोग कर सकते हैं। इसमें आपके चेतन और अचेतन दोनों विचारों और संसाधनों को जोड़ने की क्षमता है, जिससे आप अपनी क्षमता का बेहतर मूल्यांकन कर सकते हैं।

पुरस्कार

सफलता, एन एल पी के सबसे महत्त्वपूर्ण पुरस्कारों में से एक है। आपके जीवन में एन एल पी की डिग्री की वस्तुतः कोई सीमा नहीं है; यह व्यक्तिगत, शैक्षिक, सामाजिक, वित्तीय, आध्यात्मिक, स्वास्थ्य और सामान्य कल्याण हो सकता है। एन एल पी के माध्यम से, आप विश्वास और बुरी आदतों को भुलाने के रूप में व्यक्तिगत सफलता प्राप्त करेंगे। करियर की उन्नति और सफल बिक्री के माध्यम से व्यावसायिक सफलता भी प्राप्त की जा सकती है। सामाजिक सफलता, जैसे कनेक्शन और संवेदनशीलता भी संभव है। वित्तीय समृद्धि पूरी होगी, यदि आपके पास अपने राजस्व, खर्च और निवेश के निर्णयों पर अधिक नियंत्रण है। आपके पास जीवन पर एक बेहतर या अधिक आशावादी दृष्टिकोण हो सकता है, जो आपकी आध्यात्मिकता को समृद्ध करेगा। स्वास्थ्य विकल्पों को और मजबूत किया जा रहा है। एन एल पी का अभ्यास करने वालों के लिए प्रोत्साहन का एक और समूह है, जो सफलता की राह पर पाए जाते हैं। आप मजबूत प्रबंधन कौशल विकसित करते हैं, आप अधिक प्रेरित और आशावादी महसूस करते हैं और आप अच्छे और अच्छी तरह से सोच-समझकर निर्णय ले सकते हैं। आप अपने प्रतिबंध को परिभाषित कर सकते हैं, संबोधित कर सकते हैं, स्वीकृत कर सकते हैं या उससे अधिक कर सकते हैं। आप अपने दिमाग को नई सीख और नई मान्यताओं द्वारा खुद को अधिक संवेदनशील बनाएँगे। आप दैनिक जीवन के दबावों से निपटने का कौशल विकसित करते हैं।

शायद एन एल पी का सबसे मूल्यवान इनाम यह है, कि आप अंदर से समायोजित कर सकते हैं। अक्सर लोग अपने ऊपर बाहरी दुनिया के प्रभाव को ज़्यादा महत्त्व देते हैं। उन्हें लगता है, कि वे अपने आस-पास के लोगों की इच्छा से हमेशा के लिए बंधे हुए हैं। वास्तव में, दुनिया जो आपको प्रभावित करती है उसके बजाय, सच्चाई यह है कि आप दुनिया को प्रभावित कर रहे हैं। आपने जो पदोन्नति छोड़ दी है, वह शीर्ष प्रबंधन के फैसले के कारण नहीं है, बल्कि इसलिए कि आपने आत्मविश्वास की कमी का अनुमान लगाया है या अपने सहकर्मियों के बीच खुद को स्थापित करने में विफल रहे हैं। इसी निष्क्रियता ने शीर्ष प्रबंधन को आपके स्थान पर किसी और को चुनने के लिए मज़बूर किया।

जब आप खुद पर नियंत्रण हासिल कर लेते हैं और खुद को भीतर से बदल लेते हैं, तो आप अपनी तात्कालिक दुनिया में बदलाव महसूस करेंगे। वहाँ से, ब्रह्मांड आपके पक्ष में मुड़ने जा रहा है। निःसंदेह, खुद को अंदर से बदलना, कहने से ज्यादा आसान है। परिवर्तन तुरंत नहीं किये जा सकते और इन्हें संयोग से नहीं किया जाना चाहिए। बिना मार्गदर्शन के, आपके द्वारा किया गया अंतर भविष्य में आपके लिए हानिकारक साबित हो सकता है। एन एल पी में एक मानचित्र शामिल है जो आपको अपने वास्तविक विकास और प्रगति के अनुसार खुद को ढालने में मदद करता है।

एन एल पी के अन्य लाभ

कार्यस्थल में तीन प्रमुख लाभ प्राप्त करने के लिए, एन एल पी रणनीतियों, व्यवहारों और उपकरणों का एक सेट प्रदान करता है:

- संचार बढ़ाना।
- विचारों, आदतों, दृष्टिकोणों और विश्वासों को बदलना।
- उत्कृष्टता की प्रतिकृति।

आइए ऊपर बताए गए प्रत्येक लाभ को बारी-बारी से लें।

संचार बढ़ाना

कार्यस्थल पर, आप आम तौर पर दिन के अधिकांश समय अन्य व्यक्तियों के साथ बातचीत करते हैं। आप अपने आप से भी जुड़ते हैं; उदाहरण के लिए, यदि आप किसी बैठक से पहले चिंतित हैं, तो आप किसी तरह से खुद को संकेत देते हैं कि यह ठीक नहीं चल रहा है (लोग शायद ही योजना के अनुसार स्थिति होने से कभी घबराते हैं)। एन एल पी दूसरों (जैसे कि कर्मचारी, ग्राहक, विक्रेता, सहकर्मी) और खुद से अधिक कुशलता से जुड़ने के विभिन्न तरीके प्रदान करता है (यदि आप अधिक तनावमुक्त होने के लिए घबराए हुए हैं तो स्थिति को समझने के तरीके को बदलकर)।

विचारों, आदतों, दृष्टिकोणों और विश्वासों को बदलना

कार्यस्थल पर, अधिकांश व्यक्ति नकारात्मकता के क्षणों का अनुभव करते हैं (उदाहरण के लिए, यदि उनका पदोन्नति आवेदन अस्वीकार कर दिया गया है,

या यदि उन्होंने कोई गहत्त्वपूर्ण अनुबंध खो दिया है)। अक्सर लोग ऐसे तरीके से कार्य करते हैं, जो विशेष रूप से सहायक नहीं होते हैं, जैसे कि काम को टालना, अनावश्यक रूप से क्रोध व्यक्त करना, या अन्य दृष्टिकोणों को स्वीकार नहीं करना, जबकि ऐसा करना फायदेमंद होगा। एन एल पी आपको अधिक आशावादी बनने और अनुपयोगी आदतों के बजाय लाभकारी आदतों को अपनाने में मदद करने के लिए "तकनीकों" का एक संग्रह प्रदान करता है।

उत्कृष्टता की प्रतिकृति

यदि आप विभागीय या संगठनात्मक उत्कृष्टता (कभी-कभी बेंचमार्किंग के रूप में संदर्भित) को दोहराना चाहते हैं, बातचीत या प्रबंधन जैसी किसी विशेष गतिविधि में उत्कृष्टता को दोहराना चाहते हैं, या किसी अलग स्थिति में अपनी खुद की उत्कृष्टता की नकल करना चाहते हैं (उदाहरण के लिए, यदि आप पाँच लोगों के सामने प्रस्तुति देने में उत्कृष्ट हैं और 50 लोगों के सामने प्रस्तुति देने में अभिभूत महसूस करते हैं, तो आप छोटे लोगों के सामने क्या करेंगे?)। मैंने लोगों को बहुत कम ही यह कहते हुए सुना है, कि एन एल पी "हेरफेर" है। ऐसा नहीं है, क्योंकि कोई भी चीज़ "हेरफेर" है या नहीं यह उस चीज़ या विधि पर नहीं, बल्कि उपयोगकर्ता के इरादे पर निर्भर करता है। उदाहरण के लिए, अधिकांश मामलों में कंप्यूटर का उपयोग रचनात्मक और लाभकारी तरीके से किया जाएगा और इसका उपयोग केवल कभी-कभी आपराधिक उद्देश्यों के लिए किया जा सकता है; यह कंप्यूटर की आलोचना नहीं है!, एन एल पी एक उपकरण है, जो एक मशीन की तरह बहुत शक्तिशाली है। उद्योग में एन एल पी का उपयोग करने के कई वर्षों के अनुभव (मेरे अपने और मेरे एन एल पी सहयोगियों के) के आधार पर मेरा मानना है, कि उद्यम में, सभी हितधारकों के लिए कार्य करने वाले समाधान बनाने के लिए एन एल पी का उपयोग करने से सर्वोत्तम परिणाम आते हैं।

अंत में, जैसा कि परिचय में कहा गया है, यदि किसी को आवश्यकता है, तो एन एल पी चिकित्सा या परामर्श का प्रतिस्थापन नहीं है।

बुनियादी न्यूरो (तंत्रिका)-भाषाई प्रोग्रामिंग (एन एल पी) अवधारणा को समझना

एन एल पी को समझने की पहली कुँजी एन एल पी शब्द में पाई जा सकती है। एन एल पी का मूल सिद्धांत, आपके शरीर में तंत्रिका तंत्र न्यूरो (तंत्रिका) को, आपके द्वारा उपयोग की जाने वाली भाषा, मौखिक और गैर-मौखिक (भाषाई) दोनों, से जोड़ना है, जो आपके लक्ष्यों (प्रोग्रामिंग) को प्राप्त करने के लिए, आपके द्वारा उपयोग किए जाने वाले व्यवहार पैटर्न को प्रभावित करेगी।

तंत्रिका-विज्ञान

तंत्रिका-विज्ञान, मानव तंत्रिका तंत्र के संचालन को संदर्भित करता है। इससे पहले, कि हम इस पर ध्यान केंद्रित करें, हमें पहले तंत्रिका तंत्र के घटकों को देखना होगा, विशेष रूप से केंद्रीय तंत्रिका तंत्र- विचार के प्रत्यक्ष कार्यों से निपटना, जानकारी संग्रहित करना, विभाजित करना, व्यवहार तैयार करना और निष्पादित करना- और परिधीय तंत्रिका तंत्र, जो अचानक, अप्रत्याशित परिस्थितियों में की गई प्रतिक्रियात्मक कार्रवाई के लिए जिम्मेदार है, जिसके लिए पूर्व-प्रसंस्करण की आवश्यकता नहीं होती है।

किसी व्यक्ति का तंत्रिका तंत्र एक ऐसा तंत्र है, जिसका उपयोग शरीर बाहरी दुनिया को समझने और फिर उसे दिमाग के भीतर संसाधित करने के लिए करता है। मशीन पाँच प्राथमिक इंद्रियों का उपयोग करती है-श्रवण, स्वाद-संबंधी, गति-संवेदी, गंध-संवेदी और दृश्य। कान, जीभ, त्वचा-गति, नाक और आँखों का उपयोग करके, आंतरिक मन बाहरी दुनिया को संसाधित करेगा।

अब आइए देखें कि, सीएनएस कैसे संचालित होता है। सीएनएस सभी मानवीय विचारों, निर्णयों और व्याख्याओं का मूल है। किसी स्थिति में, हमारा केंद्रीय तंत्रिका-तंत्र उस स्थिति का विश्लेषण करता है, जिसमें वह खुद को पाता है और निम्नलिखित दो में से किसी एक के आधार पर उन कार्यों को करता है, जिससे हमारा शरीर एक विशिष्ट तरीके से प्रतिक्रिया करता है:

- अतीत की यादों के आधार पर: हमारी स्मृति में संग्रहित यादों को समान परिस्थितियों में निर्णय लेने में दिमाग का मार्गदर्शन करने के लिए कहा जा सकता है।
- बाहरी संदर्भ के आधार पर: ऐसी स्थितियों में जहाँ किसी घटना के बारे में कोई पूर्व ज्ञान नहीं होता है, मानव मस्तिष्क उस पालन-पोषण में गहराई से अंतर्निहित प्रतिक्रिया उत्पन्न करता है, जिससे हम गुजरे हैं और जिस परिवेश से मानव को अवगत कराया गया है।

जैसा कि स्पष्ट है, स्मृति से लेकर दुनिया तक की हर चीज़ मानव मस्तिष्क में संसाधित होती है और हमारे सोचने के तरीके को प्रभावित करती है। परिणामस्वरूप, दो लोग जो समान परिस्थितियों से गुजर रहे हैं, वे समस्या से निपटने के लिए पूरी तरह से अलग-अलग तरीकों का उपयोग कर सकते हैं। यह भिन्नता मुख्यतः धारणा में असमानता के कारण है।

इसलिए, इस जानकारी को कुशल और प्रभावी तरीके से विभाजित करने और पुनः प्राप्त करने में सक्षम होना आवश्यक है। एन एल पी हमें सटीक रूप से ऐसा करने की अनुमति देता है।

भाषा

भाषाविज्ञान एन एल पी का दूसरा पैरामीटर है। भाषाविज्ञान आदिम शब्दों में भाषा का अध्ययन है। यहाँ इसका तात्पर्य उस माध्यम से है, जिसका उपयोग हमारे विचारों को कार्यों तक पहुँचाने और अपने विचारों को व्यक्त करने के लिए किया जाता है। हालाँकि यह अति-प्रचारित लग सकता है, भाषा संभवतः एक सफल और व्यावहारिक लक्ष्य प्राप्त करने का सबसे महत्त्वपूर्ण पहलू है।

किसी व्यक्ति द्वारा उपयोग की जाने वाली भाषा का विकास इंद्रियों की प्रसंस्करण जानकारी के उत्पाद पर आधारित होता है। संदर्भ और विवरण श्रवण इंद्रिय की जानकारी को ध्वनि के रूप में, स्वाद को स्वाद के रूप में, गतिज को भावना के रूप में, घ्राण को गंध के रूप में और दृश्य को छवियों के रूप में दिया जाता है। फिर इन व्याख्याओं को मौखिक और गैर-मौखिक दोनों शब्दों में व्यक्त किया जाता है।

आज लोगों को जिन महत्त्वपूर्ण नुकसानों का सामना करना पड़ता है, उनमें से एक गलत संचार है। वे अपनी राय स्पष्ट रूप से व्यक्त करने में असमर्थ होते हैं और कोशिश करने पर भी, सोचने से पहले ही बोलना समाप्त कर देते हैं। इससे संदेश प्राप्तकर्ता की ओर से भी मिश्रित प्रतिक्रिया होती है और इस प्रकार प्रेषक के दिमाग की उत्पादकता में बाधा आती है। हालाँकि यह बाहरी संचार से संबंधित है, आंतरिक संचार को भी उतना ही महत्त्व दिया जाना चाहिए, क्योंकि मानव मस्तिष्क के अर्थ में एक निरंतर और लगातार एकालाप चलता रहता है, चाहे निर्णय लेने में हो या किसी स्थिति को समझने में। आंतरिक संचार भी पारदर्शी, विस्तृत और विश्वसनीय होना चाहिए।

प्रोग्रामिंग

जब मस्तिष्क और हमारी भाषा विज्ञान को अधिकतम परिणाम देने के लिए अनुकूलित किया जाता है, तो उन्हें प्रोग्रामिंग के माध्यम से, मस्तिष्क को सर्वोत्तम संभव तरीके से कार्य करने के लिए प्रशिक्षित करने और हमारे दिमाग और भाषा पर अधिकार रखने के लिए एक साथ समकालीन बनाने की आवश्यकता होती है।

मस्तिष्क को अधिक कार्यात्मक बनाने के लिए पहला कदम हमारे विचारों, भावनाओं और विचारों को व्यवस्थित करना है। जैसा कि कहा जाता है, "शैतान की कार्यशाला एक अव्यवस्थित दिमाग है!" अनाड़ीपन शरीर का भंडारण कक्ष है, जो असुविधाजनक समय पर अप्रत्याशित, अप्रत्याशित भावनात्मक विस्फोट का कारण बन सकता है, जिससे किसी व्यक्ति की उत्पादकता, चाहे वह पेशेवर हो या व्यक्तिगत, में बाधा आ सकती है।

यह वह जगह है, जहाँ प्रोग्रामिंग भावनाओं को नियंत्रण में रखकर काम करती है, उन्हें किसी विशिष्ट स्थिति में हस्तक्षेप करने की अनुमति नहीं देती है, जहाँ उनकी आवश्यकता नहीं होती है। अक्सर, जानकारी की प्रचुरता के कारण, मानव मस्तिष्क अक्सर इस बात को लेकर भ्रमित हो सकता है, कि किसी स्थिति में आवश्यक सटीक जानकारी कैसे उत्पन्न की जाए। इस मामले में, प्रोग्रामिंग डेटा के प्रसंस्करण को अनुकूलित करने के लिए संग्रहित जानकारी को विभाजित और वर्गीकृत करने में मदद करती है।

प्रोग्रामिंग उस तरीके का समग्र उत्पाद है, जिसमें आप अपनी इंद्रियों को संसाधित करके और अपनी भाषा को समझने योग्य बनाकर अपनी भावनाओं, विचारों और कार्यों को व्यवस्थित करते हैं। यह आपके कार्यों में प्रतिबिंबित होगा, जो बाहरी दुनिया में बदलाव को प्रेरित करेगा। उदाहरण के लिए, कर्मचारी अपने डेस्क पर काग़ज़ी कार्रवाई से भरा हुआ है, जिसे संसाधित करने और अगले दिन पोस्ट करने की आवश्यकता है।

उसकी इंद्रियाँ संवेदनाओं से भर जाती हैं, वह अपने मैनेजर को यह कहते हुए सुनता है, कि वह कितनी शिद्दत से काम पूरा करना चाहता है और वह देखता है, कि घड़ी मिनट-दर-मिनट टिक-टिक कर रही है। फिर वह एक गहरी सांस लेता है और अपने सहकर्मी से कहता है, कि वह कभी भी अपना काम समय पर पूरा नहीं कर पाएगा। अपने सभी सहकर्मियों के चले जाने के बाद, वह खुद से कहता है, कि उसका करियर बर्बाद हो गया है और वह हार मान सकता है, घर जा सकता है और काम अधूरा छोड़ सकता है। अपनी ओवरटाइम शिफ्ट के अंत में, वह अपना काम पूरा करने में असफल रहा और घर चला गया।

एन एल पी के पीछे सिद्धांत यह है, कि कर्मचारी अपनी नौकरी में प्रभावी हो सकता था, यदि उसने अपनी स्थिति को बेहतर मानसिकता और अलग-अलग भाषाओं के साथ समझा होता। उनकी मनःस्थिति पराजित महसूस करने के बजाय विजय और उपलब्धि की होनी चाहिए थी। विफलता से बचने के लिए शब्दों का उपयोग करने के बजाय, उसे सफलता की आशा करने के लिए शब्दावली का उपयोग करना चाहिए था।

एन एल पी में, नुकसान का कारण घड़ी या काम की मात्रा नहीं है, बल्कि स्वयं कर्मचारी या, अधिक सटीक रूप से उसकी मानसिक स्थिति और शब्दों के उपयोग के परिणामस्वरूप उसके कार्य हैं।

इसलिए, सफलता पहले बाहर की दुनिया को बदलने से नहीं, बल्कि अपने भीतर की दुनिया को बदलने से हासिल की जा सकती है। आप अपने संवेदी अंगों द्वारा उत्पन्न डेटा को कैसे समझते हैं और आप इन व्याख्याओं को शब्दों में कैसे अनुवादित करते हैं, इस पर नियंत्रण करके, आप स्वयं को आवश्यक या वांछित कार्यों के साथ प्रोग्राम कर सकते हैं। जब आप अपनी आंतरिक दुनिया, अपने आस-पास की बाहरी दुनिया में बदलाव के परिणामस्वरूप अपने कार्यों को बदलते हैं, तो परिणामस्वरूप आप बदल जाएँगे।

मन के तीन स्तर

हमारा मन तीन भागों से बना है: चेतन मन, अवचेतन मन और अचेतन मन। चेतन मन, चेतना की वर्तमान स्थिति, संसार और उससे संबंधित ज्ञान है। ये डेटा दिमाग के उपयोग के लिए आसानी से उपलब्ध हैं। अवचेतन मन ऐसी जानकारी संग्रहित करता है, जिस तक कुछ कठिनाई के साथ पहुँचा और निकाला जा सकता है। मस्तिष्क लगातार अवचेतन में संग्रहित ज्ञान को संसाधित करता है, लेकिन मस्तिष्क को इसके बारे में सचेत रूप से पता नहीं चलता है।

इस परिभाषा को एक उदाहरण से सबसे अच्छी तरह से समझा जा सकेगा। जब हम खुद को किसी मान्यता प्राप्त माहौल में पाते हैं, तो हम पर्यावरण पर विशेष ध्यान दिए बिना तुरंत पहुँच जाते हैं और खुद को परिचित तरीके से संचालित करते हैं। इसी तरह, जब हम अपनी मातृभाषा में बोलते हैं, तो शब्द स्वाभाविक रूप से आते हैं, हमें कुछ शब्दों को बनाने के लिए अतिरिक्त प्रयास नहीं करना पड़ता है। अंततः, अचेतन मन हमारी प्रवृत्तियों और उन भावनाओं के लिए ज़िम्मेदार है, जो हम अपनी आंतों को सौंपते हैं। अचेतन मन में संग्रहित यह ज्ञान, चेतन या अवचेतन मन में संग्रहित जानकारी जितनी आसानी से उपलब्ध नहीं है। हालाँकि यह हमारे लिए रहस्यमय है, यह हमारे कार्यों के साथ-साथ आवेगपूर्ण निर्णय लेने को भी प्रभावित करता है। एन एल पी पिछले अनुभवों के आधार पर ज्ञान एकत्र करके, डेटा बैंक बनाकर और धीरे-

धीरे अवचेतन के अचेतन भाग और अंततः चेतन मन में जानकारी संग्रहित करके अचेतन में संग्रहित डेटा को पुनः प्राप्त करने और उन तक पहुँचने में मदद करता है।

लोकप्रिय न्यूरो (तंत्रिका)-भाषाविज्ञान प्रोग्रामिंग

उच्च-तनाव वाली नौकरियाँ

कुछ व्यवसायों, जैसे चिकित्सा कानून, सुरक्षा, आदि के लिए अत्यधिक उच्च स्तर की ऊर्जा और प्रयास की आवश्यकता होती है। जब भी कोई दुर्घटना होती है, तो लोगों को दिन के हर समय एक-दूसरे को रिपोर्ट करना होता है और फिर भी सतर्क रहना होता है। नतीज़तन, डाउनटाइम के दौरान, इन क्षेत्रों में काम करने वाले लोगों के लिए मन की उत्कृष्ट शांति बनाए रखना महत्त्वपूर्ण है, क्योंकि काम पर एकाग्रता की कमी के नाटकीय, विनाशकारी परिणाम हो सकते हैं। जब मस्तिष्क अभी भी अधिक काम और तनाव की स्थिति में हो, तो एकाग्रता खोना आसान होता है। ऐसे मामलों में, जब कोई व्यक्ति आराम कर रहा होता है, तब भी अचेतन मन प्रत्याशा की स्थिति में रहता है, जो अनिवार्य रूप से ऐसी परिस्थितियों में काम करने वाले लोगों में मानसिक टूटन का कारण बनता है। एन एल पी लोगों को अपने दिमाग का ख़याल रखने के लिए प्रोत्साहित करके ऐसी अवांछनीय परिस्थितियों को रोकने में मदद करता है। यह उनकी दोहराव वाली गतिविधियों से आसानी से निपटने में मदद करता है, जिससे उन्हें अपने व्यक्तिगत और व्यावसायिक जीवन में बेहतर समन्वय बनाने में मदद मिलती है।

नौकरियों की योजना बनाना

व्यवसाय, मार्केटिंग और इंजीनियरिंग जैसी नौकरियाँ, जिनमें बहुत अधिक तैयारी की आवश्यकता होती है, एन एल पी-प्रशिक्षित दिमागों को नियोजित करने से बहुत लाभ मिलता है। एक लक्ष्य रखना और उस पर दृढ़ता के साथ काम करना एन एल पी के लिए एक शर्त है और इस प्रकार यह इन क्षेत्रों में काम करने वाले लोगों के लिए मूल्यवान साबित होता है, क्योंकि यह उन करियर में नौकरियों के लिए एक मापदण्ड भी है। दीर्घकालिक परियोजनाओं के लिए जिम्मेदार निर्णय लेने की आवश्यकता होती है, जो एन एल पी द्वारा विकसित गुणों में से एक है।

रचनात्मक कार्य

एन एल पी की मूल आधारशिला पूर्वकल्पित विचारों को तोड़ना है, जिससे दिमाग़ अधिक खुला हो जाता है। यह गुण तब उपयोगी होता है, जब कोई व्यक्ति कलात्मक कौशल की आवश्यकता वाले क्षेत्र में काम कर रहा हो, जैसे कि चित्रकार, लेखक या अभिनेता। जब एन एल पी का अभ्यास किया जाता है, तो दिमाग जोखिम लेने में और कुछ जोख़िमों को पुरस्कार में बदलने में सक्षम हो जाता है। जब मन की तीनों परतों तक पूरी तरह पहुँचती है, तो ताज़ा विचार अनायास ही उत्पन्न हो जाते हैं। इसके अलावा, इन विचारों को समझने में ज़्यादा मेहनत नहीं लगती, जैसा कि अप्रशिक्षित दिमाग़ों के मामले में होता है।

सामाजिक जीवन

आज की दुनिया में व्यक्तिगत और व्यावसायिक जीवन जितना महत्त्वपूर्ण हो सकता है, किसी व्यक्ति का सामाजिक जीवन भी उतना ही महत्त्वपूर्ण है। नए लोग नए अनुभवों के लिये अवसर प्रदान कर रहे हैं और अज्ञात क्षेत्र की खोज से हमारे आत्म-सम्मान में भी सुधार हो रहा है। कुछ बड़े, कुछ इतने बड़े नहीं ,अलग-अलग लोग, अलग-अलग सामाजिक दायरे में घूम रहे हैं। लेकिन एक विस्तृत सामाजिक दायरा होने का मतलब है, कि एक व्यक्ति इसे अच्छी तरह से प्रबंधित करता है। किसी के सामाजिक तंत्र को सबसे प्रभावी मैत्रीपूर्ण तरीके से, कि यह किसी के व्यक्तिगत या व्यावसायिक जीवन में हस्तक्षेप न करें, संभालने में सक्षम होना महत्त्वपूर्ण है।

अव्यवस्थित सामाजिक जीवन परोपकार के रूप में अभिशाप है। एन एल पी हमारे संचार को मजबूत करता है, क्योंकि हमारे विचार व्यक्त करना आवश्यक है, लेकिन दूसरों की आवाज़ को कम करने के जोख़िम पर नहीं। युक्ति यह है, कि विश्वास और नम्रता के बीच संतुलन बनाया जाए। एन एल पी हमारे दिमाग़ को संतुलन की इस भावना को पहचानने और बनाए रखने के लिए प्रशिक्षित करता है। संतुलित सामाजिक जीवन का निर्माण करते समय रूढ़िवादिता और सामान्यीकरण अक्सर दो मुख्य चुनौतियाँ होती हैं, जिन पर ध्यान देने की आवश्यकता होती है। एन एल पी खुले दिमाग़ का चरित्र प्रदान करता है, जो लंबे समय में एक स्थिर समुदाय बनाने में मदद करता है।

आजकल, मानव मन में उथल-पुथल की नीरसता, अधिकांश लोगों की अधीरता और हार मानने की प्रवृत्ति के कारण बातचीत को संभालना अधिक कठिन होता जा रहा है। इससे अलगाव, तलाक, पारिवारिक विघटन आदि के विनाशकारी मामले सामने आते हैं। अक्सर, परिवार के भीतर सभी संचार शून्य हो जाते हैं, क्योंकि इससे केवल ग़लतफहमी और विभाजन होता है। एन एल पी हमारे जीवन में अचेतन मन को हस्तक्षेप करने और आक्रामक प्रतिक्रिया करने की इच्छा को कम करके ऐसे संघर्षों से बचने के लिए आवश्यक अनुशासन से जोड़ता है। इसे एन एल पी की सहायता से अचेतन मन के काम करने की गति को बढ़ाकर हासिल किया जा सकता है। यह दिमाग़ को महत्त्वपूर्ण मामलों में अपनी बात रखने, संघर्ष को समझने और यह स्वीकार करने के लिए प्रशिक्षित करता है, कि मैच में ज़बरन वसूली के लिए कुछ भी नहीं है। जहाँ दो पक्षों के बीच मतभेद हों, वहाँ आपसी सहमति से बीच का रास्ता निकाला जा सकता है, या कम से कम आपसी सम्मान स्थापित किया जा सकता है। इस प्रकार, पहाड़ों का निर्माण छोटी-छोटी बाँबी से नहीं किया जा सकता है और अलगाव बढ़ने के मामलों से बचा जा सकता है। दुनिया के वैश्वीकरण के साथ, कई जोड़े अस्तित्व के किसी चरण में अपने पेशेवर जीवन का पालन करने के लिए विभिन्न देशों में रहते हैं। इसके साथ, बेवफाई एक प्रचलित समस्या बन गई है, क्योंकि लोग जल्दी से यात्रा करते हैं और पुराने रिश्तों को पीछे छोड़ देते हैं। एन एल पी मानव स्वभाव को प्रशिक्षित करता है, कि वह आकर्षक बोली के लालच में न पड़े, चाहे वह भावनात्मक हो या शारीरिक। यह हमारे विवेक को जागृत करता है, ताकि हम अपने साझेदारों को धोखा देने के गड्ढे में न गिरें।

न्यूरो (तंत्रिका)–भाषाई प्रोग्रामिंग के सामान्य सिद्धांत

एन एल पी में, कुछ मौलिक अवधारणाओं या पूर्वधारणाओं का उद्देश्य उस दृष्टिकोण को तैयार करना है, जिसके लिए एन एल पी का उपयोग किया जाता है। वे एन एल पी को उपयोगकर्ता द्वारा उसी तरह उपयोग करने की अनुमति देते हैं, जिस तरह से इसे उपयोग करने के लिए डिज़ाइन किया गया था। एन एल पी केवल दूसरों के लिए कुछ करने के अव्यवस्थित तरीकों का संग्रह नहीं है। यह वह नहीं है, जो इसे करना चाहिए था। जो व्यक्ति एन एल पी में पेशेवर रूप से प्रशिक्षित हैं, वे इसका बहुत अलग तरीके से उपयोग करते हैं और उनकी सीमाओं के प्रति सचेत हैं।

हम इस अध्याय में एन एल पी के कार्य सिद्धांतों की समीक्षा करेंगे, जो एन एल पी के आविष्कार के बाद से मौजूद हैं। उन्हें आंतरिक बनाने से आप एन एल पी का यथासंभव सर्वोत्तम तरीके से उपयोग कर सकेंगे। ऐसे विचार या अपेक्षाएँ आदर्शवादी नहीं हैं।

वास्तव में, वे सक्रिय हैं और उनमें एन एल पी का उपयोग कैसे करें, के बारे में सीधा मार्गदर्शन शामिल है। इनका पालन न करने से बहुत आसानी से दूसरे व्यक्तियों को नुकसान हो सकता है।

इसलिए सुनिश्चित करें, कि ऐसा करते समय आप इन सरल एन एल पी अवधारणाओं पर ध्यान दें।

सामान्य अवधारणाएँ

- एन एल पी एक मॉडल है, सिद्धांत नहीं। और संक्षेप में, विश्लेषण व्यक्ति-परक है। हर किसी के लिए यह एक ऐसा अनुभव है, जो अलग-अलग होता है।

- एन एल पी को एक मरम्मत मॉडल के रूप में देखने के बजाय, इसे एक उत्पादक मॉडल के रूप में देखा जाना चाहिए। इसका तात्पर्य यह है, कि एन एल पी किसी समस्या के कारणों की खोज या मूल्यांकन करने पर ध्यान केंद्रित नहीं करता है, बल्कि मुद्दों का समाधान खोजने पर ध्यान केंद्रित करता है। एन एल पी में, विकल्प जोड़े जाते हैं, हटाए नहीं जाते।

- मन और शरीर एक प्रणाली बनाते हैं

- एक प्रणाली को मानव व्यवहार की प्रत्येक विशेषता के लिए जिम्मेदार ठहराया जा सकता है।

- आपका बाहरी आचरण इस बात से प्रभावित हो सकता है, कि आप अपने प्रतिनिधित्वात्मक ढाँचे का उपयोग कैसे करते हैं।

- यदि एक व्यक्ति कुछ भी कर सकता है, तो यह सैद्धांतिक रूप से किसी भी व्यक्ति द्वारा प्राप्त किया जा सकता है।

- चेतन मन की क्षमता न्यूनतम होती है।

सामाजिक संपर्क

- आपको दूसरों से मिलने वाली प्रतिक्रिया की जिम्मेदारी लेनी होगी।

- भले ही व्यक्तियों को वर्तमान में यह पता हो या नहीं, आपको ऐसा व्यवहार करना होगा, जैसे कि उनके पास हर पल में आवश्यक सभी मानसिक सहायता है।

- लोगों पर प्रभाव डालने के लिए आपको सबसे पहले दुनिया को अपने अनूठे दृष्टिकोण से देखना होगा। इससे पहले कि आप उन्हें प्रभावित करना शुरू करें, आपको दुनिया के बारे में उनके विचारों की खोज करके और वहाँ उनसे मिलना शुरू करना होगा।

- उनके पास मौजूद साधनों से लोग किसी भी स्थिति में सही निर्णय लेते हैं।
- आपको यह समझना होगा, कि हर किसी के लिए, सत्य का कोई एक संस्करण नहीं है। व्यक्ति की सत्य की धारणा भिन्न होती है और यह आपसे कम सटीक नहीं होती और यह आपसे भिन्न होती है। वे सभी वास्तविकता के अलग-अलग प्रतिनिधित्व हैं, जैसे वास्तविक क्षेत्र से भिन्न क्षेत्र का नक्शा।
- लोग अभी भी सत्य के अपने आंतरिक संस्करण पर प्रतिक्रिया देंगे, न कि केवल उस पर जो वे अकेले अपनी इंद्रियों से अनुभव करते हैं।

व्यक्तिगत विकास

- जिस व्यक्ति के पास सबसे अधिक व्यवहारिक बहुमुखी प्रतिभा होती है, उसे सबसे अधिक महत्त्वपूर्ण लाभ होता है। परिणाम पर उसका सबसे अधिक प्रभाव हो सकता है। इसलिए सुनिश्चित करें, कि आप अपने आचरण और दृष्टिकोण को बढ़ाएँ।
- अपने आप को बताएँ, कि किसी भी समस्या का समाधान है।
- आपको किसी व्यक्ति के व्यक्तित्व और आत्म-छवि को उनके कार्यों से अलग करके पहचानना चाहिए।
- प्रत्येक कार्य या कृत्य का किसी भी मनुष्य के जीवन में कम से कम किसी स्तर पर, सकारात्मक उद्देश्य होता है।
- यदि आप जो कर रहे हैं, वह काम नहीं कर रहा है, तो इसे प्रतिक्रिया के रूप में लें और अपनी योजना को लगातार परिष्कृत करें।

नोट: यह ध्यान रखना ज़रूरी है, कि ये आदर्श कठोर सत्य या तथ्य नहीं हैं, बल्कि हम एन एल पी में किसी भी सच्चाई को एक कार्यशील परिकल्पना के रूप में लेते हैं। ऐसे मामले होंगे, जहाँ नियम सही नहीं होंगे और यह ठीक है। ऐसा व्यवहार करना, मानो मूल्य हमेशा मान्य हों, यही रहस्य है। उनमें से कुछ दूर की कौड़ी लग सकते हैं, लेकिन ऐसा व्यवहार करना, जैसे कि वे वास्तविक हों, हमें लगातार समायोजित करने की अनुमति देता है, कि हम अपनी बात पर पहुँचने से पहले दूसरों के साथ कैसे जुड़ते हैं या यह महसूस करते हैं, कि वे इसके लिए खुले नहीं हैं।

तालमेल

इसके चार स्तंभों को एन एल पी की नींव कहा जाता है:- साझेदारी, संवेदी तीक्ष्णता या चेतना, प्रदर्शन या प्रदर्शन के आधार पर तर्क, और कार्यों की बहुमुखी प्रतिभा। ये आधार एन एल पी के सिद्धांत की नींव बनाते हैं और वे एन एल पी के सभी निष्कर्षों का समर्थन करते हैं। संपर्क के दौरान इन अवधारणाओं पर ध्यान केंद्रित करना, लोगों के जीवन में कुछ बदलाव लाने के लिए महत्त्वपूर्ण है। लोग इन आधारों का उपयोग करके गलत संचार की घटनाओं को कम या ख़त्म कर सकते हैं और आपसी समझ को बेहतर बनाने में मदद कर सकते हैं। लेख से आरंभ करते हुए एक अध्याय में, चारों स्तंभों में से प्रत्येक को संबोधित किया गया है।

तालमेल का उपहार

रिश्ते बनाने के लिए लोग एक दूसरे से जुड़ते हैं। व्यक्तियों के लिए एन एल पी दृष्टिकोण का सबसे महत्त्वपूर्ण लाभ संबंध निर्माण में है। आज की संस्कृति में लगभग सभी लोग तेज़ पथ में गाड़ी चलाते हैं। एन एल पी के स्तंभों में से एक, लोगों के रहने और काम करने की गति को समझना, अनुरोधों या एहसानों के लिए "नहीं" कहने में एक आवश्यक सबक प्रदान करता है, जो किसी व्यक्ति के व्यस्त कार्यक्रम पर अतिरिक्त बोझ डाल देगा, लेकिन यह दोस्ती या पेशेवर रिश्ते कायम करने में सफल होगा।

इसे साझेदारी-सीखना कहा जाता है, कि रिश्ते कैसे बनाएँ और यदि संभव हो तो, उस हिस्से का प्रबंधन करना जहाँ कुछ रिश्तों को तोड़ने की जरूरत है। एन एल पी का तात्पर्य है, कि जब कोई व्यक्ति बातचीत के माध्यम से अन्य लोगों के साथ सार्थक संबंध बनाने में सक्षम होता है, तो सफलता प्राप्त की जा सकती है। इस बिंदु पर, यह उल्लेख करना आवश्यक है, कि यदि आपके स्वयं के साथ अच्छे संबंध हैं, तो एन एल पी में सफलता आसान हो जाती है।

एन एल पी की एक धारणा पर नजर डालें:- एक व्यक्ति से दूसरे व्यक्ति के बीच संचार का सार, वह उत्तर है, जो व्यक्ति को ऐसे संचार के इरादे के बावजूद मिलता है। इसे सरल तरीके से दोहराते हुए, देने वाले को जो प्रतिक्रिया मिलती है, वह प्राप्तकर्ता

के साथ सम्पर्क का सार है। इस आधार पर, किसी विशेष सम्पर्क के बारे में भ्रम या प्रतिरोध होने पर संभावित स्पष्टीकरण रिश्ते की कमी है।

साझा की गई सभी चीज़ों के साथ साझेदारी बढ़ाने या स्थापित करने का उद्देश्य कभी भी "थोक"(wholesale) समझौता नहीं होता है। इसके बज़ाय, साझेदारी को दूसरे व्यक्ति को बेहतर ढंग से समझाना चाहिए, कि क्या बताया जा रहा है। तालमेल व्यक्तियों को संदेश बाहर निकालने की अनुमति देता है। रिपोर्ट से दूसरे व्यक्ति के लिए यह समझना आसान हो जाना चाहिए, कि आपने "नीला" क्यों कहा, जब आपने "नीला" कहा था। रिपोर्ट को पिछली चर्चा के आधार पर आपसी समझ, आत्मविश्वास और अनुरूपता के आधार पर किसी अन्य व्यक्ति या लोगों के समूह के साथ सार्थक बातचीत करने की क्षमता के रूप में परिभाषित किया गया है।

तालमेल निर्माण के लाभ

आपके जीवन में महत्त्वपूर्ण व्यक्तियों और आपके आस-पास के व्यक्तियों के साथ संबंध स्थापित करने के लाभों को संक्षेप में 5 बिंदुओं के रूप में प्रस्तुत किया गया है:

- **याद रखें:-** लोगों के लिए आपको याद रखना आसान बनाने के लिए मज़बूत रिश्तों की ज़रूरत होती है। जब लोग आपको याद करते हैं, जब आप पहली बार इस व्यक्ति से मिले थे, या जब आपका पहली बार परिचय हुआ था, तो आप अच्छी तरह से मिले थे।

- **पहचान:-** एक अच्छे रिश्ते वाला व्यक्ति, अपने सामने आने वाले हर व्यक्ति को प्रभावित करता है। पहली छाप कायम रहती है। जान लें, आपके लिए पहली छाप छोड़ने का कोई दूसरा अवसर नहीं है। अपनी पहली मुलाकात का हिसाब रखें।

- **प्रतिक्रिया:-** पहली बार उससे मिलने के बाद, अगली मुलाक़ात के दौरान किसी से सकारात्मक प्रतिक्रिया प्राप्त करना, हमेशा एक उत्साहजनक एहसास होता है।

- **सम्मान:-** एक सफल रिश्ता आपको दूसरों का विश्वास जीतने का मौका देता है। आपने उनका विश्वास जीत लिया है, क्योंकि लोग आप पर भरोसा

करते हैं। आप किस प्रकार व्यक्तियों का सहयोग करते हैं और उनका समर्थन करते हैं, इसके लिए आपको सराहना मिलती है।

- **जिम्मेदारी:-** हालाँकि यह सच है, कि एक या दोनों पक्षों द्वारा अच्छे रिश्ते प्रदर्शित करने से अच्छे रिश्ते बन सकते हैं, सफल व्यक्ति दूसरों के साथ रिश्ते स्थापित करने के लिए जिम्मेदार होते हैं। प्रत्येक साझेदारी में, यह अच्छा अभ्यास है। रिश्तों को बनाने या मज़बूत करने में जो शामिल होता है या उससे भी ज़्यादा शामिल होता है, वही रिश्ते का प्रभारी होता है।

तालमेल निर्माण रणनीतियाँ

रिश्ते बनाने के लिए एन एल पी का उपयोग करने में अच्छा होना कोई भी सीख सकता है और अभ्यास कर सकता है। हालाँकि, रसायन विज्ञान या जीव विज्ञान की तुलना में, जहाँ कोई प्रयोगशाला की सीमाओं के भीतर ज्ञान प्राप्त कर सकता है और कौशल को निखार सकता है, जब आप समाज में शामिल होते हैं, तो रिश्ते परिपूर्ण होते हैं, क्योंकि आप उन लोगों के साथ संबंध विकसित करते हैं, जिनके साथ आप रहते और काम करते हैं। एन एल पी में, रणनीति में मौलिक कौशल और अधिक विशिष्ट तकनीकें शामिल होती हैं। दूसरों के साथ संबंध स्थापित करने के कुछ सबसे महत्त्वपूर्ण तरीकों पर नीचे चर्चा की गई है।

तालमेल बनाने में, मुख्य कौशल हैं:-

- पूछताछ करना,
- सुनना,
- संगठन और
- शोध करना।

अन्य व्यक्तियों के प्रति एक मजबूत, जिज्ञासु रवैया बनाएँ। दूसरों के साथ शामिल होने से चिंता की भावना प्रकट होती है। लोगों को आमतौर पर यह संदेश मिलता है, कि जब आप उनमें रुचि दिखाते हैं, तो आप उनकी परवाह करते हैं। उदाहरण के लिए, यदि आपका औपचारिक परिचय नहीं हुआ है, तो विश्लेषणात्मक दृष्टिकोण का उपयोग करके विश्लेषण के माध्यम से किसी व्यक्ति से सम्पर्क करने का सबसे अच्छा तरीका जानने का प्रयास करें। आप जो भी तकनीक का उपयोग करें, आपको अपना

उद्देश्य सही ढंग से व्यक्त करना होगा। विवाद को सुलझाने का एक अच्छा तरीका किसी भी महत्त्वपूर्ण विषय पर बात करना है। अपनी उद्देश्यपूर्ण पूछताछ के बाद दिए गए, उत्तरों को ध्यान से सुनें। सतर्क रहें और संबंध विकास के अवसरों की तलाश करें। यदि आपको लगता है, कि उन्हें सहायता की आवश्यकता है, तो सहायता प्रदान करें। यदि आप कार्यस्थल या उद्योग में एन एल पी में रिश्तों को लागू करते हैं, तो रिश्ते दोस्ती से अधिक साझेदारी के बारे में हो सकते हैं। हालाँकि, आश्वस्त रहें कि मानव हित की सभी स्थितियों और क्षेत्रों में, एन एल पी लागू है।

रिपोर्ट में समान तरंग दैर्घ्य पर अन्य व्यक्तियों को देखने और उनके साथ बातचीत करने में सक्षम होना शामिल है। सच तो यह है- जब आप दूसरे लोगों से जुड़ते हैं, तो वे आपकी प्रामाणिकता की व्याख्या कैसे करते हैं, इसका एक बड़ा हिस्सा बोले गए शब्दों पर नहीं, बल्कि इस पर आधारित है, कि आप इसे कैसे कहते हैं:-

- मुख मुद्रा,
- इशारे,
- आसन,
- आवाज़ का स्वर, आदि।

मिलान एवं दर्पणीकरण(mirroring)

यहीं पर एन एल पी "न्यूरो (तंत्रिका)" अनुभाग आता है। "न्यूरो (तंत्रिका)" अंत में संबंध बनाने के लिए सबसे शक्तिशाली रणनीतियों में से एक मिलान और मिररिंग है। विशेषज्ञों का मानना है, कि मिलान और मिररिंग ऐसे तरीके हैं, जिनसे एक व्यक्ति इस बात से अत्यधिक परिचित हो सकता है, कि दुनिया को दूसरे व्यक्ति द्वारा कैसे सोचा और समझा जाता है। अपने कानों का उपयोग करके शब्दों को सुनना पारंपरिक सुनने की प्रक्रिया है। एन एल पी में, मिलान और मिररिंग से व्यक्ति को सिर्फ़ कानों से नहीं, बल्कि पूरे शरीर से सुनने में मदद मिलती है।

दिलचस्प बात यह है, कि जब कोई व्यक्ति संबंध स्थापित करता है, तो सरल दर्पणीकरण स्वाभाविक रूप से होता है। हालाँकि, जैसा कि एन एल पी और सरल मिमिक्री में होता है, व्यक्ति को इस बात के प्रति सचेत रहने की आवश्यकता है, कि

एक लय में चलने को, अन्य से अलग करने वाली एक महीन रेखा होती है। जब आप उनका मज़ाक उड़ाएँगे, तो लोगों को हमेशा पता चल जाएगा।

एन एल पी दृष्टिकोण में यह सुझाव दिया गया है, कि जब कोई किसी अन्य व्यक्ति के साथ संबंध स्थापित करना चाहता है, तो संबंध बनाने का प्रयास करने वाले को निम्नलिखित में संतुलन बनाना होगा:-

- स्थिति और शारीरिक हावभाव,
- साँस लेने की दर,
- गति की लय एवं ऊर्जा का स्तर
- आवाज़ का स्वर और अभिव्यक्ति की लय।

कुछ तालमेल संबंधी गतिविधियाँ

एन एल पी के इस स्तंभ में, निम्नलिखित रिपोर्टिंग अभ्यास आपकी क्षमता को बढ़ाने में मदद करेंगे:-

अभ्यास संख्या- 1

किसी ऐसे व्यक्ति की तलाश करें, जिसे आप वास्तव में अच्छी तरह से नहीं जानते हों। बातचीत शुरू करें और उस व्यक्ति के साथ उसकी शारीरिक मुद्रा और हाव-भाव को प्रतिबिंबित करने का अभ्यास करें। पकड़े जाने पर मुसीबत में न पड़ें। मुद्रा और रुख को प्रतिबिंबित करने से पहले, सुनिश्चित करें, कि व्यक्ति के हरकत करने के बाद लगभग 5 सेकंड तक प्रतीक्षा करें। यदि आप मुसीबत में पड़ जाएँ, तो अपनी सुरक्षा सुनिश्चित करने के लिए, इस ई-बुक की एक प्रति अपने साथ लाएँ और अध्ययन में अभ्यास को स्पष्ट करें।

यह एक ही मिसाइल से दो जेट लड़ाकू विमानों को दाग़ना है:- आपको मिररिंग और अपने संबंध-उन्मुख संचार कौशल का अभ्यास करना होगा।

अभ्यास संख्या-2

उपरोक्त अभ्यास को कई बार करने के बाद, इस अभ्यास को करें और आप संतुष्ट हैं, कि आपने अपने "अनिश्चित" व्यायाम भागीदारों के साथ संबंध बना लिया

है। किसी ऐसे व्यक्ति की तलाश करें, जिसे आप बहुत अच्छी तरह से नहीं जानते हैं, लेकिन आपको यह विश्वास करना होगा, कि आप और वह व्यक्ति पहले से ही एक-दूसरे को जानते हैं और इस समय उनके बीच संबंध हैं। इस अभ्यास में, आपका "मानचित्र" यह है, कि आप इस व्यक्ति को काफ़ी समय से जानते हैं और आपसे स्वाभाविक रूप से मिलने की उम्मीद है।

अपने पहले प्रयास में, आप सफल होंगे या नहीं, लेकिन ऐसा कई बार करें और आप तालमेल की ताकत को समझ जाएँगे। इस अभ्यास को कभी भी व्यक्तियों को बरग़लाने का अभ्यास न समझें। यदि आप इस अभ्यास में उत्कृष्टता प्राप्त करते हैं, तो इस बात की बहुत प्रबल संभावना है, कि आप एन एल पी के साथ अपने जीवन को सफलतापूर्वक बेहतर बनाने में सक्षम होंगे। ऐसा कोई कारण नहीं है, कि आप अन्य लोगों के साथ संबंध विकसित करने के लिए स्वयं के साथ संबंध विकसित नहीं कर सकते। आप उस बदलाव के लिए प्रेरित करने के लिए, ऐसे आत्म-तालमेल का उपयोग करें।

संवेदी तीक्ष्णता

कोई कैसे कह सकता है, कि उसके पास जीवन परिवर्तन के उद्देश्य को प्राप्त करने के लिए संवेदी तीक्ष्णता या संवेदनशीलता का स्तर है? हर किसी में पर्यावरण के प्रति चेतना का भाव है। आप बता सकते हैं, कि जिस व्यक्ति से आप बात कर रहे हैं, वह कहता है, कि वह ठीक है, लेकिन वास्तव में वह ठीक नहीं है। आपने देखा होगा, कि जब आप किसी मित्र के घर जाते हैं, तो सेटिंग कितनी अलग होती है, न केवल स्पष्ट संकेतकों जैसे कि रंग स्कीम और कुशलता से निर्मित आंतरिक भाग और परिदृश्य के संदर्भ में, बल्कि गंध और ध्वनि के संदर्भ में भी। आप अपनी संवेदी तीक्ष्णता के साथ काम पर हैं।

एन एल पी का दूसरा स्तंभ संवेदी तीक्ष्णता या धारणा है। आपके आस-पास की दुनिया से संवेदी इनपुट के विभिन्न रूपों को पहचानने और उनके बीच भेदभाव करने की क्षमता संवेदी तीक्ष्णता है। इंद्रियाँ आपको जो बताती हैं, उसे समझने और महसूस करने की क्षमता और उपयोगकर्ता इनपुट या प्रतिक्रिया के साथ आने के लिए उस समझ का उपयोग करना, मनुष्य की उस संवेदी डेटा को प्राप्त करने या पहचानने की

क्षमता के बराबर है। इस ग्रह पर, लोगों को प्रभावित करने वाली संवेदी तीक्ष्णता अभी भी आमतौर पर अविकसित है। क्या आप उस अविश्वसनीय शक्ति की कल्पना कर सकते हैं, जो यदि लोगों की इंद्रियों की तीक्ष्णता को और अधिक तेज किया जाए, तो सभी लोगों तक पहुँच सकती है? अब और कल्पना करने की ज़रूरत नहीं है, क्योंकि उनकी हिस्सेदारी बढ़ाने के लिए एन एल पी, एसए को जो बदलाव लोग चाहते हैं, उस राह पर आगे बढ़ाने में मदद करेगा।

संवेदी तीक्ष्णता (एस ए-sensory acuity) का महत्त्व

संवेदी तीक्ष्णता (एसए) प्राथमिक महत्त्व का है, क्योंकि यह सफल संचार की कला का आधार है। इसके अलावा, एन एल पी में, एसए निम्नलिखित कारणों से महत्त्वपूर्ण है:-

- अपने और अन्य लोगों के साथ संबंध स्थापित करने के लिए, एसए की आवश्यकता है।
- जो व्यक्ति अपने जीवन में बदलाव लाना चाहते हैं, उनके लिए एसए "आवश्यक" है, क्योंकि एसए उन्हें "निकास संकेत" पढ़ने की अनुमति देता है, जो उन्हें उनके गंतव्य तक ले जाएगा।
- एसए व्यक्तियों को आसन्न हानि या विफलताओं से बचाता है, जब तक कि वे वास्तव में घटित न हों।
- एसए के साथ, व्यक्ति यह पहचानने के लिए सबसे अच्छी स्थिति में है, कि क्या वे किसी लक्ष्य तक पहुँचने या अपने जीवन में बदलाव लाने के लिए आवश्यक उत्कृष्टता की सर्वोत्तम स्थिति में हैं।

संवेदी तीक्ष्णता के लिए एक अभ्यास

अगले चरण पर जाने से पहले, कृपया अभ्यास के प्रत्येक चरण को ध्यान से पढ़ें और आवश्यक कार्य करें। चार चरण उपलब्ध हैं, कार्यक्रम के अंत में, आपको यह जानना होगा, कि आपके पर्यावरण की समझ, आपके लिए कैसे सार्थक और लाभकारी अनुभव उत्पन्न करेगी।

1. घर या कार्यस्थल पर किसी ऐसी स्थिति के बारे में सोचें, जो आपको कुछ हद तक असुविधा का कारण बनती है, लेकिन यह कोई गंभीर मामला नहीं

है। घटना को अपने दिमाग़ में याद करें और कल्पना करें, कि आप अभी भी इसे अपने विचारों में इस परिदृश्य के फ्लैशबैक के बज़ाय कैमरे पर देख रहे हैं। ध्यान केंद्रित करने में मदद के लिए आप अपनी आँखें बंद कर सकते हैं। इस वास्तविक जीवन की फ़िल्म को वैसे ही देखें, जैसे यह पहली बार घटित हुई थी और गीत संगीत सुनें। यह याद रखने की कोशिश करें, कि यह चीज़ वास्तव में कब घटित हुई थी? आप शारीरिक और मानसिक रूप से क्या महसूस करते हैं? (लेखक की निराशाजनक परिस्थिति भारी ट्रैफिक में फंसने की है।)

2. अवस्था तोड़ो. एन एल पी में, इस अभ्यास का मतलब है, कि आप खड़े होकर अपने दोनों हाथ और पैर हिला रहे हैं। ब्रेकिंग स्टेट प्रक्रिया के बाद कुछ संगीत के बारे में सोचें, जिसके आप शौकीन हैं, कुछ ऐसा जो वास्तविक जीवन की फ़िल्म के मूल साउंडट्रैक द्वारा प्रदान किए गए मूड के बिल्कुल विपरीत है। संभावना है, आपके विचार आपको विभिन्न प्रकार के संगीत की ओर ले जाएँगे। कृपया केवल एक ही चुनें। (वास्तव में, लेखक के मन में संगीत के तीन टुकड़े थे, डीप पर्पल का हाईवे स्टार, क्वीन का डोंट स्टॉप मी नाउ और गैरी नुमान की कार्स। चुना गया साउंडट्रैक हाईवे स्टार था)।

3. अपने वीडियो को वास्तविक जीवन में रीवाइंड करें और दिखावा करें, कि आप किसी फ़िल्म के संपादन बूथ में हैं। फिर, दूसरे चरण में, आपके द्वारा चुने गए संगीत साउंडट्रैक को शामिल करें। मूल स्वर को प्रतिस्थापित न करें, बल्कि मूवी विषयवस्तु की तरह, बस अपने ऑडियो को मिलाएँ। विषय-धुन शामिल करते हुए वीडियो देखें।

4. दूसरे चरण की तरह, अवस्था तोड़ें। वीडियो को दोबारा चलाएँ, लेकिन इस बार तीसरे चरण में आपने जो विषय-धुन जोड़ा है, उसे हटा दें। आपने वास्तविक जीवन की कौन सी स्थिति देखी?

जब इस लेखक ने एक सेमिनार में इस अभ्यास का संचालन किया, तो तीसरे चरण के दौरान वीडियो देखने से नकारात्मक भावनाएँ उत्पन्न नहीं हुईं, जैसा कि तब

हुआ, जब पहले चरण में पहला फ्लैशबैक किया गया था। हालाँकि, अभ्यास में खोज यह हुई कि चौथे चरण के दौरान जब साउंडट्रैक को फिर से हटाकर वीडियो चलाया गया, तो कोई नकारात्मक भावना महसूस नहीं हुई। एन एल पी सेमिनार का संचालन करने वाले एक विशेषज्ञ के अनुसार, इन अभ्यासों की अधिकांश प्रतिक्रियाओं में चौथे चरण के दौरान नकारात्मक भावनाओं की पूर्ण अनुपस्थिति दर्ज की गई। कुछ लोगों ने संकेत दिया है, कि नकारात्मक भावनाएँ काफी कम हो गई हैं। यह अनुमानित व्यायाम प्रतिक्रिया या इनपुट है।

ईमानदारी से कहें तो, पहले और चौथे चरण के बीच, मुट्ठी भर लोग ऐसे थे, जिन्होंने भावनाओं में कोई बदलाव नहीं दर्ज किया। ध्यान दें—एन एल पी में कोई गलतियाँ नहीं हैं, केवल सुझाव हैं। यह अनूठी प्रतिक्रिया अभ्यास पूरा करने वाले अन्य व्यक्तियों की तुलना में कम संवेदी तीक्ष्णता स्तर का सुझाव देती है। अभ्यास और प्रशिक्षण से व्यक्ति की संवेदी तीक्ष्णता के स्तर में उल्लेखनीय सुधार होता है, विशेषकर एन एल पी के माध्यम से।

इस अभ्यास में ठोस सबूत दिया गया है, कि संवेदी जानकारी किसी की भावनाओं को आकार दे सकती है। आप दुनिया के बारे में अपने दृष्टिकोण की निगरानी या प्रोग्राम (एन एल पी के संदर्भ में) सीखकर सकारात्मक सोचने और अपने जीवन को बेहतर बनाने में मदद करेंगे। एक अन्य परेशान करने वाले यातायात परिदृश्य के मामले में, यह लेखक चलाने के लिए कार में हाईवे स्टार की एक सीडी रखता था। हालाँकि, हाल ही में, इस लेखक की संवेदी तीक्ष्णता अंततः समतल हो गई है (एन एल पी के कारण से!), संगीत को वास्तव में सुने बिना मानसिक रूप से याद रखने की ज़रूरत है। एन एल पी की एक और धारणा यह है कि शरीर और दिमाग़ जुड़े हुए हैं, इसे सामने लाना चाहिए।

परिणामिक सोच

परिणाम विचार से तात्पर्य किसी के परेशानी की स्थिति को बदलने के बज़ाय मानसिक संसाधनों को जीवन-उन्मुख प्रगति पर केंद्रित करने के अभ्यास से है। एन एल पी की आधारशिला के रूप में, परिणामों के बारे में सोचने से एक संतुलित भूमिका की तलाश होती है, जो आपके जीवन में एक बदलाव की, एक वांछित

उद्देश्य को प्राप्त करने के लिए जीत की स्थिति की ओर ले जाएगी। किसी व्यक्ति द्वारा विचार की सूक्ष्मताओं का ज्ञान लक्ष्य-परिवर्तन की दिशा में अपने कार्यों को निर्देशित करने की उसकी क्षमता को प्रभावित करेगा। आपके प्रयासों का परिणाम आपके विचार से प्रभावित होता है।

किसी के वांछित परिणाम प्राप्त करने के लिए, परिणाम-आधारित विचार उद्देश्यों या लक्ष्यों को व्यवस्थित रूप से चमकाने और ट्यूनिंग (समंजन) करने की एक विधि है। परिणामों के बारे में सोचने की प्रक्रिया से वांछित सुधार प्राप्त करने की संभावना बढ़ जाती है, क्योंकि जब कोई अपेक्षित परिणाम प्राप्त करने के लिए अपनी योजनाओं और रणनीति को परिष्कृत करने पर काम करता है, तो दिमाग़ को यह मानने के लिए प्रोग्राम किया गया होता है, कि संपूर्ण सिस्टम उस तक पहुँच सकता है और वह परिणाम प्राप्त कर सकता है।

परिणामों के बारे में सोचने के लिए एक प्रशिक्षण अभ्यास: अच्छी तरह से गठित निष्कर्ष निकालना

अच्छी तरह से गठित निष्कर्षों की अवधारणा के लिए, विभिन्न तरीकों का उपयोग किया जाता है। यह संरचना 2005 में पीटर मैकनाब पर आधारित थी। इस अभ्यास के परिणामस्वरूप, कुछ ऐसा सोचें, जिसे आप अपने जीवन में बदलना चाहते हैं। इसे गंभीरता से करें, क्योंकि यह आपके जीवन के लिए कुछ नया खोजने की आपकी शुरुआत है। एक पत्रिका या एक नोटबुक में प्रश्नों को लिखिए और उन्हें संबोधित करें।

- आप अपने जीवन में क्या बदलना चाहते हैं? सकारात्मक स्वर में, अपना उत्तर बताएँ। इस परिणाम का कम से कम आंशिक नियंत्रण आपको दिया जाना चाहिए।
- आप अपने जीवन में यह परिवर्तन कहाँ, कब और किसके साथ करना चाहते हैं?
- वांछित परिणाम प्राप्त करने वाले माप क्या हैं?
- क्या आपका वर्तमान व्यवहार वांछित परिणाम या परिवर्तन का समर्थन करता है? यदि आपकी प्राथमिकताएँ इस व्यवहार का समर्थन नहीं करती हैं और यदि आप इस व्यवहार को बदलते हैं, तो आप क्या खो देंगे?

- क्या आपके जीवन के अन्य पहलू आपके इच्छित परिणाम को प्रभावित कर सकते हैं?
- किन विशिष्ट क्षेत्रों में या कौन-सी विशिष्ट परिस्थितियाँ आपको वांछित परिणाम के लिए दबाव डालने से रोकेंगी?
- आप कौन-सी बाधाएँ देखते हैं, जो आपको उस परिणाम, जो आप इस समय चाहते हैं, का आनंद लेने से रोकती हैं? क्या आपके पास किसी अतिरिक्त संसाधन की आवश्यकता है?
- आप जो परिणाम चाहते हैं, उसे प्राप्त करने के लिए आप कैसे तैयारी कर रहे हैं? परिणाम प्राप्त करने के लिए आप अपनी रणनीति कब अमल में लाएँगे?

आपके द्वारा प्रश्नों के दिए गए उत्तरों का समय-समय पर, परिणाम के अपवाद के साथ मूल्यांकन करने की आवश्यकता हो सकती है। अपने वांछित परिणाम प्राप्त करने की संभावना बढ़ाने के लिए, आपको इन सवालों के जवाबों को परिष्कृत करने और तदनुसार उन्हें अपडेट करने की आवश्यकता है। उपरोक्त अभ्यास एक अच्छी तरह से गठित परिणाम बनाने की प्रक्रिया का गठन करता है, जो परिणामों के बारे में सोचने का केंद्रबिंदु या मुख्य उद्देश्य है। परिणाम प्राप्त करने के लिए वे ईमानदारी से लंबे समय तक, लोगों को अपने प्रयासों, विशेष रूप से एक रिश्ते, संवेदी तीक्ष्णता और व्यवहार लचीलेपन का मार्गदर्शन करना चाहिए।

बहुमुखी प्रतिभा

एन एल पी का चौथा स्तंभ सामान्य रूप से व्यवहारिक बहुमुखी प्रतिभा या बहुमुखी प्रतिभा है। जब वर्तमान व्यवहार वांछित परिणाम प्राप्त करने के लिए काम नहीं करता है, तो व्यवहार के लचीलेपन के पीछे मौलिक विचार अपने आप को कुछ अलग करने की खोज के लिए नेतृत्व करना है। एन एल पी अभ्यास में सफलता उन चीजों को करने के लिए पर्याप्त बहुमुखी होने का मामला है, जो प्रत्याशित परिणाम प्राप्त करना आसान बना देगा। किसी के जीवन को बेहतर बनाने के लिए एन एल पी दृष्टिकोण में, लचीलापन आवश्यक है, क्योंकि किसी

अन्य व्यक्ति की विशिष्ट प्रतिक्रिया को प्रभावित करने या वांछित परिवर्तन को अपने आप में वास्तविकता बनाने के लिए किसी के कार्यों को समायोजित करने की एक "जरूरी" क्षमता है। व्यवहार का लचीलापन आदत का सवाल है। यदि आदतों को बाधित किया जा सकता है, तो आदतों को भी स्थापित करना संभव है। तैयारी और अभ्यास के माध्यम से, व्यवहार बहुमुखी प्रतिभा में सुधार किया जा सकता है। एन एल पी के रचनाकारों में से एक जॉन ग्राइंडर ने सुझाव दिया, कि एक व्यक्ति को प्रत्येक रात दिन की घटनाओं पर प्रतिबिंबित करना चाहिए, क्योंकि यह समाप्त होता है और स्थिति पर प्रतिक्रिया या प्रतिक्रिया करने के लिए कम से कम तीन अलग-अलग तरीके तैयार करता है। यह पुस्तक ग्राइंडर की सलाह का विस्तार इस प्रकार करती है:

प्रत्येक दिन एक डायरी या नोटबुक में अद्वितीय परिस्थितियों को लिखें। वर्गीकरण और खोज को सक्षम करने के लिए, एक इलेक्ट्रॉनिक फ़ाइल-कीपिंग योजना सबसे अच्छी है।

इन उदाहरणों को उन उदाहरणों में वर्गीकृत करें, जिन्होंने सकारात्मक और नकारात्मक परिणाम उत्पन्न किए हैं।

- परिस्थितियों पर अपनी प्रतिक्रिया लिखें और सफल और असफल लोगों को वर्गीकृत करें।

- प्रत्येक मामले के लिए, कम से कम तीन वैकल्पिक प्रतिक्रियाएँ तैयार करें और इन विकल्पों को स्मृति के लिए प्रतिबद्ध करें।

- यह जांचने के लिए कि क्या वे हर समय या अधिकांश समय कार्य करते हैं, सकारात्मक परिणामों वाली परिस्थितियों के आपके उत्तरों को दोहराया जा सकता है।

- विपरीत परिस्थितियों को लेकर आपको जो इनपुट मिला है, उसका लाभ उठाएँ। इसी तरह के परिदृश्य में, अगली बार जब यह नकारात्मक परिणाम होता है, तो उत्तर या प्रतिक्रिया के रूप में आपके द्वारा तैयार किए गए विकल्पों में से एक का पीछा करें।

- एक महीने के बाद अपनी फ़ाइल व्यवस्थित करें और अपने परिणामों की समीक्षा करें। उन आदतों को अपनाएँ, जिन्होंने समान परिस्थितियों के साथ मज़बूती से अच्छा प्रदर्शन किया है। आप चौंक जाएँगे, कि कैसे व्यवहारिक बहुमुखी प्रतिभा आपको एक मजबूत व्यक्ति बनाएगी और आपके जीवन को खुशहाल बनाएगी।

एन एल पी की कला में महारथ हासिल करना

अपने लक्ष्यों को पूरा करने के लिए, एन एल पी में आपके दिमाग़ को पुन: प्रोग्राम करना शामिल है। कई लोगों के लिए यह कुछ नया है, लेकिन बहुत से प्रेरक वक्ता अब अपना काम कर रहे हैं। लोगों को सफलता का यह तरीका सिखाना सबसे चुनौतीपूर्ण है, क्योंकि यह कई लोगों के दृष्टिकोण और भावनाओं के साथ-साथ विश्वासों को बदलने के लिए बहुत अच्छी तरह से काम करता है।

एन एल पी की कला में प्रभावी ढंग से महारथ हासिल करने के लिए, आपको कुछ कदम उठाने चाहिए, जो बदले में आपको जीवन में बहुत-सी चीजें हासिल करने में मदद करेंगे। यह अध्याय इन चरणों का वर्णन करता है।

1. समझना कि आप क्या कर रहे हैं

अपने जीवन के लक्ष्यों को पूरा करने के लिए, एन एल पी के उपयोग में महारत हासिल करने में सफलता प्राप्त करने के लिए यह सबसे महत्त्वपूर्ण बात है। एन एल पी समझने का एक आसान तरीका नहीं है और बहुत से व्यक्ति अपने जीवन में सबसे आसान काम करने के लिए भी अपने दिमाग़ या अपनी भाषा को नियंत्रित करने में सक्षम नहीं हैं।

एन एल पी आपको इन दोनों तत्वों को दूर करने और उन चीजों को बदलने के लिए अपने पूरे आत्म का पुनर्मूल्यांकन करने में सक्षम करेगा, जिन्होंने आपको वापस पकड़ लिया है और आपको रोका है, उदाहरण के लिए, मूल्य सफलता प्राप्त करना। एन एल पी में कुछ समय लगेगा, आपको अपने पूरे जीवन में अपने मूल्यों

और आदतों में महारत हासिल करने और बदलने की जरूरत है, इसलिए कम समय में उत्कृष्ट परिणाम देने की जल्दबाज़ी न करें।

2. एन एल पी के बारे में अधिक जानने के लिए समय निकालें

बहुत से लोग एन एल पी के बारे में बात करते हैं, लेकिन वे नहीं जानते कि इसका गहराई से क्या मतलब है? एन एल पी के साथ बड़ी सफलता प्राप्त करने के लिए आपको क्षमता को बहुत अच्छी तरह से समझना होगा। उदाहरण के लिए, मीडिया में एन एल पी के बारे में बहुत सारे डेटा हैं। इनमें से कुछ वास्तविक हैं, जबकि अन्य सत्य नहीं हैं। अपनी वास्तविकता की जाँच करें और सुनिश्चित करें, कि आप जानते हैं, कि इसका वास्तव में क्या अर्थ है?

समझें कि एन एल पी कैसे काम करता है? जीवन में अधिकांश स्थितियों में, हम एक समस्या का सामना करते हैं और जल्दी से इसका समाधान करते हैं, उदाहरण के लिए, गोलियाँ लेकर सिरदर्द का इलाज किया जाता है। एन एल पी बहुत अलग है; यह समस्याओं को पहचानता है और समझता है, कि आपने अपने मस्तिष्क में जो कुछ पहुँचाया है, वह समस्याओं का कारण बना। एन एल पी तब आपको यह महसूस करने के लिए प्रोत्साहित करता है, कि आपके पास अपनी समस्याओं का समाधान करने की शक्ति है, तब यह आपको रणनीतियाँ प्रदान करता है, जिसके द्वारा आप उन समस्याओं को हल कर सकते हैं। यदि आप समझ जाते हैं, कि यह कैसे काम करता है, तो अपने जीवन के लक्ष्यों को प्राप्त करके, हर दिन आपके सामने आने वाली अधिकांश समस्याओं को हल करने के लिए एन एल पी लागू करना आसान होगा।

3. जान लें कि एन एल पी में महारथ हासिल करने
के एक से अधिक तरीके हैं

एन एल पी ओपन-एंडेड है, मानव मन की तरह और एन एल पी के साथ आप जो चाहते हैं, उसे पूरा करने के लिए, आप कई संभावनाओं के साथ आएँगे। एन एल पी एक ऐसा उपकरण है, जिसका उपयोग आप जीवन में कई काम करने के लिए कर

सकते हैं। उदाहरण के लिए, डर पर काबू पाने के लिए और नकारात्मक भावनाओं पर काबू पाने के लिए एक कौशल भी है। इसके लिए एक प्रतिभा है, यदि आप जीवन में उपयोगी किसी चीज़ के बारे में ज़ुनूनी होना चाहते हैं, जैसे कि कसरत करना। एन एल पी में यह सब है; स्पष्ट रूप से परिभाषित करें और अपने जीवन में चीजों को आसान बनाने के लिए अपनी पसंद का उपयोग करें।

4. जितना चाहें उतना अन्वेषण(एक्स्प्लोर) करें

अपने जीवन के लक्ष्यों को पूरा करने के लिए एन एल पी का उपयोग करने का कोई एक तरीका नहीं है। विभिन्न तरीकों से प्रयोग करना अंततः आपके लिए बहुत फायदेमंद होगा। यदि आप एन एल पी के साथ अच्छे परिणाम प्राप्त करना चाहते हैं, तो अपने आप पर ध्यान केंद्रित करें और अपनी भावनाओं और विचारों में गहराई से उतरने का प्रयास करें।

आपको जो करना चाहिए, वह अपने आंतरिक मूल्यों और सामान्य तौर पर चीज़ों और ब्रह्मांड को आपके द्वारा देखे जाने के तरीके पर सवाल उठाना है। ऐसी बहुत-सी चीज़ों का पता लगाने के लिए तैयार रहें, जिनके बारे में आप नहीं जानते थे और वह थोड़ी डराने वाली हो सकती है। हालाँकि, ऐसा करना एन एल पी में महारत हासिल करने के लिए आवश्यक है।

5. चीजों को अपने तरीके से समझें

एन एल पी का उपयोग करके आत्म-खोज की आपकी खोज में, ऐसी कई खोजें होंगी, जिन्हें आप जानेंगे और क्योंकि इस क्षमता में कोई मार्गदर्शन नहीं है, आपको चीजों की अपनी समझ के साथ आना होगा और अपने स्वयं के जीवन लक्ष्यों की पहचान करनी होगी। अपने सीमित कारकों की पहचान करने में एन एल पी के उपयोग को पूरा करने के बाद, यह आ जाएगा।

6. अपने आप को प्रतिबंधित न करें

दरअसल, जब यह बात आती है कि मानव मन क्या कर सकता है? तो कोई सीमा नहीं है, इसलिए आपको खुद को भी सीमित नहीं करना चाहिए। आप खुद को

सीमित क्यों करना चाहेंगे? यदि आपका दिमाग़ आपको जीवन में इतनी सारी चीज़ें करने में मदद कर सकता है? जब आप एन एल पी का उपयोग करके, उन्हें जल्दी से हल कर सकते हैं, तो अब आपके भय से निपटने की कोई आवश्यकता नहीं होगी। जीवन में बेहतर दिनों के लिए, आकाश को अपनी सीमा के रूप में निर्धारित करें और जितना हो सके, उतना पूरा करें।

7. इसका आनंद लें

यदि आप अपने विश्वास की आदतों को बदलना पसंद नहीं करते हैं, तो आप एन एल पी द्वारा बहुत कुछ हासिल नहीं करेंगे, यही कारण है, कि आपको इसका आनंद लेना चाहिए। अंत में, यह आपको बेहतर परिणाम देने में मदद करेगा, अपने व्यसनों, भय, ज़ुनून और आपकी क्षमता में बाधा डालने वाली अन्य चीज़ों पर काबू पाने की कोशिश करेंगे, तो आपको मज़ा आएगा।

इन प्रतिबंधित कारकों से पार पाने के लिए, आप बहुत कुछ कर सकते हैं और आपके लिए अपने जीवन को वापस व्यवस्थित करना इतनी जल्दी होगा। जान लें, कि जब आप उन सभी प्रतिबंधित कारकों का सामना करते हैं, तो एन एल पी के बारे में आप जैसा महसूस करते हैं, ठीक वैसा ही आपको महसूस करना चाहिए। किसी विशेष मार्ग का अनुसरण न करने का प्रयास करें, अपना रास्ता स्वयं परिभाषित करें, जितना हो सके, उतना आनंद लें और देखें कि जब आप उस पर होंगे, तो यह कितना अद्भुत होगा।

नियंत्रण की आवश्यकता

नियंत्रण एक विवादास्पद विषय है, अनेक व्यक्ति विभिन्न तरीकों से इस पर विचार कर रहे हैं। इसे अधिकांश व्यक्तियों के जीवन और उनके पर्यावरण को नियंत्रित करने में सक्षम होना चाहिए। जब किसी व्यक्ति को ऐसा महसूस होता है, जैसे कि वह किसी स्थिति का प्रभारी है, तो डर और घबराहट जैसी भावनाओं का सामना करने की संभावना कम हो जाती है।

इन दिनों, टेलीविज़न पर शो देखने से पता चलता है, कि जब मानसिक और भावनात्मक समस्याओं की बात आती है, तो कितने लोग महसूस करते हैं और नियंत्रण से बाहर हो जाते हैं। दोनों रियलिटी शो रासायनिक और शराब की लतों, धारावाहिक चोरी, जमाखोरी और सभी प्रकार की व्यवहार संबंधी समस्याओं वाले व्यक्तियों को समर्पित हैं। एडम सैंडलर अभिनीत "एंगर मैनेजमेंट" जैसी फिल्में भी हैं, जो हास्य के साथ गंभीर भावनात्मक विनियमन समस्याओं को लेने की कोशिश करती हैं। स्पष्ट रूप से एक अन्याय है और समाज में सुलह की आवश्यकता है, क्योंकि इतने सारे लोग पहुँच से बाहर हैं और यह नहीं जानते, कि इस स्थिति का सामना कैसे किया जाए।

सच्चाई यह है, कि लाखों लोगों के लिए, ये समस्याएँ इतनी पीड़ा का स्रोत हैं, जब वे अपने जीवन के पूर्ण नियंत्रण में नहीं होते हैं, यह तलाक, अवसाद और यहाँ तक कि आत्महत्या का कारण बन सकता है। हर समय, हमेशा नियंत्रण में रहना लगभग मुश्किल होता है, लेकिन भावनात्मक और व्यवहारिक नियंत्रण की 80 प्रतिशत दर भी उस विशेष विभाग में, किसी के लिए जो एक महत्त्वपूर्ण अनुपस्थिति से पीड़ित है, स्वर्ग की तरह लगेगी।

भावनात्मक और व्यवहारिक नियंत्रण का नुकसान आपके जीवन को कैसे प्रभावित करता है।

समन्वित होने और आपके जीवन में जो कुछ भी चल रहा है, उसके पूर्ण प्रभार में होने से बड़ी कोई भावना नहीं है। यह खुशी से जीने में आपकी मदद करता है और जब आपको वास्तविक बाधाओं का सामना करना पड़ता है, तो आप राहत की सांस ले सकते हैं। हालाँकि, जीवन इतना आसान नहीं है और ऐसे कई उदाहरण हैं, जिनमें कोई शक्ति खो सकता है।

ख़र्च को विनियमित करने में सक्षम नहीं होने से तलाक और दिवालियापन हो सकता है। क्रोध को ठुकराने में सक्षम नहीं होने से विवाद या लड़ाई और क़ानूनी मुद्दे हो सकते हैं। रासायनिक व्यसनों से काम छूटने और स्वास्थ्य के मुद्दे हो सकते हैं। बहुत देर होने से पहले प्रभारी नहीं होने से बहुत सारे हानिकारक प्रभाव हो सकते हैं, जो आपके जीवन को उन तरीकों से नीचे खींचते हैं, जिनकी आप कभी कल्पना भी नहीं कर सकते।

इसमें कोई सवाल नहीं है, कि जिनके पास आपकी भावनाओं और कार्यों का उचित नियंत्रण नहीं है, वे आपके और आपके आस-पास के अन्य लोगों के लिए जीवन को कठिन बना देगा। न केवल नर्वस और चिंतित लोग अपने भीतर तनाव बढ़ाते हैं, बल्कि यह उनके आसपास के लोगों के लिए तनावपूर्ण वातावरण को बढ़ाते हैं। अपने आप को यह बताना आसान है, कि चीज़ों के बारे में चिंता न करें, लेकिन इसे लागू करना हमेशा आसान नहीं होता है। वास्तव में, यदि आपने किसी भी चीज़ और हर संभव चीज़ के बारे में चिंता करने की आजीवन आदत बना ली है, तो यह कभी आसान नहीं होता है। आपके जीवन में, शक्ति हासिल करना प्राथमिकता के तौर पर तय किया जाना चाहिए।

सत्ता लेने की चुनौती यह है, कि इसे कैसे किया जाए? चीज़ें क्यों अलग हो जाती हैं, इसका स्पष्टीकरण यह है, कि आपने कई बार कोशिश की होगी, लेकिन सही उपकरणों और विधियों का उपयोग नहीं किया जा रहा है। बदले में, यह एक निराशाजनक गोल-गोल प्रक्रिया की ओर जाता है, जिससे एक व्यक्ति एक ही क्रिया को बार-बार दोहराता है, लेकिन उसी परिणाम की उम्मीद करता है। इसलिए, नियंत्रण

प्राप्त करना, सभी कार्यों को इस तरह से बदलने के बारे में है, कि वर्तमान परिस्थितियों में, कोई भी एक स्पष्ट अंतर देख सकता है।

न्यूरो (तंत्रिका)-भाषाई प्रोग्रामिंग क्या है?

न्यूरो (तंत्रिका)-भाषाई प्रोग्रामिंग व्यवहार परिवर्तन के लिए चिकित्सा का एक रूप है, जिसे एक पेशेवर द्वारा प्रक्रिया की निगरानी के बिना किया जा सकता है। इसे गलत करने और चोट पहुँचाने का कोई तरीका नहीं है। यदि आप सिर्फ अभ्यास कर रहे हैं और आप सबसे ख़राब तरीके से एक कदम उठा रहे हैं, तो आप वास्तव में कोई प्रभाव नहीं देखेंगे। यह 1970 के दशक में अवचेतन मन में नए दिशानिर्देशों को स्थापित करके विकसित किया गया था, ताकि संभावित रूप से यह देखा जा सके, कि व्यवहार संशोधन को एक पायदान ऊपर किया जा सकता है या नहीं। द्वार से ठीक बाहर, यह सफल साबित हुआ। इसने केवल पिछले कुछ दशकों में लोकप्रियता हासिल की है और अमेरिका और कनाडा के हर राज्य में चिकित्सक हैं। यह इतना मुश्किल नहीं है, कि आपको एक चिकित्सक को देखने की ज़रूरत है, जो इसमें माहिर हैं, लेकिन यह जानना अच्छा है, कि यदि आप चाहते हैं, तो विकल्प मौजूद है, जबकि बहुत कम चिकित्सक एन एल पी में विशेषज्ञ हैं, एक न्यूरो (तंत्रिका)-भाषाविद् मनोचिकित्सक की तलाश की जा सकती है और सहायक सलाह सुलभ होनी चाहिए। इसका उद्देश्य उस उपचार को प्रतिस्थापित करना नहीं है, जिसकी आवश्यकता क्रोनिक अवसाद या द्विध्रुवी विकार होने पर हो सकती है, न ही इसका उद्देश्य किसी दवा को प्रतिस्थापित करना है, जिसकी आवश्यकता हो सकती है। आपको अभी भी डॉक्टर से परामर्श करना चाहिए, ताकि उन्हें पता चल सके, कि एन एल पी थेरेपी पर चर्चा की जा रही है। हालाँकि, इसके कई आसान और प्रमुख लाभ हैं, आप जहाँ भी हों, इसे किया जा सकता है और एक बार जब इसका अभ्यास शुरू हो जाता है, तो इसका किसी व्यक्ति के जीवन के हर पहलू पर सकारात्मक प्रभाव पड़ता है।

एन एल पी का उपयोग करना कितना कठिन है?

एन एल पी की लोकप्रियता बढ़ने का एक कारण यह है, कि तकनीकों और उपकरणों को आसानी से और बहुत अधिक कठिनाई या प्रयास के बिना सीखना

संभव है। एन एल पी रो संबंधित प्रक्रियाएँ लगभग सभी के लिए समझना और तुरंत उपयोग करना आसान है। आपको पढ़ने या ढेर सारी प्रशिक्षण लेने की आवश्यकता नहीं है। अपनी भावनाओं और कार्यों दोनों के लिए, फिर से स्थापित कर करके नियंत्रण प्राप्त करने के लिए, आपको जो कुछ भी चाहिए, वह इस पुस्तक में स्पष्ट लागू की गई है। आप जितनी चाहें उतनी चीज़ों पर काम कर सकते हैं।

जब तक आपके पास एन एल पी को समर्पित करने के लिए हर दिन कुछ मिनट हैं, तब तक आप प्रगति करेंगे और एक नोटबुक संभाल कर रखें। जबकि आपको एक नियमित समय निर्धारित करने का प्रयास करना चाहिए, ताकि आप दैनिक एन एल पी सत्रों की अच्छी आदत बना सकें, यह दिन या रात के किसी भी समय किया जा सकता है। सुनिश्चित करें, कि आप प्रगति नोट्स लेते हैं, ताकि आप अपने आप की पीठ थपथपा सकें, क्योंकि आप जिसे करना चाहते हैं, उस सुधार की दिशा में आगे बढ़ते हैं। कुछ दिनों के भीतर, आप एक परिवर्तन की शुरुआत देख सकते हैं और आप ठीक वहीं होंगे, जहाँ आप हफ्तों में पहुँचना चाहते हैं। यह वापस पाने के वर्षों की संभावना को एक वैकल्पिक दिशा देता है, जिसका आप अब और अनुसरण नहीं करना चाहेंगे।

इस पुस्तक के अंदर कई तकनीकें और उपकरण हैं, जिन्हें एन एल पी का उपयोग करने की कला में महारत हासिल करने में किसी की मदद करने के लिए सूचीबद्ध किया गया है। यह याद रखना महत्त्वपूर्ण है, कि एन एल पी अपेक्षाकृत तेज़ परिणाम प्रदान करता है, परन्तु यह चिकित्सा का एक रूप नहीं है, जिसे आसानी से पक्का किया जाता है। कुछ स्थितियों में, प्रक्रियाओं को सही करने के लिए और एन एल पी को लाने वाले अधिकतम लाभों के लिए, निश्चित रूप से सरल दोहराव अभ्यास की आवश्यकता होती है।

एन एल पी अभ्यास

नियमित रूप से, आपका मन लगातार संवेदी ज्ञान को संसाधित कर रहा है। यह तंत्र वह है, जो यह तय करता है, कि आप अपनी दुनिया को कैसे देखते हैं और आप बड़े प्रतिशत से इस पर कैसे प्रतिक्रिया करते हैं। अपने कार्यों, विश्वासों और मान्यताओं को पुन: प्रोग्राम करने के लिए, एन एल पी इस मानसिक क्षमता का

उपयोग आपको अपने उद्देश्यों को प्राप्त करने से हतोत्साहित करने के लिए करेगा, ताकि विश्वासों, व्यवहार और मान्यताओं के नए संग्रह हो सकें, जो आपको अपने लक्ष्यों को पूरा करने में मदद करेंगे और आपके लक्ष्यों के परिणाम मज़बूत बनाएँगे।

आपके दिमाग़ में क्रियाओं के नए पैटर्न को व्यक्त करने के लिए उपकरणों के रूप में एन एल पी अभ्यास सभी पाँच इंद्रियों का उपयोग करते हैं:- दृष्टि, ध्वनि, स्पर्श, स्वाद और गंध। जिनके द्वारा मस्तिष्क के साथ संपर्क होता है, ज्ञानेन्द्रियाँ उन मार्गों के रूप में कार्य करती हैं। एन एल पी गतिविधियों का उपयोग मुख्य रूप से किसी व्यक्ति के जीवन की स्थिरता को बढ़ाने के लिए किया जाता है। यह पुनर्व्यवस्था द्वारा किया जाता है, कि मन संचार डेटा कैसे प्राप्त करता है? इस तरह, आप अपने व्यक्तिगत विकास के लिए एन एल पी का उपयोग कर सकते हैं या अन्य लोगों के साथ अपने संबंधों को बेहतर बना सकते हैं।

इसका कार्य:- किसी व्यक्ति के जीवन के बहुत सारे पहलुओं में, न्यूरो (तंत्रिका)-भाषाई प्रोग्रामिंग गतिविधियों का उपयोग किया जा सकता है, उदाहरण के लिए, उन स्थितियों में जहाँ किसी को एक निश्चित व्यवहार को हटाने और इसे अधिक वांछनीय व्यवहार के साथ बदलने की आवश्यकता होती है। किसी चीज या मामले के बारे में अपनी धारणा को बदलने के लिए, कोई अपने संवेदी अंगों में हेरफेर कर सकता है। इस तरह, वांछित भावना के लिए मनोवैज्ञानिक प्रतिक्रिया हो सकती है। यदि आपको अतीत में एक दर्दनाक अनुभव हुआ है, तो आप अनुभव से निपटने के लिए एन एल पी का उपयोग कर सकते हैं। केवल दर्दनाक अनुभव को याद रखने के तरीके को बदलें। उदाहरण के लिए, आप रंग की ताकत, वातावरण की चमक और बाकी सब कुछ समायोजित कर सकते हैं, जो आपको अनुभव को याद रखने में मदद करता है। इन सभी को कम दर्दनाक अनुभवों में समायोजित करें जो कम खतरनाक हैं और सुनिश्चित करें, कि आपके दिमाग़ में जो बचा है, वह उपरोक्त स्मृति है। आपको पता चल जाएगा, कि फिर कभी आपको उस दर्दनाक अनुभव को उस तरह से याद नहीं करना पड़ेगा।

एन एल पी पूर्वधारणाएँ:- पूर्वधारणाएँ विश्वास की संरचनाएँ हैं, जो किसी व्यक्ति के कार्य करने के तरीके और उसकी भावनात्मक प्रतिक्रियाओं को प्रभावित करती

हैं। एन एल पी बहुत महत्त्वपूर्ण मान्यताओं के एक समूह पर आधारित है, जो किसी के विकास और वृद्धि को प्रोत्साहित करने के लिए बहुत अच्छी तरह से काम करता है। इनमें से कुछ मान्यताओं में यह शामिल है, कि क्या आप सोचते हैं, कि यह वास्तविक है या गलत, वे जो मानते हैं वह सच होगा। यह भ्रम कि आप जो चाहते हैं, उसे समझकर आप इसे पूरा करने में सक्षम होंगे।

उपसाधन:-उचित व्यवहार को ध्यान में रखते हुए सक्रिय करने के लिए, एन एल पी अभ्यास संवेदी तत्वों या उपसाधन या परिस्थितियों और घटनाओं का उपयोग करते हैं। इस परिदृश्य के संवेदी घटक पाँच इंद्रियाँ हैं। उदाहरण के लिए, दृष्टि की भावना का उपयोग किसी व्यक्ति को किसी निश्चित वस्तु या परिस्थिति को देखने के तरीके को समायोजित करने के लिए किया जा सकता है, शायद दूसरों के बीच रंग, आकार और दूरी के संदर्भ में। श्रवण उपसाधन में उदाहरण के लिए, दूसरों के बीच, ध्वनि की गुणवत्ता, जोर और सीमा शामिल हैं। एन एल पी का उपयोग व्यक्तिगत विकास के लिए किया जा सकता है और इस मामले में, कोई व्यक्ति एक संभावित मजेदार अनुभव की कल्पना करने के लिए उपसाधन का उपयोग कर सकता है, जो अंततः होने पर इसके घटित होने के तरीके को बदल सकता है।

अभ्यास के लिए एन एल पी एंकर:- भावनात्मक प्रतिक्रियाओं और धारणाओं को सक्रिय करने के लिए एन एल पी में एंकर का उपयोग किया जाएगा। विज़ुअलाइज़ेशन प्रक्रिया के दौरान, किसी व्यक्ति को उस घटना या परिस्थिति के लिए तैयार करने के लिए, कुछ मज़ेदार या आगामी घटना बनाने के लिए दिमाग़ द्वारा एंकर बनाए जाते हैं। एंकर के रूप में किसी भी प्रकार की उत्तेजना का उपयोग करना संभव है, जैसे कि अपने हाथों को एक साथ रखना, होंठ काटना और फर्श थपथपाना, अन्य। इन एंकरों का उपयोग भावनात्मक उत्तरों और आगामी घटना या कार्रवाई के बीच संबंध स्थापित करना है। विज़ुअलाइज़ेशन (मानसिक-दर्शन) प्रक्रिया के दौरान, यहाँ लक्ष्य एक सकारात्मक माहौल स्थापित करना है, जिसे घटना के घटित होने तक एंकर के माध्यम से ले जाया जाना चाहिए।

आप जिस पर विश्वास करते हैं वह जीवन में आपकी दिशा निर्धारित करता है

श्ब्दों और महत्त्व के पीछे बहुत सारा प्रभाव होता है, जिसे वे किसी व्यक्ति, परिस्थिति या यहाँ तक कि किसी स्मृति से जोड़ सकते हैं। कई अलग-अलग स्थितियों में, हम शब्दों की व्याख्या कैसे करते हैं, यह सीधे हमारे कार्य करने के तरीके को प्रभावित कर सकता है। आपने बुरे व्यवहार को "आदत" के रूप में कितना ख़ारिज कर दिया? सीखे गए कार्यों का इस बात पर बहुत प्रभाव पड़ सकता है, कि आदतें कैसे बनाई जाती हैं? भावनाएँ आपको कुछ अवांछनीय कार्य दिखाने के लिए प्रेरित करने में प्रमुख भूमिका निभा सकती हैं। छोटे बच्चे शुरू से ही कुछ मामलों में अपना रास्ता निकालना सीख जाते हैं। रोने या अन्य शांति से नखरे करना, परेशान करने वाली गतिविधियाँ हैं। घर, कार या किराने की दुकान में भावनाओं का संतुलन बहाल करने के लिए माता-पिता अक्सर मना कर देते हैं।

एक बच्चे की आँखों से भावनाओं को देखकर यह समझना आसान हो जाता है, कि वे कितने मजबूत हैं। यह आवश्यक है, क्योंकि एक बच्चे को अभी तक समझ में नहीं आया है, कि कैसे झूठ बोलना है। इसलिए उसने यह पता लगाने का प्रयास नहीं किया है, कि तथ्यों को कैसे मुखौटा दिया जाए। इसलिए, यह कहा जा सकता है, कि वे ऐसा कर रहे हैं, जबकि नाबालिग बच्चा रो रहा है, क्योंकि वे उम्मीद करते हैं, कि उनके माता-पिता या देखभाल करने वाले उनकी देखभाल करेंगे।

भावनाओं को कैसे राहत दी जाए? प्रभावी ढंग से सीखने में वर्षों लगते हैं, जो किसी को संकल्प या परिणाम की तत्काल कमी के भंवर में भेजते हैं। यह क्षमता

वास्तब में बहुत से लोगों द्वारा कभी नहीं सीखी जाती है। वे इस भावना में फँस जाते हैं, कि वे अपनी भावनाओं का प्रतिनिधित्व करने के लिए कैसे सोचते हैं और व्यवहार करते हैं? यह अपरिहार्य है। जब भावनात्मक और व्यवहारिक नियंत्रण को मजबूत करने के लिए आवश्यक समायोजन करने की बात आती है, तो यह किसी को नियंत्रण से बाहर कर देता है। लंबे समय तक चलने वाले सकारात्मक बदलाव लाने के लिए आपको उन बुनियादी सिद्धांतों को समझने की ज़रूरत है, जो नकारात्मक व्यवहार और भावनात्मक नियंत्रण की कमी को ट्रिगर करते हैं। सबसे पहले, यह थोड़ा प्रयास जैसा लग सकता है, लेकिन अंततः आप पहचानना शुरू कर सकते हैं, कि भावनाएँ कब बढ़ रही हैं और आप नियंत्रण हासिल करने के लिए आवश्यक कदम उठा सकते हैं।

विश्वास की शक्ति

इसमें प्रचुर मात्रा में प्रभाव और महत्त्व होता है, जिसे वे किसी व्यक्ति, परिस्थिति या यहाँ तक कि किसी स्मृति से जोड़ सकते हैं। कई अलग-अलग स्थितियों में, हम शब्दों की व्याख्या कैसे करते हैं? यह सीधे हमारे कार्य करने के तरीके को प्रभावित कर सकता है।

आपने बुरे व्यवहार को "आदत" के रूप में कितना ख़ारिज कर दिया? सीखे गए कार्यों का इस बात पर बहुत प्रभाव पड़ सकता है, कि आदतें कैसे बनाई जाती हैं? भावनाएँ आपको कुछ अनुचित व्यवहार दिखाने के लिए प्रेरित करने में मौलिक भूमिका निभा सकती हैं। छोटे बच्चे शुरू से ही कुछ मामलों में अपना रास्ता निकालना सीख जाते हैं। यह परेशान करने वाली गतिविधियाँ हैं, जैसे रोने या अन्य शांति से नखरे करना। घर, कार या किराने की दुकान में भावनाओं का संतुलन बहाल करने के लिए, माता-पिता अक्सर नरम पड़ जाते हैं।

एक बच्चे की आँखों से भावनाओं को देखकर यह समझना आसान हो जाता है, कि वे कितने मजबूत हैं। यह आवश्यक है, क्योंकि एक बच्चे को अभी तक समझ में नहीं आया है, कि कैसे झूठ बोलना है, इसलिए उसने यह पता लगाने का प्रयास नहीं किया है, कि तथ्यों को कैसे मुखौटा दिया जाए।

इसलिए, यह कहा जा सकता है, कि वे ऐसा कर रहे हैं, जबकि छोटा बच्चा रो रहा है, क्योंकि वे उम्मीद करते हैं, कि उनके माता-पिता या देखभाल करने वाले उनकी देखभाल करेंगे। यह समझने में वर्षों लगते हैं, कि संकल्प या परिणाम की तत्काल कमी के भँवर में लाने वाली भावनाओं को प्रभावी ढंग से कैसे कम किया जा सकता है।

विश्वास कैसे बदलें।

जब भावनात्मक प्रबंधन और व्यवहार की बात आती है, तो आपको यह पता लगाने के लिए कुछ समय लेने की आवश्यकता है, कि आपके मूल्य क्या हैं? एक नोटबुक लें और उनमें से सभी को सूचीबद्ध करना शुरू करें, जिनके बारे में आप सोच सकते हैं। हो सकता है, कि आपके अवचेतन मन में जो कुछ छिपा है, उससे आप चौंक गए हों!

केवल कुछ मान्यताएँ वास्तव में इस बात पर प्रभाव नहीं डालती हैं, कि आप भावनात्मक रूप से कैसे व्यवहार करते हैं या चीज़ों पर प्रतिक्रिया करते हैं? लेकिन जो करते हैं, उन्हें मान्यताओं को प्रतिबंधित करने वाला माना जाता है। ये बेहतरी के लिए हैं, जिन्हें आप अलग करना और सुधारना चाहते हैं।

यहाँ ऐसी प्रतिबंधात्मक मान्यताओं के कुछ उदाहरण दिए गए हैं:-

- मैं सुबह हमेशा चिड़चिड़ा रहता हूँ।
- ना कहे जाने से मुझे गुस्सा आता है।
- मैं काफ़ी लंबे समय से शराब पी रहा हूँ, अब इसे छोड़ना संभव नहीं है।
- हाईवे पर, मेरे पास धैर्य नहीं है।
- मैं काम करने के लिए बहुत बूढ़ा हो गया हूँ।

आप इन्हें अधिक वांछनीय दृश्यों में स्थानांतरित करना चाहेंगे, जैसे:-

- मैं इस बिल्कुल नए दिन का इंतजार कर रहा हूँ।
- 'नहीं' कहे जाने से मैं विशिष्ट संभावनाओं की ओर देखने लगता हूँ।
- चूँकि, मैं इससे थक चुका हूँ, इसलिए मुझे शराब पीना बंद कर देना चाहिए।
- भारी ट्रैफ़िक मुझे ड्राइविंग में रक्षात्मक कौशल पर ध्यान केंद्रित करने की अनुमति देता है।

- उम्र ने मुझे होशियार बना दिया है और मैं अपने लक्ष्य हासिल करने में बेहतर सक्षम हो गया हूँ।

वास्तव में उन्हें बदलना उतना मुश्किल नहीं है, जितना लगता है। एक उत्कृष्ट एन एल पी तकनीक एक नकारात्मक विचार को सकारात्मक विचार में बदलने की प्रक्रिया है। ऐसा करने के लिए, यहाँ एक और आसान प्रक्रिया है:-

- कोई ऐसा स्थान ढूँढें, जो शांत हो और अपनी आँखें बंद कर लें।
- अपने मन में बुरे विश्वास की एक दृश्य छवि बनाएँ। (जैसे कोई भेड़िया या चमगादड़, जो नुकीला हो)
- यह छवि आपके दिमाग़ में एक छोटे से फ्रेम से शुरू होकर बहुत बड़ी है।
- इसे अपने सिर में लगातार तब तक सिकोड़ें, जब तक यह लगभग गायब न हो जाए।
- अपने हाथ का उपयोग करके (अपनी कल्पना में) इसकी छोटी छवि को दूर करें।
- आप जो नया आत्मविश्वास पाना चाहते हैं, उसकी एक आशावादी और गर्मजोशी भरी तस्वीर बनाएँ।
- मानसिक स्क्रीन भर जाने तक इसे अधिक प्रमुख और बड़ा बनाएँ।
- अपनी आँखें खोलें, हो गया!
- इससे पहले कि आप उस अनोखे विश्वास से अलग महसूस करने लगें, इसे हर दिन दोहराएँ।

विश्वासों को उचित मूल्य देना

आपके द्वारा स्थापित किसी भी नए मूल्य पर वास्तव में विश्वास करने के लिए, आपको इसे बहुत अधिक मूल्य देने की आवश्यकता है। यह एक ऐसी चीज़ होनी चाहिए, जिसमें आप वास्तव में बदलाव देखना चाहते हैं। यह नकद कमाने वाले शीर्ष 1 % लोगों के लिए पैसा बनाने पर इतनी मेहनत से ध्यान केंद्रित करने का एक बड़ा तरीका है। वे अत्यधिक मूल्य अर्जित करते रहते हैं और प्रचुर संपत्ति अर्जित करते रहते हैं। उनके व्यक्तिगत ब्रह्मांड में, यह एक प्रकार का केंद्रक बन जाता है। यदि आप वास्तव में निराशा या चिंता को नियंत्रण में लाना चाहते हैं, तो सकारात्मक सुधार आपके लिए

बहुत अधिक महत्त्व रखता है। किसी भी अवांछित कार्य या भावनात्मक संकट से मुक्त होने के लिए, आप वह दिशा बना सकते हैं, जिसे आपको लेने की आवश्यकता है। आख़िरकार आप बागडोर अपने हाथ में ले सकते हैं और अपने जीवन का प्रबंधन कर सकते हैं। सबसे अच्छी बात यह है, कि इस अभ्यास को दोबारा किया जा सकता है और आवश्यकतानुसार दोहराया जा सकता है। समय-समय पर, आप सामने आने वाले प्रतिबंधित मूल्यों का सामना कर सकते हैं और जब वे आपको ज्ञात हो जाएँ, तो आप उनसे निपट सकते हैं। यह तेज़ी से वास्तविक प्रगति देखने का सबसे बहुमुखी और सुनिश्चित तरीकों में से एक है।

सभी को पसंद आ रहा है

जब हर किसी का विश्वसनीय भागीदार बनने की बात आती है या जब उपभोक्ताओं को मनाने या किसी उत्पाद या विचार को बेचने की बात आती है, तो हर कोई एक ही स्तर पर नहीं होता है। आप देखेंगे, कि कुछ व्यक्ति अलग-अलग व्यवहार करते हैं और कुछ दूसरों की तुलना में अधिक वांछनीय प्रतीत होते हैं। ऐसा नहीं है, कि उन्होंने अपनी कक्षा में शीर्ष स्थान पर स्नातक किया है या इसलिए कि वे आपसे कहीं अधिक आकर्षक दिखते हैं। अपने आस-पास के अन्य व्यक्तियों पर, उनका वस्तुतः एक विशेष प्रभाव होता है।

अच्छी खबर यह है, कि आप अपने शरीर और अपनी बाकी गतिविधियों को प्रबंधित करना सीखकर अन्य लोगों के साथ मज़बूत संचार और संबंध बनाने में मदद कर सकते हैं। कुछ एन एल पी विधियों के साथ, यह भी कुछ ऐसा है, जो आप कर सकते हैं। एक और अच्छी खबर यह है, कि एन एल पी की संबंध-निर्माण और अनुनय रणनीतियों को व्यापक रूप से सिखाया जाता है और इससे आपको यह जानने में मदद मिलेगी, कि वे आपके दैनिक कार्यों के साथ कैसे काम करते हैं?

अनुरूप व्यवहार बाधाओं को नष्ट कर देता है

जब आस्था की बात आती है, तो जानवर और इंसान एक जैसा व्यवहार करते हैं; ऐसा प्रतीत होता है, कि दोनों अपने जैसे प्राणियों को पसंद करते हैं। आप शायद पाएँगे कि जो शिक्षक या पर्यवेक्षक हमेशा आपका उपकार करेंगे, वे स्कूल

या काम पर कुछ हद तक आपके जैसे हैं। जब वह देखता है, कि उनमें से कोई एक उसके सकारात्मक गुणों को अपनाता है, तो माता-पिता का भी अपने बच्चों में कोई पसंदीदा होना स्वाभाविक है।

जब आप रिश्ते बनाने की कोशिश करते हैं, तो आप तकनीकी रूप से दूसरों को दुनिया को अपने तरीके से देखने के लिए मज़बूर नहीं करते हैं। आप पाएँगे, कि आप दूसरे व्यक्ति को यह विश्वास दिलाने का प्रयास कर रहे हैं, कि आप भी वैसा ही सोच रहे हैं। इसका मतलब है, कि आप ऐसा प्रतीत करते हैं, जैसे आपके जैसा कोई व्यक्ति सामने आया है, जो उससे काफ़ी मिलता-जुलता है, एक प्रतिक्रिया के साथ जब आप उसे किसी समस्या का एक निश्चित समाधान प्रस्तुत करते हैं। इसलिए, इस बात की अधिक संभावना है, कि प्रतिक्रिया उसे पसंद आएगी। इसका मतलब है, कि किसी भी तरह, इस कहावत में, "यदि आप उन्हें हरा नहीं सकते, तो उनके साथ शामिल हो जाएँ" वास्तविकता है।

यहाँ रिपोर्ट-निर्माण की एक लोकप्रिय एन एल पी पद्धति है, जिसे मिलान क्रियाएँ कहा जाता है। इसका मतलब यह है, कि यदि आप किसी अन्य व्यक्ति की शारीरिक और भाषाई गतिविधियों से मेल खाते हैं, तो आप उन बाधाओं को तोड़ने की अधिक संभावना रखते हैं, जो वह अपने और दूसरे व्यक्ति के बीच पैदा करता है। एक उदाहरण यहाँ है:-

व्यक्ति A एक ऑडियो स्टोर पर जाता है और हेडफ़ोन खरीदना चाहता है। व्यक्ति ए, व्यक्ति बी, जो विक्रेता है, को बताता है, कि उसे पसंद है, कि हेडफ़ोन स्टैंड पर कैसा दिखता है, लेकिन वही सामान नहीं चाहता, क्योंकि यह संदिग्ध लगता है और वह सवाल करता है, कि क्या वह सामान अभी भी सही ढंग से काम करता है। हालाँकि, व्यक्ति बी के पास गोदाम में कोई अन्य वस्तु नहीं है और वह सौदा प्राप्त करना चाहता है। व्यक्ति बी कहता है, 'मैं देखने जा रहा हूँ' और जाँचता है, कि वस्तु अभी भी ठीक से चल रही है या नहीं। वह वापस आता है और अपने ग्राहक को सूचित करता है, कि "हेडफ़ोन मेरे लिए ठीक हैं।" व्यक्ति बी को सौदा मिलता है।

उस उदाहरण से आप पाएँगे, कि मुख्य रूप से उसकी दृष्टि की इंद्रियों का उपयोग किया जा रहा है, ग्राहक दुनिया पर ध्यान देता है। भले ही वह कानों की ज़रूरत के लिए

सामान खरीदने की कोशिश कर रहा हो। अब, व्यक्ति बी समझता है, कि यदि वह यह तय कर लेता है, कि वह ग्राहक के समान है, तो उसे बिक्री मिलेगी, जिसका अर्थ है, कि जब वस्तुओं का मूल्यांकन करने की बात आती है, तो उनकी राय समान है।

पुलिस पूछताछकर्ता और मनोवैज्ञानिक रिश्ते और विश्वास पैदा करने के लिए, फिर जानकारी निकालने के लिए इस पद्धति का उपयोग करते हैं। इसका तात्पर्य यह है, कि जब लोग एक ही भाषा का उपयोग करते हैं, तो उनके आपस में मेलजोल बढ़ाने की संभावना अधिक होती है।

विकीर्ण (रेडीएट) सकारात्मकता

क्या आपने कभी सोचा है, कि आकर्षक लोग, चाहे वे कैसे भी दिखते हों, आकर्षक क्यों बने रहना चाहिए? आपने ऐसे लोगों को देखा होगा, जो आपसे छोटे या मोटे हैं, लेकिन ऐसा लगता है, कि उनके पास आपसे ज्यादा दोस्त हैं। आपने ऐसे लोगों को देखा, जिनके पास अंग नहीं हैं, लेकिन ऐसा लगता है, कि उनके पास इस जीवनकाल में आपके पास से कहीं अधिक एथलेटिक साथी हैं। क्या आपको बिल्कुल भी ईर्ष्या नहीं होती है?

यहाँ बताया गया है, कि ये व्यक्ति दूसरों के साथ क्या करते हैं - वे इसे एक ऐसा बिंदु बनाते हैं, जिसे वे महसूस करते हैं और बिना रुके व्यवहार करते हैं और इसीलिए उन्हें एहसास होता है, कि उनका जीवन किसी भी अन्य की तुलना में कहीं अधिक बड़ा है। स्पष्टीकरण यह है, कि आप उन व्यक्तियों को आकर्षित कर सकते हैं, जो आपके समान हैं। अब, यदि आपको लगता है, कि आप घृणित, अयोग्य और बहुत निराश हैं, तो आप इस बात से डरने लगेंगे, कि आप किस प्रकार के लोगों को आकर्षित कर रहे हैं।

यदि आप अधिक मित्र बनाना चाहते हैं और अन्य व्यक्तियों पर सकारात्मक प्रभाव डालना चाहते हैं, तो बस वही व्यक्ति बनें जो आप बनना चाहते हैं। मुस्कुराएँ और दुनिया से निराश होने के बजाय शीर्ष पर प्रदर्शन करते रहें। देर-सवेर लोग आपका अनुसरण करेंगे। आपको ख़ुशी होगी, कि आपने ऐसा व्यवहार किया। अभी तो तुम्हें पता नहीं है, लेकिन आगे चलकर समझ में आयेगा।

हर कोई खुद पर ध्यान केंद्रित करता है

यदि आप हर बार किसी से मिलवाने के लिए तत्काल संबंध बनाना चाहते हैं, तो आपको ज़्यादातर समय खुद को बेचने की ज़रूरत नहीं है। इसका मतलब यह है, कि आपको अभी भी यह मान लेना चाहिए, कि अन्य लोग आम तौर पर अपने हितों को आपके सामने रखते हैं, यदि आपने पहले अन्य व्यक्तियों से मिलते समय घबराहट महसूस की हो। जब आप इसके बारे में सोचते हैं, जब आपको किसी ऐसे व्यक्ति से बात करने की आवश्यकता होती है, जिसे आप नहीं जानते हैं, तो आपको सुर्खियों में आने के बारे में जागरूक होने की आवश्यकता नहीं है। जब आपको लोगों से बात करने की ज़रूरत होती है, तो आपको यह डर नहीं होना चाहिए, कि आप जाँच के दायरे में हैं। अक्सर, वे सोचते हैं और इस पर अधिक ध्यान देते हैं, कि वे कैसे कार्य करते हैं या वे आप पर कैसे प्रभाव डालते हैं? यह भी ध्यान रखें, कि लोग अपने माहौल के प्रति पारदर्शी और संवेदनशील होते हैं, शांत होते हैं और आपसे वैसे ही बात करते हैं, जैसे आप चाहते हैं, कि वे प्रतिक्रिया दें। उनके व्यवहार का एक सूक्ष्म दर्पण बनाएँ और फिर अपने लाभ के लिए उस विचार धारा का उपयोग करते हुए और फिर उनकी अच्छी तारीफ़ करें। इससे उनकी पुष्टि की आवश्यकता पूरी होती है और वे बाधाएँ जो आप दोनों के लिए बातचीत को अजीब बनाती हैं, जल्द ही दूर हो जाएँगी। वे आपके साथ अपने बारे में अधिक जानकारी देने, उनमें अच्छाइयों को पहचानने के लिए अधिक इच्छुक होंगे।

विश्वासों का महत्त्व

सबसे बुरी चीज़ों में से एक जो किया जा सकता है, वह है खराब कार्यों या पूरी तरह से भावनात्मक मंदी को दूर करना, जब बच्चों को यह कहकर मनाना पड़े, कि वे ऐसे ही हैं। शुरुआत से ही, यह लोगों को बताता है, कि ऐसी परिस्थितियों में बुरा व्यवहार आपके लिए केवल इसलिए उचित है, क्योंकि आप चीजों से इसी तरह निपटना चाहते हैं। यह एक व्यक्ति को शुरू से ही असुरक्षित बनाता है। जब इसे अंदर खोजा जाना चाहिए, तो यह लोगों को वातावरण में उत्तर खोजने पर मज़बूर कर देता है।

यदि यह आपको सिखाया गया है, तो यह दृढ़ विश्वास है, कि आप बाहरी उत्तेजनाओं पर इसी तरह से प्रतिक्रिया देंगे। पर्याप्त गलत महत्त्व प्राप्त करने का मतलब यह होगा, कि कभी सुधार नहीं होगा। हम हर चीज के बारे में जो धारणाएँ रखते हैं, वे अवचेतन मन को प्रेरित करती है। यह वही है, जो तय करता है, कि आप सक्रिय रूप से क्या कर सकते हैं? क्या कह सकते हैं और पूरा करने का प्रयास कर सकते हैं? यह लक्ष्य-उन्मुख सहायता या उन बुरी आदतों पर नियंत्रण बनाए रखने में बाधा हो सकती है, जिन्हें आप ठीक करना चाहते हैं। यह आपको जीवन भर भावनात्मक उतार-चढ़ाव में फँसाए रख सकता है।

यदि आप सोचते हैं, कि जब कोई "नहीं" कहता है, तो आप हमेशा परेशान हो जाते हैं, तो आप हमेशा तब परेशान हो जाते हैं, जब कोई "नहीं" कहता है। हो सकता है, कि यह उस प्रकार की परेशानी न हो, जिसे पूरे गुस्से के रूप में देखा जाता है, लेकिन आपको अप्रिय चीज़ों और भावनात्मक तनाव और चिंता से निपटने में कठिनाई होगी। यदि आप उन्हें स्वीकार नहीं करते हैं और उन्हें बदलने की कोशिश नहीं करते हैं, तो चाहे आप उन आदतों और भावनाओं को कितना भी बड़ा कर लें, वे जीवन भर आपके साथ रहेंगे।

विश्वास कैसे बनाए जाते हैं

आपका कोई भी दृढ़ विश्वास आपके लिए बना है। यह परिवार या दोस्त हो सकते हैं, जो आपको बताते हैं, कि आप किस तरह से या आपकी क्षमता के बारे में चीज़ों पर प्रतिक्रिया देते हैं। यदि वे स्वस्थ दृढ़ विश्वास वाले हैं, तो यह बहुत अच्छी बात है। अधिक संभावना यह है, कि हम यहीं से अपनी बहुत सारी त्रुटिपूर्ण मान्यताएँ प्राप्त करते हैं। यह चिड़चिड़ापन, अधीरता या यहाँ तक कि आपके स्वास्थ्य को नुकसान पहुँचाने वाली दवाओं की लत को भी दूर करता है। यदि उन्हें लगातार बताया जाए, कि वे कभी नहीं छोड़ सकते, तो धूम्रपान करने वाले के लिए, इसे छोड़ना कितना आसान है?

जीवन में अन्य मूल्य अनुभवों से उत्पन्न होते हैं। यदि आपको लगातार पदोन्नति और वेतन वृद्धि के लिए नज़र अंदाज़ किया जाता है, तो आप अंततः यह निष्कर्ष

निकालेंगे, कि आप इसके लायक नहीं हैं। आप कई असफल रिश्तों का सामना कर सकते हैं और यह विश्वास बढ़ा सकते हैं, कि आप एक अच्छे साथी नहीं हैं। यदि आप विभाजनकारी मूल्यों में विश्वास करते हैं, तो आप हमेशा के लिए दलदल में फँस जायेंगे। यहाँ बहुत सारी "टॉक थेरेपी" हैं, जिन्हें काम करने में वर्षों लग जाते हैं। आप तब तक वास्तविक प्रगति नहीं देख पाएँगे, जब तक आप यह नहीं जानते, कि आपका परिणाम आप अपने बारे में जो सोचते हैं, वही तय करेगा।

एन एल पी का उपयोग करने का लाभ यह है, कि विश्वासों को बदलना संभव है। यह तेज़ी से प्राप्त किया जा सकता है और आप तुरंत परिणाम देख सकते हैं। यह शानदार है, क्योंकि कोई व्यक्ति अपर्याप्त विश्वास में इतना फँस सकता है, कि जब वे अपने भविष्य को देखना शुरू करते हैं, तो यह उन्हें पूरी तरह से अपंग कर देता है। पारंपरिक व्यवहार संशोधन, जिन्हें पूरा होने में वर्षों लग सकते थे, दिनों या हफ़्तों में किया जा सकता है। इसमें कोई जादू नहीं है। यह सिर्फ़ समझने और बदलने कि आप जो करते हैं, वह क्यों करते हैं, की बात है ।

आप चीज़ों को जिस तरह से करते हैं, उससे निपटने के लिए आपको परिस्थितिजन्य कारकों के बज़ाय किसी भी प्राथमिक प्रभावित करने वाली वस्तुओं पर चर्चा करने की आवश्यकता होगी। मूल मान्यताओं की उत्पत्ति को जानने के माध्यम से जहाँ उपयुक्त हो, वहाँ समायोजन करना आसान हो जाता है।

विश्वास कैसे बदलें

जब भावनात्मक प्रबंधन और व्यवहार की बात आती है, तो आपको यह पता लगाने के लिए कुछ समय निकालना होगा, कि आपके मूल्य क्या हैं? एक नोटबुक लें और उन सभी को सूचीबद्ध करना शुरू करें, जिनके बारे में आप सोच सकते हैं। हो सकता है, कि आपके अवचेतन मन में जो कुछ छिपा है, उससे आप चौंक गए हों। केवल कुछ मान्यताएँ वास्तव में इस बात पर प्रभाव नहीं डालती हैं, कि आप भावनात्मक रूप से कैसे व्यवहार करते हैं या चीज़ों पर प्रतिक्रिया करते हैं, लेकिन जो करते हैं, उन्हें मान्यताओं को प्रतिबंधित करने वाला माना जाता है। ये बेहतरी के लिए हैं, जिन्हें आप अलग करना और सुधारना चाहते हैं।

यहाँ ऐसी प्रतिबंधात्मक मान्यताओं के कुछ उदाहरण दिए गए हैं:

- मैं सुबह अभी भी चिड़चिड़ा रहता हूँ।
- ना कहे जाने से मुझे गुस्सा आता है।
- मैं काफ़ी लंबे समय से शराब पी रहा हूँ, अब इसे छोड़ना संभव नहीं है।
- राजमार्ग पर, मेरे पास धैर्य नहीं है।
- मैं काम करने के लिए बहुत बूढ़ा हो गया हूँ।

आप इन विचारों को अधिक रचनात्मक विचारों में स्थानांतरित करना चाहेंगे, जैसे:

- मैं एक नए दिन का इंतज़ार कर रहा हूँ।
- 'नहीं' कहे जाने से मैं विशिष्ट संभावनाओं की ओर देखने लगता हूँ।
- चूंकि मैं इससे थक चुका हूँ, इसलिए मुझे शराब पीना बंद कर देना चाहिए।
- भारी ट्रैफ़िक मुझे ड्राइविंग में रक्षात्मक कौशल पर ध्यान केंद्रित करने की अनुमति देता है।
- उम्र ने मुझे अपने लक्ष्यों को प्राप्त करने में अधिक स्मार्ट और सक्षम बना दिया है।

वास्तव में उन्हें बदलना उतना मुश्किल नहीं है, जितना लगता है। एक उत्कृष्ट एन एल पी तकनीक एक नकारात्मक विचार को सकारात्मक दृष्टिकोण में बदलने की क्रिया है। ऐसा करने के लिए, यहाँ एक और आसान प्रक्रिया है:-

- एक शांत जगह ढूँढें और अपनी आँखें बंद कर लें।
- अपने मन में बुरे विश्वास की एक दृश्य छवि बनाएँ। यह छवि आपके दिमाग़ में एक छोटे से फ्रेम से शुरू होकर बहुत बड़ी है।
- इसे अपने सिर में लगातार तब तक सिकोड़ें, जब तक यह लगभग गायब न हो जाए।
- अपने हाथ का उपयोग करके (अपनी कल्पना में) इसकी छोटी छवि को दूर करें।
- आप जिस नए विश्वास की तलाश कर रहे हैं, उसकी एक गर्मजोशी के साथ और आशावादी तस्वीर बनाएँ।

- मानसिक स्क्रीन भर जाने तक इसे अधिक प्रमुख और बड़ा बनाएँ।
- अपनी आँखें खोलें।
- हो गया ! इससे पहले कि आप उस अनोखे विश्वास से अलग महसूस करने लगें, इसे हर दिन दोहराएँ।

उचित मूल्य का विश्वासों में स्थानपन

आपके द्वारा स्थापित किसी भी नई मान्यता पर वास्तव में विश्वास करने के लिए आपको कई सिद्धांतों का पालन करना होगा। यह एक ऐसी चीज़ होनी चाहिए, जिसे आप वास्तव में सुधारना चाहते हैं। यह नकद कमाने वाले शीर्ष 1 % लोगों के लिए पैसा बनाने पर इतनी मेहनत से ध्यान केंद्रित करने का एक बड़ा तरीका है। वे अत्यधिक मूल्य अर्जित करते रहते हैं और प्रचुर संपत्ति अर्जित करते रहते हैं। उनके व्यक्तिगत ब्रह्मांड में, यह एक प्रकार का केंद्रक बन जाता है। यदि आप वास्तव में निराशा या चिंता को नियंत्रण में लाना चाहते हैं, तो सकारात्मक सुधार आपके लिए बहुत अधिक महत्त्व रखता है। किसी भी अवांछित कार्य या भावनात्मक संकट से मुक्त होने के लिए, आप वह दिशा बना सकते हैं, जो आपको लेने की आवश्यकता है।

आखिरकार आप बागडोर अपने हाथ में ले सकते हैं और अपने जीवन का प्रबंधन कर सकते हैं। सबसे अच्छी बात यह है, कि इस अभ्यास को दोबारा किया जा सकता है और आवश्यकतानुसार दोहराया जा सकता है। समय-समय पर, आप सामने आने वाले प्रतिबंधित मूल्यों का सामना कर सकते हैं और जैसे ही वे आपको ज्ञात हो जाते हैं, आप उन पर चर्चा कर सकते हैं। यह तेज़ी से वास्तविक प्रगति देखने का सबसे बहुमुखी और सुनिश्चित तरीकों में से एक है।

प्रभावी तरीके जिनका उपयोग आप अपने नकारात्मक विश्वासों को बदलने के लिए कर सकते हैं

आप अपने बारे में जो विश्वास करते हैं, उसका आपके जीवन और परिस्थितियों को देखने के तरीके पर प्रभाव पड़ना तय है। यदि अपने बारे में विश्वास की आदतें नकारात्मक हैं, तो यह निश्चित रूप से आपके जीने के तरीके के साथ-साथ अन्य

लोगों से आपके संबंध बनाने के तरीके को भी प्रभावित करेगी। यही कारण है, कि आपको जितनी जल्दी हो सके, अपने बारे में अपनी विश्वास प्रणाली को बदलने का प्रयास करना चाहिए। यहाँ कई दृष्टिकोण दिए गए हैं, जिनका उपयोग आप अपने नकारात्मक दृष्टिकोण को बदलने के लिए कर सकते हैं। एक दृढ़ वचन विकसित करें: उस प्रतिकूल धारणा को स्वीकार करके शुरुआत करें, जिसे आपको वास्तव में संशोधित करने की आवश्यकता है।

यदि, उदाहरण के लिए, आपको लगता है, कि आप असफल हैं और इसने आपके काम और समग्र जीवन की सफलता को प्रभावित किया है, तो अपने इस दृढ़ विश्वास के बारे में खुले और स्पष्ट रहें। इसके बारे में प्रश्न विकसित करें जैसे, 'क्या मैं वास्तव में असफल हुँ?' इस सवाल को अपने मन में कई बार दोहराएँ और अपने दिमाग को खुद ही जवाब ढूँढने दें। प्रश्न का उत्तर देने का प्रयास न करें, अपने दिमाग को आपके लिए प्रतिक्रियाएँ खोजने दें और आपको जो उत्तर मिलेंगे, उसके आधार पर आप केवल वही बदल सकते हैं, जिस पर आप विश्वास करते हैं। अपनी धारणाएँ छोड़ें: ऐसे व्यक्ति हैं, जो मानते हैं कि भविष्य में चीज़ें वैसी ही घटित हो सकती हैं, जैसी वे अतीत में घटित हुईं। यह एक ऐसा भ्रम है, जो लोगों को इतना पीछे धकेल देता है, कि वे भविष्य में कुछ भी अलग करके इसी तरह की घटना या घटना के परिणाम को बदल नहीं सकते हैं। आपको इस स्थिति से तालमेल बिठाने के लिए अभ्यास करना होगा। जरूरी नहीं कि चीज़ें एक ही तरह से घटित हों।

यदि आपने अतीत में संघर्ष किया है, तो आप भविष्य में सफल हो सकते हैं, इसलिए समझें कि चीज़ें बदल जाएँगी और कुछ समय के लिए इसका अभ्यास करें। अपनी परिकल्पना में बदलाव करने से आपके लिए भविष्य में बेहतर परिणाम प्राप्त करने की दिशा में काम करना आसान हो जाएगा। प्रतिरोध को बदलें: अक्सर ऐसा होता है, कि जब आप कुछ बदलने की कोशिश कर रहे होते हैं, तो यह संदेह होता है, कि चीजें अच्छी तरह से काम नहीं करेंगी, जैसा आप विश्वास करना चाहते हैं।

प्रतिरोध, तुम्हें बदलना होगा। यह इस बात की पुष्टि करके किया जा सकता है, कि प्रतिरोध या चिंता है और यह सुनिश्चित करने के लिए कड़ी मेहनत करें, कि आप इस पर विजय पा सकें। यदि आप व्यवहार को संशोधित करने का प्रयास करते हैं, तो आपको डर है, कि आप व्यवहार को समायोजित नहीं कर पाएँगे।

इसे ख़ारिज मत करो; डर पर विचार करें और डर को कम करने के तरीकों के साथ आएँ और किसी भी बाधा पर विजय प्राप्त करें, जो आपको वांछित सुधार प्राप्त करने से रोक सकती है। एक नई कहानी के साथ आएँ: जब आप अपने मूल्यों पर विचार करेंगे, तो आपको पता चल जाएगा, कि किसी भी विश्वास के पीछे हमेशा एक कहानी होती है, जिसे आप बदलना चाहते हैं।

यह कहानी अकेली नहीं है और यह कहानी मौज़ूद एकमात्र सटीक कहानी नहीं है। दृढ़ विश्वास को प्रभावी ढंग से संशोधित करने के लिए परिस्थिति या घटना के बारे में अधिक आशावादी कहानियाँ लेकर आएँ। उदाहरण के लिए, यदि आप सार्वजनिक रूप से नहीं बोल सकते हैं और अपनी चिंता पर विजय पाने के लिए इस दृढ़ विश्वास को बदलना चाहते हैं, तो अपने सार्वजनिक भाषण और परिणामों के बारे में अधिक सफलता की कहानियाँ लेकर आएँ और उन्हें अपने दिमाग में अंकित करें।

इससे आपको इस भ्रम से पैदा हुए डर पर काबू पाने में मदद मिलेगी, कि आप पहले ही बदल चुके हैं। खुद की आलोचना करना बंद करें: जब भी आप खुद को आँकते हैं और आलोचना करते हैं, तो आप हर बार उस हानिकारक विचार को सही ठहराते हैं, जिसे आप सुधारना चाहते हैं, यही कारण है, कि आपको खुद को आँकना बंद करना होगा। आत्म-करुणा, अपने अंदर दयालुता, सचेतनता और मानवता पैदा करने की आवश्यकता है, ये सभी आपके विश्वास में बदलाव लाने के लिए आवश्यक समर्थन संरचना बनाते हैं। आत्म-स्वीकृति, कृतज्ञता और आशावाद का अभ्यास करें।

अतीत की गलतियों के लिए स्वयं को क्षमा करें और अगली बार चीज़ों को बेहतर बनाने के लिए कड़ी मेहनत करें। यदि आप अपनी गलतियों को स्वीकार करते हैं और सुधार के लिए तैयार रहते हैं, तो अपने बारे में अपने नकारात्मक विचारों को संशोधित करना बहुत आसान होगा। अपना दृष्टिकोण समायोजित करें: आप जिस पर विश्वास नहीं करना चाहते, उस पर अपना ध्यान बदलें।

हम उस नकारात्मकता पर भी ध्यान केंद्रित करते हैं, जिसे हम मिटाना चाहते हैं और इसका हमारे साथ क्या होता है, कि हम नकारात्मकता को इतनी जल्दी नहीं छोड़ते हैं। उदाहरण के लिए, यदि आप अब अधिक वजन नहीं रखना चाहते हैं, तो उन खाद्य पदार्थों के बारे में चिंता करना छोड़ दें, जिन्हें आपको छोड़ना होगा।

इसके बज़ाय, शरीर का अतिरिक्त वजन कम करने के बाद, इस बात पर विचार करें, कि आप कैसा दिखना चाहते हैं और आप किस तरह की सेहत का आनंद लेंगे। वांछित परिणामों की पहचान करना और उन्हें प्राप्त करने में आपकी सहायता करने वाली विधियों को डिज़ाइन करना आसान है। अपेक्षाओं के बज़ाय इरादों पर कायम रहें: यदि आपको इस बात पर दृढ़ विश्वास है, कि भविष्य में क्या होगा, तो यह एक धारणा है।

हालाँकि, भविष्य को बेहतर बनाने और प्रक्रिया को अधिक सहनीय बनाने के लिए आप जो करने की योजना बना रहे हैं, उसमें इसे बदला जा सकता है। एक विचार और भी आसान है, क्योंकि यह आपके प्रभाव में है, जिसका अर्थ है, कि आप जिस तरह से चीज़ों को चाहते हैं और जिस तरह का विश्वास आप चाहते हैं, उसे बदलने की शक्ति है।

उदाहरण के लिए, यदि आप किसी महत्त्वपूर्ण प्रस्तुति के दौरान गलती करने का इरादा रखते हैं, तो इसके बज़ाय इरादे के साथ आएँ और वे विश्वास को हल करने में आपकी सहायता करेंगे।

संपूर्ण भावनात्मक नियंत्रण का शरीर विज्ञान

यदि आप एक पल में अपनी भावनाओं पर नियंत्रण पा सकें, तो आपका जीवन कितना बेहतर हो सकता है? यदि आप अपनी भावनाओं पर पूरी तरह से नियंत्रण रख सकें, तो आप सहकर्मियों, मालिकों, परिवार के सदस्यों और दोस्तों के साथ कितना बेहतर तरीके से मिल पाएँगे? यह मनोवैज्ञानिक अस्थिरता भी है, जो बुरी आदतों को जन्म देती है। एक अच्छा उदाहरण यह है, कि चिल्लाने या चीज़ों को उठाकर फ़ेंकने से पहले भावनात्मक क्रोध की आवश्यकता होती है ना!

कई व्यक्ति ऐसी स्थितियों में कैसे प्रतिक्रिया देते हैं और कैसे प्रतिक्रिया करते हैं, इसकी समझ बढ़ाकर स्वस्थ भावनाओं को प्राप्त करने की आकांक्षा रखते हैं। हालाँकि यह मान लेना अच्छा होगा, कि व्यक्ति हमेशा अच्छा कार्य करते हैं, नकारात्मक या ख़राब व्यवहार याद रखा जाने वाला एक महत्त्वपूर्ण हिस्सा है। ये वे भावनाएँ हैं, जो व्यक्तियों को नियंत्रण से बाहर सबसे बुरे काम करने के लिए प्रेरित करती हैं।

अनियंत्रित भावनाओं की वृद्धि को पहचानना ही वह जगह है, जहाँ बुरी आदतें मुख्य रूप से पटरी से उतर जाती हैं। यदि आप लगातार अवसाद से पीड़ित हैं या कार्यस्थल पर बदमाशों और अफ़वाहों से निपटने में कठिनाई हो रही है, तो कल्पना करें, कि यह कितना क्रांतिकारी होगा। कुछ मामलों में, यह क्लिनिकल थेरेपी या दवा लेने की आवश्यकता को प्रतिस्थापित नहीं करता है। इससे आपको ख़राब मूड को सकारात्मक मूड में बदलने में मदद मिलेगी। यह आपको उन भावनाओं को कम करने में मदद करेगा, जो एक पल में आप पर हावी हो सकती हैं और आपको अनुत्पादक बना सकती हैं।

यह इस बात का संकेत नहीं है, कि आप भावनाओं को दबा रहे हैं या कुछ महसूस नहीं कर रहे हैं। हर तरह की भावना आप अभी भी महसूस करेंगे, लेकिन अधिक नियंत्रित और समान तरीके से। भावनाएँ, जो इस एहसास के लिए महत्त्वपूर्ण हैं, कि जीवन सुरक्षित है और चुनौतियों से निपटा जा सकता है, आपका नेतृत्व नहीं करेंगी। अंत में, निराशा को जीवन-परिवर्तन और कुछ करने की आपकी सामान्य क्षमता के बयान से कम कुछ भी नहीं देखा जा सकता है और एक अच्छा संतुलन लाया जाता है।

जब आप एन एल पी को अपने दैनिक जीवन का हिस्सा बनाते हैं, तो आप इस बारे में अधिक से अधिक सीख सकते हैं, कि आप सकारात्मक सोचकर अपनी भावनाओं को कैसे नियंत्रित कर सकते हैं। मूल रूप से, इसका मतलब है, कि अपने रास्ते में आने वाले सभी बुरे विचारों को त्याग दें। आरंभ करने के लिए, यह कुछ ऐसा है, जिसे आप सक्रिय रूप से करेंगे। हालाँकि, जैसे-जैसे समय बीतता है, आप पाते हैं, कि आप अवचेतन रूप से अपनी भावनाओं को नियंत्रित करने में सक्षम हैं।

शरीर-मन सम्बन्ध

हमारे दिमाग़ की शारीरिक भाषा को समझने की क्षमता और विशेषज्ञता पर खंड दर खंड लिखा जाता है। एक भी शब्द कहे या पढ़े बिना, मानव का सारा संचार समाप्त हो जाता है। दिमाग़ को शुरुआती दौर से ही शारीरिक संकेतों को पढ़ने के लिए प्रशिक्षित किया जाता है, कि कोई व्यक्ति कैसा महसूस करता है या वह आपसे बात करने के लिए कितना ग्रहणशील है। उल्लेखनीय बात यह है, कि मन आपके शरीर के साथ भी ऐसा कर सकता है। इस समय आप जिस मनोदशा में हैं, उसे बनाने के लिए यह आपके द्वारा भेजे जाने वाले नियमित संकेतों को ग्रहण करता है।

इसे समझने का लाभ यह है, कि यह आपको वे सभी तथ्य प्रदान करता है, जो आपको यह महसूस करने के लिए आवश्यक हैं, कि आपके मूड को जितना आपने सोचा था, उससे कहीं अधिक नियंत्रित किया जा सकता है। अंततः, जिस तरह से आप बैठते हैं, खड़े होते हैं, साँस लेते हैं और हर चीज को देखते हैं, वह आपके शरीर को एक मूड बनाने का संकेत देगा। अगली बार जब आपमें अवसाद या क्रोध की तीव्र भावना हो, तो उन सभी शारीरिक संकेतों पर ध्यान दें, जो आपका शरीर

आपको भेजता है। प्रत्येक संकेत व्यक्ति के लिए विशेष है, लेकिन अधिकांश उदास या दुखी व्यक्ति झुकेंगे और धीरे-धीरे साँस लेंगे। किसी भी मामले की चरम सीमा के बारे में सोचें। जब आप परेशान होते हैं, तो खुद को कैसे संभालते हैं? क्या आप तेजी से और जोर से साँस ले रहे हैं? जब आप वास्तव में उत्साहित या खुश हों, तो कैसा महसूस करते हैं? आपके मस्तिष्क को भेजे जाने वाले संकेतों को बदलने से, आपकी मनोदशा तुरंत बदल जाएगी। इसका मतलब यह नहीं है, कि आप नौकरी खोने या बेदख़ली का नोटिस प्राप्त करने के बारे में स्वचालित रूप से आशावादी महसूस करेंगे, लेकिन इसका मतलब यह है, कि आपको एकांत और अंधेरी जगह पर नहीं बैठना होगा।

किसी प्रक्रिया को आगे बढ़ाने का प्राथमिक तरीका आपकी शारीरिक भाषा या गैर-मौखिक संचार भी है। एन एल पी का उपयोग यह सुनिश्चित करता है, कि आपका शरीर आपके शब्दों के साथ कैसे काम करता है? यह सुनिश्चित करने के लिए कि आपका संदेश स्पष्ट और प्रामाणिक रूप से व्यक्त किया गया है।

उदाहरण के लिए, किसी भौगोलिक विषय पर एक ज्ञानवर्धक व्याख्यान लें। आप उन बिंदुओं को उज़्ागर करने के लिए या आकृतियाँ बनाने के लिए अपनी भुजाओं का उपयोग कर सकते हैं, जो उन विशेषताओं को समझाने में मदद करेंगी, जिनके बारे में आप बात कर रहे हैं। धीमे इशारों से दूसरों के लिए ध्यान देना और आप पर नज़र रखना आसान हो जाएगा, जैसे कि आसान गति से चलना। यह सब इस बारे में है, कि आपका शरीर कैसा चल रहा है? इसके प्रति सचेत रहकर आप अपना संदेश कैसे जारी रख सकते हैं?

कोई भी एक मनोदशा चुनें

मनोदशा बदलने, भावनात्मक नियंत्रण पाने, क्रोध और अवसाद जैसे विषयों के लिए एन एल पी पद्धति अद्वितीय नहीं है। जब बात उस भावना की आती है, जिस पर आप नियंत्रण बनाए रखना चाहते हैं, तो यह काम करेगा। इससे पहले कि यह पैनिक डिसऑर्डर जैसे अपंग विकारों में योगदान दे, यह चिंता पर नियंत्रण पाने के लिए आदर्श है। जब आप भारी निराशा का अनुभव करते हैं, तो यह आपके आस-पास के

लोगों की चिंताओं को मिटा सकता है। क्रोध के सही प्रबंधन का तात्पर्य, क्रोध की भावना को तब तक शांत करना है, जब तक कि वह हावी न हो जाए और नियंत्रण से बाहर न हो जाए।

इस पद्धति का लाभ उठाने का सबसे अच्छा तरीका यह पता लगाना है, कि अपने जीवन को अधिक शांतिपूर्ण और खुशहाल बनाने के लिए, आपको किन भावनाओं को बेहतर नियंत्रण में रखने की आवश्यकता है। उन पर काबू पाने में सक्षम होने के लिए, पहला कदम यह जानना है, कि वे क्या हैं? आप अपने मनोदशा को बदलने और शरीर विज्ञान के माध्यम से भावनाओं को नियंत्रित करने के लिए, किसी भी समय और कहीं भी एन एल पी का उपयोग कर सकते हैं। वास्तव में किसी को पता नहीं चलेगा, कि आप ऐसा कर रहे हैं।

इस पद्धति का सबसे चुनौतीपूर्ण हिस्सा यह पहचानना है, कि आपको कब एन एल पी में शामिल होने और उपयोग करने की आवश्यकता है। यदि आप सुरक्षित स्थिति में हैं, तो जहाँ आपकी भावनाएँ हैं, आपको उस स्थान पर जाने की आदत बनानी होगी। जब आप बहुत निराश होते हैं, तो इसे जानना बहुत कठिन नहीं है, लेकिन निराशा, अवसाद और चिंता के क्रमिक विकास को तुरंत पहचानना थोड़ा कठिन हो सकता है।

आपके शरीर में सूक्ष्म संकेत भी होते हैं, जो भावनात्मक रूप से कुछ गड़बड़ होने पर आपको बता देंगे। आप अप्रत्याशित रूप से किसी ऐसे व्यक्ति पर चिल्लाना चाह सकते हैं, जिसके बारे में आपको लगता है, कि उसने आपको चोट पहुँचाई है, जिसका मतलब है, कि आप थोड़े संवेदनशील हैं या हो सकता है, कि आपको अपनी भूख में बढ़ोतरी महसूस हो और आपको आराम पाने के लिए कुछ खाना पड़े। आपको बस इन संकेतों के प्रति सचेत रहना है और अपनी भावनाओं और मनोदशाओं को प्रबंधित करना आसान हो जाएगा।

किसी भी समय अपनी भावनाओं को कैसे बदलें

अभ्यास स्थापित करने में, मनोदशा और भावना को समायोजित करने के लिए, निम्नलिखित प्रक्रिया कुछ समय के लिए की जा सकती है, ताकि आप समझ

सकें, कि क्या देखना है? और अपने मस्तिष्क को वे संकेत भेजना चाहते हैं जिन्हें वह बदलना चाहता है। यह जानने के लिए, कि किसी भी भावनात्मक स्थिति में आपका दिमाग़ कौन-सी सटीक हलचलें उठाता है, आपको निश्चिंत रहने की जरूरत है?

- अपनी पीठ को सीधा करें, चाहे आप बैठें या खड़े अपनी जगह पर हों।
- गहरी और नियंत्रित साँसें लें।
- अपने चेहरे की मांसपेशियों को आराम दें और अपने चेहरे पर मुस्कान लाएँ।
- व्यक्तियों के साथ चर्चा करते समय आरामदायक और उत्साहित ध्वनि का उपयोग करें।
- अपनी आँखें बंद करें और यदि संभव हो, तो शांतिपूर्ण और शांत वातावरण की कल्पना करें। आप चिंता, उच्च चिंता या यहाँ तक कि झुँझलाहट से तुरंत राहत का अनुभव करेंगे।

आपका शरीर आपके द्वारा दिए गए संकेतों को तुरंत समझ लेगा। काम करते समय अपने आप को उदास भावना में रखने का प्रयास करें। जब आप वास्तव में थका हुआ या तनावग्रस्त महसूस करते हैं, तो आपको अपनी इच्छित सामान्य शरीर क्रिया विज्ञान (फिजियोलॉजी) का उपयोग करना होगा। यह तुरंत काम करता है, अपना दिन बीतने से पहले एक स्वस्थ और खुशहाल भावना को पुनः प्रस्तुत करना सुनिश्चित करें!

अपनी भावनाओं का प्रबंधन

अपनी भावनाओं को नियंत्रित करना संभव है और जब आप किसी नकारात्मक भावना पर विजय पाने की कोशिश कर रहे हैं, तो यह चीज़ों को वास्तव में सरल बना सकता है। आपको यह जानकर शुरुआत करनी होगी, कि आप किसी विशेष क्षण में कैसा महसूस करते हैं? और फिर जितना हो सके, उस भावना से ध्यान हटाने का प्रयास करें। यदि आप बहुत तीव्र भावनाओं का सामना करते हैं, तो अपने दिमाग़ को स्थिति से हटाने का प्रयास करें, लेकिन यदि भावनाएँ कम प्रबल हैं, तो परिस्थितियों को एक अलग और रचनात्मक तरीके से सुलझाने का प्रयास करें।

अपनी भावनाओं को प्रबंधित करने में, आपको यह करना होगा:

भावना को पहचानें: उन सभी शक्तिशाली भावनाओं को पहचानें, जो आपने अतीत में महसूस की थीं या उस पल में आपने क्या महसूस किया था?

निर्धारित करें, कि उन भावनाओं को किसने प्रेरित किया? सभी भावनाएँ वास्तविक हैं, इसलिए स्वयं का विश्लेषण करने का प्रयास न करें, क्योंकि इससे अधिक नकारात्मक भावनाएँ उत्पन्न हो सकती हैं और जैसा कि आपको करना चाहिए, आप अपनी भावनाओं को नियंत्रित नहीं कर पाएँगे। भावनाओं के प्रति सचेत रहने से, आपके लिए इन भावनाओं को संभालना आसान हो जाएगा। तीव्र भावनाओं की स्थिति में, व्याकुलता का उपयोग करें। आप नहीं चाहते, कि ये भावनाएँ आप पर हावी हों और आपके व्यवहार को नियंत्रित करें, इसलिए उन्हें विचलित करने का एक तरीका खोजें।

उसी स्थिति के अन्य प्राप्य पहलुओं में, नकारात्मक भावना से निपटने का सबसे आसान तरीका अपना ध्यान हटाने का प्रयास करना है। जब तक आप अपना ध्यान हटाने में सक्षम नहीं हो जाते, तब तक आप बड़ी भावनाओं को संबोधित करने की योजना नहीं बना पाएँगे। अपने विचारों का पुनर्मूल्यांकन करें: इसमें स्थिति के अन्य, कम भावनात्मक परिणाम सामने आना शामिल है।

यदि आप किसी चीज़ से बहुत प्रभावित हुए हैं, तो कम भावनाओं के साथ उसी चीज़ के लिए, इस बार पुनर्विचार करने का प्रयास करें। उदाहरण के लिए, यदि आप कोई आवश्यक समयादेश (अपॉइंटमेंट) भूल गए हैं, तो इस बारे में चिंता करने के बज़ाय कि आप वास्तव में क्या चूक गए हैं? इसे ऐसे समझें, कि यह उन कई लोगों में से केवल एक छूटी हुई समयादेश (अपॉइंटमेंट) है, जिनसे आप अतीत में भी सम्मानित हैं।

कल्पना करने की कोशिश करें, कि अगर आपने अपने जीवन में पहली बार जनता का सामना किया था और आपको वहाँ कितनी मुश्किलों का सामना करना पड़ा था, तो उठकर इतने सारे लोगों से मिलने के लिए, आप कितने साहसी थे, बज़ाय इसके कि वहाँ कितनी अव्यवस्था थी, उस पर ध्यान दें।

अपनी प्रतिक्रियाओं को प्रबंधित करें: जितना संभव हो सके, किसी निश्चित स्थिति पर स्वचालित रूप से प्रतिक्रिया न करने का प्रयास करें। जब भी आप खुद

को ऐसी स्थिति में पाएँ, जहाँ भावनाएँ आप पर हावी हो जाएँ, तो तुरंत प्रतिक्रिया न दें। विचारों को शांत करने और बाहर निकालने का प्रयास करें। इस तरह, उस समय आपकी सभी विनाशकारी भावनाओं के बावज़ूद, आप आसानी से एक सुरक्षित रास्ता ढूँढ सकते हैं।

अभ्यास करने और साँस लेने के अभ्यास का उपयोग करने का प्रयास करें और यदि संभव हो, तो स्थिति पर प्रतिक्रिया करने से पहले किसी और से बात करें। यदि उस समय कोई उपलब्ध नहीं है, तो आपको इसे अपनी पत्रिका में लिखने का प्रयास करना चाहिए। अपनी प्रतिक्रियाओं को लंबा करने से आपको सबसे प्रबल भावनाओं पर, बेहतरीन तरीके से प्रतिक्रिया करने के तरीके को नियंत्रित करने में मदद मिलती है। निराशा या कड़वाहट से निपटने का सबसे आसान तरीका प्रशिक्षण, मार्शल आर्ट या कुछ शारीरिक है, जो वास्तव में भावनाओं को बाहर निकाल सकता है।

व्यायाम आपकी भावनाओं को नियंत्रित करने में मदद कर सकते हैं

प्रबल भावनाएँ व्यक्ति को जीवन में ऐसे काम करने के लिए मज़बूर करती हैं, जो वह नहीं करना चाहता। अपनी भावनाओं को प्रबंधित करने से आपको उस प्रकार के कार्यों को रोकने में मदद मिलेगी, जिनसे आप संबंधित होना चाहते हैं। यह सुनिश्चित करने के लिए कि आपका आचरण हर समय सर्वोत्तम हो, आपकी सबसे मजबूत भावनाओं को भी नियंत्रित करने के सुरक्षित तरीके हैं।

यथारूपता(जर्नलिंग): आप कैसा महसूस करते हैं? उसे लिखने से आपको अंततः अपनी भावनाओं को नियंत्रित करने में मदद मिलेगी। जब आप भावुक होते हैं, तो आप जल्दी से अपनी भावनाओं को समझ सकते हैं और आप जिस तरह से महसूस करते हैं, उसे समझ सकते हैं। फिर आपको बस जो लिखा है, उस पर ग़ौर करना है और अपनी भावनाओं के मूल को जानने का प्रयास करना है। इस तरह, आप अपनी भावनाओं के पैटर्न को तुरंत पहचान सकते हैं और उनके कारणों के प्रति सचेत हो सकते हैं और अंततः उन पर नियंत्रण भी पा सकते हैं। यथारूपता(जर्नलिंग) तनाव

को कम करने, समस्याओं को अधिक कुशलता से हल करने और आपके स्वास्थ्य को बेहतर बनाने में मदद कर सकती है।

- खुद को भावनाओं से दूर करें: यह वास्तव में महत्त्वपूर्ण है, क्योंकि जब आप किसी संकट के ठीक बीच में हों, तो समाधान खोजना असंभव हो जाता है। जब आप क्रोधित होते हैं, तो निराशा को संभालना मुश्किल होगा, इसलिए उस क्षण की प्रतीक्षा करें, जब आप संतुष्ट हों और अपने क्रोध के मुद्दों का उत्तर खोजने का प्रयास करें।

- जब आप क्रोधित होते हैं, तो अपने सबसे खुशी के क्षणों की कल्पना करने का प्रयास करें, जिससे आपको याद आएगा, कि बेहतर समय भी होते हैं, जैसे ख़ुशी का समय। उन दिनों के बारे में सोचें या लिखें, जब आप उदास होते हैं, चीज़ें आपकी इच्छानुसार काम कर रही हैं। यहाँ मुख्य उद्देश्य उस घटिया भावना को मोड़ना है, जो भावना आपको उन अच्छी भावनाओं की ओर ले गई है, जिनके आने की आप उम्मीद करते हैं। इस तरह, एक बार जब नकारात्मक भावनाएँ घर कर जाती हैं, तो आप केवल अच्छी चीज़ों के बारे में ही सोच सकते हैं। यह पहचानें, कि उस क्षण आप जो भावनाएँ महसूस करते हैं, वे किसी निश्चित परिस्थिति या घटना पर प्रतिक्रिया करने का केवल एक तरीका है और आप उसी स्थिति पर अन्य तरीकों से प्रतिक्रिया कर सकते हैं। स्थिति पर कुछ संभावित सकारात्मक प्रतिक्रियाएँ लेकर आएँ ताकि अगली बार आप बेहतर प्रतिक्रिया दें।

- अपनी भावनाओं को परिभाषित करें: अपनी भावनाओं को पहचानें और उन्हें इस प्रकार नाम दें। अपने आप पर नियंत्रण रखने और अपनी भावना तय करने के बज़ाय, आप उस भावना पर नियंत्रण कर सकते हैं। भावनाओं को मुख्य रूप से विचार, संवेदी धारणाओं और शारीरिक संवेदनाओं की प्रक्रियाओं द्वारा परिभाषित किया जाता है।

अपनी भावनाओं का वर्णन करते समय, आपको इन तीन तत्वों को इंगित करना होगा। उदाहरण के लिए, यदि आप दुखी हैं, तो उस सोच के स्वरूप (पैटर्न) का पता

लगाएँ, जिसने आपको दुखी किया, वह संवेदी अनुभव जिसने भावना में योगदान दिया और भावना के पीछे के भौतिक अनुभवों का पता लगाएँ। इससे पहले कि यह आपकी भावनाओं पर कब्ज़ा कर ले, यह आपको एक सनसनी का एहसास कराएगा। एक बार जब आप ऐसा कर लेंगे, तभी आप समय पर अपने विचारों में हस्तक्षेप कर सकेंगे।

अंतिम नियंत्रण लक्ष्य निर्धारित करना

न्यूरो (तंत्रिका)-भाषाई प्रोग्रामिंग एक समयावधि में यथार्थवादी लक्ष्य निर्धारित करने और उन्हें पूरा करने के बारे में है, जिसे आप नियंत्रित कर सकते हैं। प्रयास न करने का कोई बहाना नहीं है, हर दिन सुधार होता है, क्योंकि इसमें दिन में केवल कुछ मिनट लगते हैं। यह घर पर या कार्यस्थल पर किया जा सकता है, इसलिए एक समय सारिणी बनाएँ, जिसे प्रबंधित करना आपके लिए आसान हो।

यदि आप एक छोटा-सा बदलाव देखते हैं, तो अपने द्वारा बनाई गई मान्यताओं की सूची पर दोबारा ग़ौर करना शुरू करें और देखें कि क्या कुछ उभर रहा है, जिसके बारे में आपने अभी तक चर्चा नहीं की है। यह प्रतिबंधात्मक दृढ़ विश्वास जितना आसान हो सकता है, कि आप पहली बार सफल नहीं हो सके। इसे बेहतर और अधिक उपयोगी विश्वास में बदलने के लिए, आपको बस विधि का पालन करना होगा।

अपेक्षित परिणाम के लिए एक सूची बनाना

आपको अपने रास्ते को वास्तविक दिशा देने के लिए, बैठकर प्राथमिकताओं की एक सूची लिखनी होगी। अंतिम एन एल पी लक्ष्य को परिणाम कहा जाता है। वे कौन से कार्य हैं, जिन्हें आप संशोधित करना चाहते हैं या कौन से भावनात्मक प्रतिबंध लगाना चाहते हैं? आप अपने जीवन को भिन्न या उन्नत होते हुए कैसे देखते हैं? यह आपको कई अनावश्यक कार्य करने से रोकेगा। यह आपकी ऊर्जा को उस चीज़ पर केंद्रित करने में मदद करेगा जो वास्तव में महत्त्वपूर्ण है।

यदि आप नकारात्मक व्यवहार को बदलना चाहते हैं, तो आप यह जानने में काफ़ी समय बिताते हैं, कि कार्रवाई के पीछे क्या भावनाएँ हैं। धूम्रपान करने वाले कई

व्यक्ति न केवल शारीरिक लत से जूझ रहे हैं बल्कि तनाव और चिंता से निपटने के उपाय के रूप में, सिगरेट का भी उपयोग किया जाता है। इसका मतलब यह है, कि धूम्रपान बंद करना आदर्श परिणाम होगा, लेकिन इसके लिए पहले उच्च तनाव और चिंता के स्तर पर नियंत्रण पाने की आवश्यकता होगी।

आपके मूल्य और आपका वांछित परिणाम कैसे मेल खाते हैं? अपने अंतिम लक्ष्य को प्राप्त करने के लिए, आपको अपने कौशल के बारे में बिल्कुल भी प्रश्न नहीं पूछना चाहिए। यदि आपको कुछ रुकावटें दिखें, तो यथाशीघ्र उनकी देखभाल करें। यदि आप अवसाद से जूझ रहे हैं, तो दवा और चिकित्सा में सहायता की आवश्यकता हो सकती है। यदि आप नशे की लत से निपटने का प्रयास कर रहे हैं, तो शुरुआत में रोगी की संक्षिप्त देखभाल की आवश्यकता हो सकती है। आपको यह सुनिश्चित करना होगा, कि आप कार्य सुरक्षित रूप से करें और सामान्य ज्ञान का उपयोग करें। अपने आप को अच्छा बनने का हर अवसर प्रदान करें।

विज़ुअलाइज़ेशन की शक्ति का उपयोग यह गारंटी देने का एक आसान तरीका है, कि आपके पास सूची में वह सब कुछ है, जो आपको चाहिए। यहाँ, आप जो हासिल करना चाहते हैं, उसके अंतिम परिणाम की कल्पना करके शुरुआत करते हैं और उसके पूरा होने पर आपको जो खुशी महसूस होगी। अंतिम लक्ष्य तक पहुँचने के लिए आपको जो अगली चीज़ करने की ज़रूरत है, वह उन सभी कदमों के बारे में सोचना है, जो आपको उठाने होंगे। इन चरणों का विश्लेषण करके, उन कार्यों की एक सूची तैयार की जा सकती है, जिन्हें पूरा करने की आवश्यकता है।

निर्धारित करें कि परिवर्तन के पथ की क्या आवश्यकता है?

यदि आप क्रोध प्रबंधन के साथ संघर्ष करते हैं, तो इसका मतलब केवल यह है, कि आप कुछ परिस्थितियों में अपना आपा खोने के लिए प्रवृत्त हैं। कुछ लोग इन्हें "पालतू जानवर" कहते हैं। यदि संभव हो, तो उन्हें रोकना सीखना या कम से कम अपनी भावनात्मक स्थिति को स्थापित करने के लिए उनके महत्त्व को सीमित करना आवश्यक है। यदि आप यह समझ सकते हैं, कि आप किसी भी प्रकार की स्थिति का प्रबंधन करना पसंद करते हैं, तो आप बहुत आगे हैं। आपके पास हमेशा शक्ति नहीं होनी चाहिए और आपको इसे जाने देने का अभ्यास करना चाहिए।

यदि आपको अवसाद पर नियंत्रण बनाए रखने की आवश्यकता है, तो आपको यह देखना होगा, कि आराम के समय आपका दिमाग कहाँ भटकता है? अवसाद से पीड़ित कई व्यक्ति उन समस्याओं को लेकर बहुत चिंतित रहते हैं, जिनका प्रबंधन नहीं किया जा सकता है। भावना, जैसे कि किसी भी स्थिति में, आपका कोई नियंत्रण नहीं है, अवसाद के चरम दौर का कारण बन सकती है। उन वस्तुओं पर ध्यान केंद्रित करें, जिन्हें आप किसी मामले के बारे में नियंत्रित कर सकते हैं। यदि आपकी शादीशुदा जिंदगी तनावपूर्ण है, तो दिन भर उन चीज़ों को करने में समय बिताएँ, जो आपको पसंद हैं। यह आपके जीवन में आने वाली हर क्षणिक खुशी के साथ बाकी को थोड़ा और अधिक सहनीय बना देगा।

यदि आप चिंता से जूझ रहे हैं, तो एक भय पत्रिका शुरू करें। यह एक नोटबुक होनी चाहिए, जिसे आपने अपनी सभी चिंताओं को इसमें शामिल करने के लिए अलग रखा हो। यह आपके दिमाग़ को उन मुद्दों पर कम ध्यान केंद्रित करने के लिए प्रोत्साहित करेगा, जो बढ़े हुए तनाव और चिंता की भावनाओं का कारण बनते हैं। अपने मन को यह एहसास दिलाएँ, कि आप बस इस पर ग़ौर करेंगे और बाद में इसके बारे में सोचेंगे। यह आराम की स्थिति पैदा करेगा और आपको अचानक और गंभीर चिंता की स्थिति पर नियंत्रण पाने में मदद करेगा।

यह जानने के लिए कि कौन सी भावनाएँ आपको अवांछित कार्य करने के लिए प्रेरित करती हैं, किसी विशेषज्ञ की सहायता लेने की आवश्यकता हो सकती है? कारण जानने के बाद आप इलाज पर काम करेंगे। जब भावनात्मक प्रबंधन की बात आती है, तो लगातार बने रहने से आप कुछ ही हफ्तों में बदलाव देख सकते हैं।

यदि आप किसी भी कारण से किसी चिकित्सक से मिलने में असमर्थ हैं, तो आप भावनाओं के इन रूपों को संभालने और उनसे निपटने के तरीके भी खोज लेंगे। यदि सब कुछ ठीक रहता है, तो लोग आमतौर पर किसी योजना को सही करने में रुचि नहीं रखते हैं, लेकिन यदि केवल एक चीज़ गलत हो जाती है, तो गंभीर घबराहट हो सकती है। आप बेहतर ढंग से यह समझने के लिए समय निकालकर शुरुआत कर सकते हैं, कि आप वास्तव में किस रास्ते पर हैं और कोई समस्या क्यों है।

इस स्थिति से निपटने के लिए एन एल पी का उपयोग करने के बारे में स्वयं के प्रति सच्चा होना और अपनी दिशा को गंभीरता से देखना सबसे महत्त्वपूर्ण बात है।

इससे आपके लिए किसी भी आवश्यक सुधार की पहचान करना और उन्हें शुरू करना आसान हो जाएगा।

व्यक्तिगत मील के पत्थर बनाएँ

यदि आपने न्यूयॉर्क से शुरुआत की और संयुक्त राज्य अमेरिका से होते हुए कैलिफोर्निया में सड़क यात्रा पर समाप्त हुए, तो यदि आप नियमित रूप से ब्रेक लेते हैं, तो यात्रा अधिक मज़ेदार होगी। यदि समापन बिंदु लंबी दूरी है, तो बिंदु "ए" से बिंदु "बी" तक यात्रा करना, एक तनावपूर्ण यात्रा हो सकती है। यदि आप बहुत ऊँचे लक्ष्य के लिए प्रयास कर रहे हैं, तो यह अलग नहीं है। यदि आप इसे छोटे-लक्ष्यों या बेंचमार्क में विभाजित करते हैं, आपको प्रगति हासिल करना आसान लग सकता है।

मील के पत्थर ऐसे मानदंड भी प्रदान करते हैं, जिन्हें यात्रा की शुरुआत में निर्धारित किए जाने वाले लक्ष्य के संबंध में एक कार्य योजना शामिल करने के लिए निर्धारित किया जा सकता है। वे रास्ते में विराम के रूप में भी काम कर सकते हैं, जहाँ आप खुद को पुरस्कृत कर सकते हैं, मुख्यतः यदि आप अधिकांश कार्यों के लिए शारीरिक रूप की बज़ाय मानसिक रूप से मरते हैं।

शुरुआत में आदतों या भावनात्मक नियंत्रणों को बदलना भारी पड़ सकता है। बदलाव कोई ऐसी चीज़ नहीं है, जिसे करना आसान हो। इसे पूर्व-योजनाबद्ध काटने के आकार के टुकड़ों में तोड़ना फायदेमंद हो सकता है। यह आपको यात्रा के प्रत्येक चरण पर अधिकतम जोर देने में सक्षम बनाता है। यदि आप किसी बुरी आदत को छोड़ने और अधि-अधिगम यानि अधिक सीखने का प्रयास करते हैं, तो यह पूरी तरह से विफलता का कारण बन सकता है। हम एक बार फिर, उदाहरण के तौर पर धूम्रपान बंद करने का उल्लेख करेंगे। कुछ के लिए, लेकिन बहुत कम के लिए, ठंड को रोकने की टर्की रणनीति काम करती है। ऐसा क्यों होगा? यह एक नाटकीय दृष्टिकोण है। शरीर को निकोटीन के स्तर के लिए समय दें, ताकि धूम्रपान की मनोवैज्ञानिक लत से सर्वोत्तम तरीके से निपटा जा सके।

यह इस बात की एक और व्याख्या है, कि एन एल पी इतना सफल क्यों है। अपनी यात्रा के दौरान, हर कदम को वैयक्तिकृत करने की क्षमता, आपको एक ऐसे

तरीके की योजना बनाने में मदद करती है, जिससे परिवर्तन शुरू करने में असफल होना असंभव हो जाता है। विधि को तेज़ किया जा सकता है, धीमा किया जा सकता है या पहले स्तर पर लौटाया जा सकता है और आप पहले से प्राप्त किसी भी सकारात्मक लाभ से कभी नहीं चूकेंगे।

सफलता की पहचान करना

आपको कैसे पता चलेगा, कि एन एल पी कब काम कर रहा है? व्यवहार में बदलाव और अपनी भावनाओं पर अधिक नियंत्रण पाने के स्पष्ट संकेत अच्छे और अच्छे हैं, लेकिन इसके साथ-साथ, ऐसे अन्य तरीके भी हैं, जिनसे आप सफल महसूस कर सकते हैं। मनोदशा, भावनात्मक विनियमन और यह आपके द्वारा प्रदर्शित किसी भी क्रिया को कैसे प्रभावित करता है, इसके बारे में आपकी आत्म-जागरूकता एक ऐसी चीज़ है, जो तुरंत और हमेशा के लिए विकसित होगी।

अपने एन एल पी के प्रदर्शन को सत्यापित करने के लिए आप जिस पहली तकनीक का उपयोग कर सकते हैं, वह यह विश्लेषण करना है, कि अन्य व्यक्ति आपके प्रति कैसी प्रतिक्रिया देते हैं? क्या इससे संचार को बढ़ावा मिला? क्या वे आपकी और चीज़ें ढूँढ़ रहे हैं? क्या आपने कोई ऐसी टिप्पणी सुनी है, जो यह बताती हो कि आपके बारे में कुछ "अलग" है? जब आपकी उनसे मुलाकात होती है, तो लोग आपके प्रति सकारात्मकता दिखाते हैं, तो यह बहुत संभव है, कि आपको यह विश्वास करने के लिए प्रमाण की आवश्यकता है, कि एन एल पी काम करता है।

किसी भी क्षण अपनी भावनाओं पर काबू पाने में सक्षम होने की परिस्थितियों को प्रबंधित करने का एक तरीका, जिसका आनंद आपने पहले कभी नहीं लिया होगा। इस कहावत की वास्तविकता "आप दूसरों को नियंत्रित नहीं कर सकते, लेकिन आप यह नियंत्रित कर सकते हैं, कि आप चीज़ों पर कैसे प्रतिक्रिया देते हैं?" आप पूरी तरह से समझ जाएँगे। यह प्रेरणादायक है, जब आप अपने मानसिक स्वास्थ्य की देखभाल करने का तरीका जानते हैं, तो आपको बहुत कम चिंता हो सकती है।

दरअसल, जीवन में आगे बढ़ने के लिए कई विद्वानों और शिक्षकों ने भावनाओं को प्रबंधित करने की बात कही है। एक आलोचक या न्यायाधीश अभी भी वहाँ

रहेगा, लेकिन एन एल पी का अभ्यास करने से लोगों को खुद पर और वे क्या हासिल कर सकते हैं, इस पर अधिक विश्वास मिलेगा। यह कर्तव्य की भावना सिखाता है और अन्य पक्षों पर दोषारोपण करने से रोकता है।

जब तक आप अपने अवचेतन मन में मूल्यों को नहीं बदलते, तब तक आप विकास में अचानक पीछे की ओर नहीं जा सकते। अपने लक्ष्यों को पूरा करने के लिए, अवचेतन मन, चेतन मन को प्रेरित करने के लिए हर संभव प्रयास करेगा। आप उन्हें नियंत्रण में लेने और एक शांत और आराम की स्थिति में आने की आवश्यकता महसूस कर सकते हैं, ताकि उन्हें भावनात्मक रोलर कोस्टर पर सवारी करने के लिए, उतना ही सरल बनाने के लिए प्रोत्साहित किया जा सके, जितना पहले हुआ करता था। वास्तविक उपलब्धि खराब मूल्यों की पहचान करने और उन्हें बदलने के लिए आवश्यक समय लेने में निहित है।

व्यवहार में एन एल पी–व्यापार क्षेत्र में परिवर्तन

कं पनियों ने दुनिया भर में एन एल पी प्रथाओं को लागू करना शुरू कर दिया है, क्योंकि उनके पास अविश्वसनीय फायदे हैं, जो संगठन को अगले स्तर तक ले जा सकते हैं। एन एल पी तकनीकों का उपयोग लगभग सबसे बुनियादी स्तर पर राजस्व में सुधार की गारंटी देगा। वास्तव में, सहकर्मियों के बीच संपर्क में नाटकीय रूप से सुधार होगा। एन एल पी बिल्कुल वही है, जो एक संगठन चाहता है, हर तरफ। न्यूरो (तंत्रिका)-भाषाई प्रोग्रामिंग के कई आयाम हैं, जो उद्योग में लागू होते हैं। इनमें प्रेरणा के प्रबंधन स्वरूप, व्यवहार में सुधार के लिए प्रौद्योगिकी, विवाद समाधान, निर्देश और कोचिंग, प्रभाव, सीखना और शिक्षण शामिल हैं। ये सभी आयाम किसी न किसी स्तर पर भावनाओं से निपटते हैं और एक बार नियंत्रित हो जाने पर, ये भावनाएँ बहुत लाभकारी होती हैं।

निम्नलिखित अनुभाग का उद्देश्य इस बात पर चर्चा करना है, कि एन एल पी अपने कुल उत्पाद को अनुकूलित करके एक कंपनी कैसे बना सकता है।

संगठनात्मक दक्षता का अनुकूलन

जब प्रत्येक संगठन में व्यक्ति अपनी रणनीतियों को लागू करेंगे, तो एन एल पी आश्चर्यजनक बदलाव लाएगा। ऐसा इसलिए है, क्योंकि एन एल पी के सक्रिय अभ्यास के माध्यम से कार्यों में सुधार करना संभव है, ताकि हर कोई सफलता प्राप्त करने का प्रयास कर सके। शुरू करने के लिए चार सिद्धांत हैं, जो सफलता प्राप्त करने में रुचि रखने वाले किसी भी संगठन को निर्देशित करेंगे। चार अवधारणाएँ इस प्रकार हैं:

परिणाम प्राप्त करने के लिए कार्य करें

एन एल पी के सक्रिय उपयोग के लिए व्यक्ति को लक्ष्य निर्धारित करना शुरू करना और उन उद्देश्यों को प्राप्त करने की दिशा में काम करना आवश्यक है। कारोबारी माहौल में, यह विशेष रूप से लागू होता है। एक बार जब आपको यह समझ आ जाए, कि आपका परिणाम क्या होना चाहिए, तो आपका दिमाग़ उन कदमों को बेहतर ढंग से संसाधित करने में सक्षम होता है, जिन्हें उठाया जाना चाहिए, ताकि आप परिणाम प्राप्त कर सकें। युक्ति यह है, कि अपने कार्यों के प्रति सचेत रहें और यहीं पर एन एल पी प्रभावी हो जाता है।

जागरूक होने से संगठन कई अन्य कंपनियों से अलग खड़ा हो जाएगा। एन एल पी से परिचित न होने वाली कंपनियाँ जो चाहती हैं, उसके लिए काम करने के बज़ाय जो वे नहीं चाहती हैं, उसे रोकने के लिए काम करेंगी। नकारात्मक दृष्टिकोण के साथ काम करने में समस्या यह है, कि नकारात्मक रवैया फिर भी आपकी ओर आकर्षित होगा। एन एल पी परिणाम-उन्मुख और केंद्रित होने पर बहुत अधिक ध्यान केंद्रित करता है। यह सकारात्मकता का भी उपदेश देता है और इंगित करता है, कि नकारात्मक कार्यों के पीछे भी अच्छे इरादे हो सकते हैं।

इन परिणामों को प्राप्त करने के लिए, उन्हें अनुकूल शब्दों में बताया जाना चाहिए। इससे पता चलता है, कि जिन चीज़ों को हासिल नहीं किया जा सकता, उन्हें हमेशा 'उज्ज्वल पक्ष' की ओर झुकाना चाहिए।

यह सुनिश्चित करने के लिए कि अनुमानित परिणाम व्यवहार्य हैं, उन्हें एक विशेष संवेदी तरीके से परीक्षण योग्य और अवलोकनीय होना चाहिए। इसका तात्पर्य यह है, कि कुछ सबूत यह दिखाने के लिए पर्याप्त होने चाहिए, कि नतीजे पर पहुँच गए हैं। संवेदी-विशिष्ट होने का अर्थ है, कि यदि आप लक्ष्य तक पहुँचते हैं, तो आपको अपने आप को शब्दों और भावनाओं के साथ व्यक्त करने में सक्षम होना चाहिए।

किसी परिणाम को प्राप्त करने की दिशा में काम करते समय, इसे एक व्यक्ति द्वारा शुरू और कायम रखा जाना चाहिए। इस व्यक्ति को शुरू से अंत तक परिणाम का प्रभारी होना चाहिए, ताकि कार्यों पर नज़र रखी जा सके और यदि आवश्यक

हो, तो समायोजन किया जा सके। यहाँ आधार यह है, कि संगठन के भीतर एक व्यक्ति एन एल पी के माध्यम से, अपने कार्यों के माध्यम से सकारात्मक परिवर्तन की लहर पैदा कर सकता है। इससे उन्हें अपने कार्यों के लिए उत्तरदायी बनाए रखना या बोनस अर्जित करना भी आसान हो जाता है। किसी भी कार्रवाई का एक समतुल्य या सकारात्मक उत्तर होता है। एन एल पी का अभ्यास करके, यह सुनिश्चित करने के लिए कि आपको या अन्य लोगों को कोई नुकसान न हो, आप अपने कृत्यों और उनके संभावित परिणामों से अवगत हो जाते हैं। आप रचनात्मक व्यवहार पेश करने में भी अधिक सक्षम हैं, ताकि आपको सामग्री पर सकारात्मक प्रतिक्रिया तभी मिल सके, जब लोग आप में जो देखते हैं, उस पर विचार करें।

समझें और अपनी इंद्रियों के प्रति सचेत रहें

जब आप एन एल पी का उपयोग करने की क्षमता में महारत हासिल कर लेंगे, तो आप अन्य व्यक्तियों को स्कैन करने में सक्षम होंगे। यह उन सभी गैर-मौखिक संकेतों पर लागू होता है, जिनका उपयोग वे आपके साथ संचार करते समय जानबूझकर या अनजाने में करते हैं। चूँकि आप उनके बारे में अधिक जागरूक हैं, इसलिए आपकी संवेदनाएँ तीव्र होनी चाहिए। त्वचा के रंग में बदलाव (लाल होना या पीला पड़ना), साँस लेने की दर अधिक या कम होना और यहाँ तक कि मांसपेशियों का झुकना भी स्पष्ट होना चाहिए। किसी ग्राहक के साथ काम करते समय, यह क्षमता महत्त्वपूर्ण हो सकती है, क्योंकि इससे एन एल पी का अभ्यास करने वाले व्यक्ति के लिए, अन्य लोगों पर उनके प्रभाव के प्रकार का आकलन करना आसान हो जाता है। यह एन एल पी का अभ्यास करने वाले व्यक्ति को तब छोड़ने की अनुमति देगा, जब दूसरा व्यक्ति अपना वांछित परिणाम प्राप्त कर लेगा।

उदाहरण के लिए, आप एक व्यस्त कपड़े की दुकान के बिक्री विभाग में काम करते हैं। एक ग्राहक आता है और आप देखते हैं, कि उसे थोड़ा पसीना आ गया है, थोड़ी साँस फूल रही है और ख़रीदारी शुरू करने से पहले भी वह अपनी घड़ी की ओर देखता रहता है। यदि आपने एन एल पी तकनीकों का उपयोग किया है, तो आप मान सकते हैं, कि ग्राहक जल्दी में है और जल्दी से प्रबंध चाहता है, यह सुनिश्चित करने

के लिए कि वे अपनी अगली अपॉइंटमेंट कर लें। आप अपने अनुसार प्रदान की जाने वाली सेवा की गुणवत्ता को बदलने में भी सक्षम हैं।

परिणाम सुनिश्चित करने के लिए अपने आचरण को बदलना

यह सीधे तौर पर पहले सिद्धांत से संबंधित है, जो एन एल पी के सार पर चर्चा करता है, जो क्रियाओं का एक संशोधन है। यदि आप पाते हैं, कि जिस प्रतिक्रिया की आप अपेक्षा करते हैं, वह, वह नहीं है जो आपको मिल रही है, तो आपको व्यवसाय व्यवस्था में गियर बदलने के लिए पर्याप्त रूप से बहुमुखी होने की आवश्यकता है।

केवल यदि आप अभी भी सुनिश्चित करते हैं, कि आपके दिमाग़ में अपना अंतिम लक्ष्य है, तो ही यह प्रभावी ढंग से काम कर सकता है। यह विशेष रूप से सच है, यदि आपने विज़ुअलाइज़ेशन की शक्ति का उपयोग किया है और आपके पास अपने उद्देश्य को प्राप्त करने के लिए उठाए जाने वाले कदमों का एक दृष्टिकोण है।

उत्तर का परीक्षण करने के लिए, अपने कौशल का उपयोग करें, जैसा कि दूसरी अवधारणा में बताया गया है। यदि आप अपना वांछित परिणाम प्राप्त कर लेते हैं, तो आप अपनी पूर्व-निर्धारित कार्रवाई के साथ आगे बढ़ सकते हैं। यदि फिर भी, आपका वांछित परिणाम नहीं मिलता है, तो आपको दूसरी रणनीति का उपयोग करने का प्रयास करना चाहिए। जब आप अपने कार्यों की समीक्षा करने या उन्हें देखने में समय बिताते हैं, तो आप केवल भावनाओं के प्रति सचेत रहकर और उनसे कैसे निपट सकते हैं, आसानी से समय और पीड़ा से बचा सकते हैं।

कार्रवाई करना

इस समय निर्णय लेने के लिए एन एल पी के सक्रिय उपयोग की आवश्यकता है। जब आप अपनी सीख का परीक्षण नहीं करते हैं, तो सभी एन एल पी तकनीकों में महारत हासिल करने के लिए समय निकालने का कोई मतलब नहीं है। कार्यों को बदलने के लिए काम करते समय, चीज़ें करना आवश्यक है। उपस्थित रहकर जहाँ उपयुक्त हो, वहाँ उपायों को बदलना और मज़बूत करना आसान हो जाता है।

जो कंपनियाँ अपने कर्मचारियों को एन एल पी कौशल प्रशिक्षण पर भेजती हैं, विशेष रूप से कुशल चिकित्सकों को, वे हमेशा केवल अपनी प्रबंधन टीम को इस

धारणा पर भेजने पर ध्यान केंद्रित करती हैं, कि उन्होंने एक नया कौशल सीखा होगा, जिसे बाद में समूह के बाकी लोगों तक पहुँचाया जा सकता है।

एन एल पी ऐसी प्रणाली नहीं है, जिसे किसी कंपनी के प्रबंधन तक ही सीमित रखा जाना चाहिए। इसके बज़ाय, कॉर्पोरेट लक्ष्यों के पर्याप्त निष्पादन को सुनिश्चित करने के लिए, यह एक ऐसी तकनीक है, जिससे कंपनी में हर किसी को अच्छी तरह से वाकिफ़ होना चाहिए। कर्मचारी अपनी दक्षता के इष्टतम स्तर को प्राप्त करने या ग्राहकों के साथ बेहतर बातचीत करने के लिए एन एल पी दृष्टिकोण का उपयोग कर सकते हैं।

जब कोई ग्राहकों के साथ काम करने या आंतरिक रूप से जुड़ने में एन एल पी कौशल का उपयोग करता है, तो परिणाम हमेशा उपभोक्ता खर्च या कर्मचारी उत्पादकता में बहुत स्पष्ट प्रतिशत वृद्धि होता है।

जब कोई कर्मचारी किसी भी स्तर पर एन एल पी कौशल सीखने के लिए योग्य हो जाता है, तो वे बहुत प्रेरित हो जाते हैं, जो आम तौर पर उनके बढ़े हुए प्रदर्शन में योगदान देता है। एन एल पी प्रत्येक कार्यकर्ता को मानसिक मानचित्र पर कुछ बनाना, समझना और लागू करना सिखाएगा, जो किया जा सकता है।

व्यवसाय के उपरोक्त बिंदु बताते हैं, कि सबसे लोकप्रिय व्यावसायिक चुनौती क्या है। उचित संचार सबसे बड़ी बाधा है। संचार में यह शामिल है, कि किसी संगठन में क्या चल रहा है और उपयोगकर्ताओं के साथ क्या हो रहा है।

एक संगठन के भीतर विभिन्न क्षेत्रों में एन एल पी का अनुप्रयोग

व्यवसाय के लगभग हर क्षेत्र में, एन एल पी आवश्यक है और यह नियोक्ताओं और कर्मचारियों दोनों के लिए फायदेमंद है। किसी संगठन में, कर्मचारी एन एल पी तकनीकों और अभ्यासों का उपयोग कर सकते हैं:

- व्यावहारिक और महत्त्वपूर्ण लक्ष्य निर्धारित करें और प्राप्त करें।
- काम करने और हर समय बेहतर प्रदर्शन करने का विश्वास बनाएँ।
- उनकी प्रेरणा बढ़ाएँ और पूरे समय प्रेरित रहें।

- कुछ चुनौतियों की पहचान करें, जो उन्हें अपनी नौकरी में अपने उद्देश्यों को प्राप्त करने से रोकती हैं।
- भविष्य के लिए अपने काम और करियर के बारे में उनके दृष्टिकोण को स्पष्ट करें।
- उन आदतों को समायोजित करें, जिन्हें वे काम करते समय प्रदर्शित नहीं करना चाहते हैं, जो उनके काम में हस्तक्षेप कर सकती हैं या यहाँ तक कि उन्हें अपनी नौकरी खोने ने का कारण बन सकती हैं।
- अनुनय और नियंत्रण के कौशल में महारत हासिल करना, जो आधुनिक कंपनियों में कुछ आवश्यक कौशल हैं।
- जीवन में उनके आदर्शों को सफलता और उनके जीवन के अन्य महत्त्वपूर्ण पहलुओं के साथ सामंजस्य बिठाना।

प्रबंधन एन एल पी कौशल का उपयोग विभिन्न क्षेत्रों में भी कर सकता है, जैसे:

- उन तरीकों को निर्धारित करने में, जिनके माध्यम से वे व्यवसाय की उत्पादकता बढ़ा सकते हैं।
- अपने व्यवसायों में काम करने के लिए सर्वोत्तम आवेदकों का चयन करते समय क्या देखना है, यह तय करते समय।
- अन्य व्यवसायिक लोगों, उनके कर्मचारियों, आपूर्तिकर्ताओं, उपभोक्ताओं और कंपनी के लिए महत्त्वपूर्ण अन्य सभी लोगों के साथ अच्छे और सार्थक संबंध विकसित करने में।
- वे परिणामों को अधिकतम करने के लिए वार्ता के अंत तक पहुँचते हैं।
- अपने ग्राहकों की सभी जरूरतों का ख्याल रखने के लिए कंपनी का सर्वोत्तम ग्राहक सेवा आधार बनाने में, अलग-अलग मानदंड और ग्राहक अलग-अलग होते हैं।
- कंपनी और उसके ग्राहकों तथा कंपनी और अन्य व्यवसायों के बीच कंपनी और कर्मचारियों में विवाद समाधान और समस्या-समाधान।
- एन एल पी कौशल उन तरीकों को तय करने में सहायक हो सकते हैं, जिनमें संगठन ऐसी टीमें बनाएगा, जो हर समय बेहतर प्रदर्शन कर सकें और उत्कृष्ट परिणाम ला सकें।

- सबसे ऊपर, किसी व्यवसाय के राजस्व में सुधार के लिए एन एल पी रणनीतियों का उपयोग करना संभव है।

अपनी बिक्री बढ़ाने के लिए एन एल पी का उपयोग करना

बिक्री बढ़ाना किसी भी कंपनी का सपना होता है, चाहे वह छोटी हो या बड़ी। व्यवसायी लोग अपने राजस्व की मात्रा में सुधार करने के लिए कुछ भी करने को तैयार रहते हैं, क्योंकि यह परिभाषित करता है, कि कोई कंपनी कितना अच्छा प्रदर्शन कर रही है। आज विक्रेता, बिक्री कर्मी, उद्यमी और व्यवसायी लोग अपनी बिक्री की मात्रा को अधिकतम करने के लिए एन एल पी का उपयोग करते हैं। यहाँ तक कि एक कंपनी जो असाधारण रूप से अच्छा प्रदर्शन कर रही है या एक अच्छे विक्रेता को बिक्री में वृद्धि के मामले में अपने खेल में शीर्ष पर बने रहने में मदद करने के लिए कुछ सलाह की आवश्यकता होगी।

चूँकि विक्रेता, साथ ही उनके ग्राहक, अलग-अलग तरीके से बातचीत करते हैं, एन पी एल नाटकीय रूप से मदद कर सकता है। न्यूरो (तंत्रिका)-भाषाई प्रोग्रामिंग में अंतर्दृष्टि और क्षमताओं का एक संग्रह है, जिसका उद्देश्य लोगों के दिमाग, शरीर और भावनाओं को संयोजित करना है, ताकि वे दूसरों के साथ प्रभावी ढंग से बातचीत कर सकें। ये ज्ञान और अनुभव हैं, जो आपको लाभान्वित कर सकते हैं, क्योंकि यदि आप बिक्री में रुचि रखते हैं, तो ये आपके करियर को बेहतर बनाएँगे।

उन सभी के पास एक भाषा होती है, जिसे वे कहना या सुनना पसंद करते हैं। आपको यह जानना होगा, कि वे किस प्रकार की भाषा चाहते हैं? और फिर अपने ग्राहकों के साथ संवाद करने के लिए, अपने लाभ के लिए इसका उपयोग करें। यह जानने के लिए कि ग्राहक बात करते समय ध्यान से सुनें, कि क्या वे दृश्य शब्दों या श्रवण शब्दों का उपयोग पसंद करते हैं, फिर उन्हें बेचने के लिए अपनी चुनी हुई भाषा का उपयोग करें।

आपके उपभोक्ता खरीदारी के लिए जिस दृष्टिकोण का उपयोग करते हैं, उसके साथ आपको व्यापार (मार्केटिंग) रणनीति को संतुलित करना होगा। यदि श्रवण ध्वनियाँ किसी संभावित ग्राहक को अधिक आश्वस्त करती हैं, तो आपको उसका

ध्यान आकर्षित करने के लिए ध्वनि का उपयोग करना होगा। उन उपभोक्ताओं को पेश करने के लिए नमूने लाएँ, जो उनकी रुचि जानने के लिए, पहले यह देखना चाहते हैं, कि वे क्या खरीदते हैं?

अपने ग्राहकों को सुनें जब वे आपको बताएँ, कि वे क्या चाहते हैं या क्या नहीं चाहते हैं? और फिर इसका उपयोग करके अपने सामान या सेवाओं का विपणन करें। उदाहरण के लिए, कोई उपभोक्ता किसी उत्पाद या सेवा में कुछ ऐसी वस्तुओं के बारे में बता सकता है, जिनकी उन्हें आवश्यकता नहीं है। अपना उत्पाद बेचने या जीवित रहने के लिए, इस जानकारी का उपयोग करें, उन्हें समझाएँ कि आपके पास जो है, वह नहीं है, जो वे नहीं चाहते हैं।

अपनी व्यावसायिक बिक्री को बेहतर बनाने के लिए, आप जिन एन एल पी रणनीतियों का पालन कर सकते हैं, उनमें से कुछ नीचे दी गई हैं:

1. एंकरिंग: संभावित ग्राहक को आकर्षित करने के लिए आप इस रणनीति के साथ अपने सामान या सेवाओं के साथ बहुत अच्छे और मैत्रीपूर्ण संबंध बना सकते हैं। मार्केटिंग करते समय आपको संभावित उपभोक्ता के मन पर प्रभाव डालना होगा। फिर उन्हें इस सकारात्मक जीवन भर के अनुभव को बरकरार रखना चाहिए और यदि उन्हें आप जो पेशकश कर रहे हैं, जैसी किसी चीज़ की ज़रूरत है, तो वे इसे तुरंत खरीद लेंगे। यदि आप एक सेवा प्रदाता हैं, तो यह स्पष्ट करें, कि आपके द्वारा सेवा प्रदान करना संभावित ग्राहकों के लिए कितना फायदेमंद होगा। इसे आपके ग्राहक के मन में एक स्थायी लौ बनाने के लिए अन्य व्यवसायों द्वारा किए जाने वाले कार्यों से अलग तरीके से हासिल करने की आवश्यकता है।

2. प्रश्न करना: इस दृष्टिकोण में, आप स्पष्ट प्रश्न लेकर आते हैं, जो आप संभावित ग्राहकों से पूछेंगे, उदाहरण के लिए-उन्हें उन वस्तुओं और सेवाओं से क्या नहीं मिल रहा है, जिनका वे वास्तव में उपयोग कर रहे हैं? यहाँ लक्ष्य उन्हें आपके सामान या सेवाओं तक ले जाना है, उन्हें यह बताना है, कि आप जो देंगे, उसमें उन्हें वह सब कुछ मिलेगा, जो वे खो रहे हैं।

3. अपने उद्देश्यों को पूरा करने के लिए, अपने ग्राहकों की सोचने की आदतों में बदलाव करें। इस एन एल पी प्रक्रिया में आपको उनकी मुख्य चिंता का पता चल जाएगा, जहाँ तक आपके सामान या सेवाओं का संबंध है। यदि वे अनिच्छुक हैं, उदाहरण के लिए, क्योंकि यह एक नया उत्पाद है, तो उन्हें यह समझाने की कोशिश करना शुरू करें, कि वे क्या कर रहे हैं?

4. कुछ अच्छा करने की कोशिश से चूकने वाले हैं। नए और बेहतर उत्पाद के संदर्भ में, उन्हें सोचने दें। उन्हें यह सोचने दें, कि यदि वे आपके सामान या सेवाओं की कीमत के बारे में चिंतित हैं, तो वे अपने पैसे के मूल्य से कितना लाभ कमा सकते हैं। स्थिरता, कीमत और सुविधा के संदर्भ में, ग्राहक अक्सर कुछ ऐसी चीज़ें खरीदेंगे, जिनके बारे में उन्हें यकीन है, कि इससे उन्हें बहुत फायदा होगा। ये कुछ चीज़ें हैं, जिनका उपयोग आप अपने बिक्री लक्ष्यों तक पहुँचने के लिए उनके विचार स्वरूप (पैटर्न) को बाधित करने के लिए कर सकते हैं।

5. उपभोक्ता किसी ऐसे व्यक्ति का अनुसरण करने जा रहे हैं, जो प्रभावशाली स्थिति में है, इसलिए अपनी बिक्री बंद करने के लिए, इसका उपयोग करें और वे आपके साथ काम करने में बहुत खुश होंगे। आप उन्हें अपने स्वयं के उद्धरण दिखा सकते हैं या आप उन्हें उन व्यक्तियों के संदर्भ दे सकते हैं, जो पहले से ही आपके सामान या सेवाओं का उपयोग कर रहे हैं, ताकि उन्हें आश्वस्त किया जा सके, कि वे आप पर पूरा भरोसा कर सकते हैं। यह एक ऐसी प्रणाली है, जो आपको, ग्राहकों को, कुछ ही समय में मिल जाएगी।

नई आँखों के माध्यम से एन एल पी अभ्यास

ज ब कोई एन एल पी के इरादे पर विचार करता है (जो व्यक्तियों को सकारात्मक बदलाव के लिए उनके विचारों और भावनाओं को समझने और उन पर नियंत्रण रखने में मदद करता है), तो यह स्पष्ट हो जाता है, कि शिक्षा में एन एल पी की इतनी महत्त्वपूर्ण भूमिका क्यों है। बहुत सकारात्मक तरीके से, एन एल पी तकनीकों का उपयोग करना सीखते समय, एक छात्र महत्त्वपूर्ण रूप से प्रभावित करेगा, कि आप किसी संगठन में खुद को कैसे संचालित करते हैं? ऐसा इसलिए है, क्योंकि आप एक छात्र के रूप में सीखने के तरीके को विकसित करने के लिए एन एल पी का उपयोग करते हैं। सीखना प्रमुख शिक्षण प्रकारों के तीन समूहों में होता है, जिन्हें निम्नानुसार समझाया गया है।

1. दृश्य शिक्षण (अधिगम)

यहीं पर छात्र सबसे अधिक सीखता है और दृश्य उत्तेजनाओं पर सकारात्मक प्रतिक्रिया करता है। प्रदर्शन, मानचित्र, पढ़ना और वीडियो शामिल हैं। जब किसी पाठ्यपुस्तक से विवरण याद करने या नोट्स पढ़ने की बात आती है, तो दृष्टि से सीखने वाले छात्र को एक चुनौती का सामना करना पड़ेगा। यदि उनके पास ऐसी छवियाँ हैं, जिन्हें वे अपने दिमाग़ में जोड़ सकते हैं, तो उन्हें यह समझने की अधिक संभावना है, कि क्या सीखा जा रहा है? जिस प्रकार के विचार-मंथन सत्रों में आने की संभावना है, वे छात्र हैं, जो संपूर्ण अवधारणा के दृश्य प्रतिनिधित्व की विशेषता के साथ, दृश्य सीखना पसंद करते हैं। दृश्य उत्तम होते हैं, क्योंकि वे वस्तुओं को देखने का एक नया तरीका प्रदान करते हैं। मानसिक-दर्शन (विज़ुअलाइज़ेशन) अभ्यास

में भविष्य को देखना और एक पूर्ण उद्देश्य की कल्पना करना शामिल है। यह विधि अक्सर दृश्य शिक्षण में मिश्रित हो जाती है और छात्रों की प्रतिबंधित मान्यताओं को शक्तिशाली ढंग से प्रतिस्थापित कर सकती है।

2. श्रवण शिक्षण (अधिगम)

सीखने की इस विधा में एक छात्र चीज़ों को गहराई से समझकर सीखता है। जब कोई छात्रों के साथ बातचीत करने के लिए जाता है, तो इस जानकारी से अवगत होना महत्त्वपूर्ण है, क्योंकि यह तय कर सकता है, कि किसी की कक्षा में कोई नेता या अनुयायी है या नहीं। जिन छात्रों को चरण-दर-चरण प्रक्रियाओं का अध्ययन करना और समझना है, उनके लिए स्पष्टीकरण की प्रतीक्षा करके सीखना उत्कृष्ट है। चूँकि यह विधि उनके ज्ञान को याद रखने और आत्मसात करने के तरीके के साथ फिट बैठती है, इसलिए ये छात्र याद रख सकते हैं, कि उन्हें क्या सिखाया जा रहा है? उदाहरण के लिए, यदि इन छात्रों को किसी कारण से दृश्य सहायता का उपयोग करके सिखाया जाता है, तो उन्हें उस दिशा को बनाए रखने या उसका पालन करने में कुछ परेशानी हो सकती है, जिसमें डेटा उन्हें ले जाता है।

इस मामले में, एक अनुयायी केवल प्रतिक्रिया प्राप्त करने के लिए, सीखने की इस पद्धति का उपयोग करेगा और फिर बिना किसी प्रश्न के उसका पालन करेगा। इसका स्पष्टीकरण यह है, कि जब तक निर्देशों का ठीक से पालन किया जाता है, तब तक कोई नकारात्मक या गलत परिणाम नहीं हो सकते। विद्यार्थी गलतियों से सुरक्षित रहेगा। इस सीखने की रणनीति का उपयोग करते समय, एक नेता को एक अलग परिणाम मिलेगा। शब्दों के स्पष्ट होने के बाद, एक नेता इन शर्तों का स्वामित्व लेना चुन सकता है। यदि उनका उल्लेख नकारात्मक में किया गया है, तो उन्हें सकारात्मक के रूप में देखा जा सकता है। एक छात्र जो तरीकों में इस बदलाव को करने के लिए तैयार है, उसमें रीफ्रेम करने की क्षमता होती है और जब कोई सचेत रूप से एन एल पी करता है, तो यह एक अच्छा परिणाम होता है।

3. गतिज अधिगम (काइनेटिक लर्निंग)

सीखने की इस शैली में, जब वे स्वयं कोई गतिविधि संचालित करते हैं, तो छात्र सबसे अधिक सीख सकते हैं। यह विशेष रूप से उन अध्ययनों में भाग लेने के लिए

मान्य है, जिनमें व्यावहारिक तत्व या अन्य समूह हैं। इस परिदृश्य में, सबसे अच्छी बात यह होगी, कि छात्र को निर्देशों का एक समूह भेजा जाए और उन्हें सर्वोत्तम तरीके से उनका पालन करने के लिए छोड़ दिया जाए। बीच में, अगर ऐसा लगता है, कि चीज़ें तय कार्यक्रम के अनुसार नहीं हो रही हैं, तो कोई छात्र की जाँच कर सकता है और उन्हें सही दिशा बता सकता है। जब उन्हें लंबे व्याख्यान या कक्षाएँ सुननी होती हैं, तो जो छात्र स्वतंत्र शिक्षा के इस रूप को पसंद करते हैं, वे कम ध्यान देंगे। वे अवधारणाओं की संक्षिप्त प्रस्तुतियों का आनंद लेते हैं और उन्हें इन विचारों को स्वयं लागू करने की क्षमता दी जाती है। छात्रों के लिए, उपरोक्त शिक्षण शैली श्रेणियाँ उपयुक्त हैं। हालाँकि, एन एल पी छात्रों के लिए भी विशेष रूप से फायदेमंद हो सकता है। फिर प्रशिक्षक छात्रों को बेहतर प्रदर्शन करने में मदद करने के लिए, आजमाए और परखे हुए दृष्टिकोणों का पालन करने के लिए उपकरणों से सुसज्जित होता है और प्रत्येक छात्र की विभिन्न सीखने की शैलियों पर विचार करने के लिए, समय निकालकर उनकी सभी शैक्षिक आवश्यकताओं को पूरा करता है।

इस अध्याय को यह समझने के लिए भी बताया जा सकता है, कि ग्राहकों जैसे अन्य लोगों द्वारा चीज़ों को कैसे देखा जाता है? इस कौशल के साथ, उनका देखभाल के साथ इलाज़ करना बहुत आसान हो जाएगा।

व्यवहार में एन एल पी

सकारात्मक पालन-पोषण

ज ब कोई माता-पिता बनता है, तो वे खुशी और आशा से भर जाते हैं और फिर जैसे-जैसे उनका बच्चा बड़ा होता है, वे कुछ अलग सीखना शुरू करते हैं, जिसकी उन्हें जरूरत है। अपने बच्चे की भावनाओं और संवेदनाओं को इस तरह से सीखें और सराहें, कि वे उनके विकास पर सकारात्मक प्रभाव डाल सकें। ऐसा करने के सर्वोत्तम तरीकों में से एक है, बच्चे की आँखों के माध्यम से दुनिया को देखने का एक तरीका ढूँढना, अधिक गहराई से जुड़ना और बच्चे की सभी भावनात्मक ज़रूरतों को संबोधित करना।

आरंभ करने के लिए, यह अध्याय एन एल पी को उन पाँच इंद्रियों में देखेगा, जो हमारे बाहरी क्षेत्र को बनाते हैं। दृष्टि, ध्वनि, गंध, स्पर्श और स्वाद ये पाँच इंद्रियाँ हैं। ये सब एक स्मृति का हिस्सा बनने जा रहे हैं। बच्चों के साथ क्या होता है? जिसे मानचित्र के रूप में जाना जाता है, वे इस बाहरी क्षेत्र को लेते हैं और इसे आंतरिक प्रतिनिधित्व देते हैं। इस मानचित्र के माध्यम से, वे फिर पूरी दुनिया को देखते हैं, अपने विचारों, विश्वासों और मूल्यों के साथ फ़िल्टर बनाते हैं, जिसके माध्यम से वे देखते हैं। ये फ़िल्टर और बच्चों के अनुभव ही उन्हें असाधारण व्यक्ति बनाते हैं।

एक बच्चे की आँखों के माध्यम से

माता-पिता अपने बच्चे की नज़र से दुनिया को देखने के लिए एन एल पी के दृष्टिकोण और तकनीकों का उपयोग कर सकते हैं। एन एल पी माता-पिता को यह

देखने के लिए प्रोत्साहित करता है, कि बच्चा क्या कर रहा है? वे क्या देखते हैं? और वे क्या सुनते हैं? एक माता-पिता इस जानकारी के साथ अपने बच्चों को सही दिशा दिखाने के लिए बेहतर ढंग से तैयार होते हैं। अपने बच्चे को डर पर विजय पाने में मदद करने के लिए इस क्षमता को लागू करना व्यावहारिक रूप से संभव है। माता-पिता चीज़ों को बच्चे के दृष्टिकोण से देखकर कुछ भी न होने की अपनी चिंता को कम कर सकते हैं।

यदि आप अपने और अपने बच्चों के बीच संचार बढ़ाने का प्रयास कर रहे हैं, तो एन एल पी एक उत्कृष्ट विकल्प है। अपने बच्चे के साथ रचनात्मक रहने और स्पष्ट रूप से बात करने से आपको अपने बच्चे से उत्तर मिलने की संभावना है। वास्तव में, वे आपके आचरण और भावनात्मक स्थिति को प्रतिबिंबित करेंगे।

उदाहरण के लिए, ऐसे मामले पर विचार करें, जहाँ आप एक बच्चे को अनुशासित करने का प्रयास कर रहे हैं। आपकी स्वाभाविक प्रवृत्ति उन्हें ठीक करने की होगी और अपने खिलौनों को किसी नकारात्मक चीज़ के साथ न फेंकें। खिलौनों को फेंकने के अधिक मामले संभावित परिणाम वाले होते हैं। यदि आप पालन-पोषण कर रहे हैं, तो नकारात्मक बातें करने के बजाय, एन एल पी विधियों को अपने मार्गदर्शक के रूप में उपयोग करके, आप अपने बच्चे को रचनात्मक दृष्टिकोण से अनुशासित करेंगे। इसलिए आपके यह कहने की अधिक संभावना है, कि बच्चा संभवतः अधिक सतर्क रहेगा और अपने खिलौनों को सुरक्षित रखने का प्रयास करेगा।

आपको अपने बच्चे को कुछ एन एल पी क्षमताओं का उपयोग करना भी सिखाना चाहिए, ताकि जब वे अपनी दुनिया का नक्शा बनाएँ, तो वे अपना विश्वास विकसित कर सकें। आप अपने बच्चों को स्कूल में उत्कृष्टता प्राप्त करने की कल्पना करना सिखाकर शुरुआत कर सकते हैं। अच्छे परिणाम की तस्वीर उन्हें कक्षा में रहते हुए, अधिक ध्यान केंद्रित करने के लिए प्रेरित करेगी। आप उन्हें धीरे-धीरे एन एल पी रणनीतियाँ भी सिखा सकते हैं, जिसका उपयोग वे कठिन परिस्थितियों से निपटने के लिए करेंगे।

बच्चों को एन एल पी कौशल सिखाना

अपने बच्चों को एन एल पी रणनीतियों के लाभ प्रदान करके, आप उन्हें स्वस्थ व्यवहार सीखने, उत्कृष्ट संचार कौशल हासिल करने और अपने स्वयं के उच्च स्तर के विश्वास को विकसित करने में मदद करते हैं। जब वे भविष्य में कदम रखेंगे, तो इससे उन्हें काफ़ी फ़ायदा होगा। जैसा कि पहले कहा गया है, संचार प्रासंगिक है।

पालन-पोषण के लिए आप एन एल पी तकनीकों को लागू करके संवाद नहीं कर सकते। एन एल पी को आपके मौखिक संचार की तरह, आपके अशाब्दिक संचार के प्रति सचेत रहने की आवश्यकता है। इसका मतलब यह है, कि आप अपने बच्चे को विरोधाभासी संकेत न दें, कि आप जो कहते हैं, उसका आपके कार्यों से कोई संबंध नहीं है।

विरोधाभासी कृत्य तब हो सकते हैं, जब कोई अपने बच्चे को "आई लव यू" कहता है, लेकिन उनके चेहरे के भाव गुस्से या दांत भींचने का संकेत देते हैं। इससे पता चलता है, कि बच्चा एक सकारात्मक संदेश प्राप्त करता है, लेकिन नकारात्मक संदेश देने के लिए शारीरिक भाषा का उपयोग करने में व्यस्त है।

एन एल पी किसी को वर्तमान में रहने की अनुमति देता है, जो माता-पिता को बच्चे के पिछले कार्यों पर प्रतिक्रिया देने या बच्चे ने जो किया, उसे याद करने से रोकता है। माता-पिता होने के नाते, इंसान होने के नाते, जैसे-जैसे आपके अंदर अशांति इकट्ठी हो गई है, कोई आपके बच्चे पर जोर-जोर से चिल्ला सकता है। चूँकि बच्चा अपने सामने स्पष्ट रूप से देखने में सक्षम नहीं हो सकता है, इसलिए पिछले अनुभव पर प्रतिक्रिया देने से अनिश्चितता, गलतफहमी या नाखुशी भी हो सकती है। अपनी आवाज़ की ध्वनि, आप जिस मात्रा में बोल रहे हैं और जो कार्य आप कर रहे हैं, उसे याद रखना भी आवश्यक है।

जान लें, कि आपका बच्चा जिस तरह से प्रतिक्रिया करता है, उसे देखकर आप अपने संपर्क के संदर्भ को समझ पाएँगे। यदि आप देख सकते हैं, कि आपके संदेश को गलत समझा जा रहा है या अनुवाद में चूक हो रही है, तो आपको अपने द्वारा भेजे जा रहे संदेश को बदलना होगा। आपके पास एक बच्चा हो सकता है, जो तस्वीरों या अन्य दृश्य सामग्री का उपयोग करके दृष्टि से सीखता है और उसके साथ बातचीत

करना आसान हो सकता है। एन एल पी आपके लिए ये दरवाजे खोलता है और उन्नत संचार के लिए मौजूद विकल्प दिखाता है।

अंततः, बिना किसी संदेह के, बच्चे सीमा तक पहुँचते रहेंगे। कुछ बच्चे माता-पिता का ध्यान आकर्षित करने के प्रयास में बुरा या अप्रिय व्यवहार दिखाने का सहारा लेंगे, जैसे कि अपमानजनक कार्य और गाली-गलौज करना।

माता-पिता के रूप में कोई भी एन एल पी तकनीकों का उपयोग यह निगरानी करने के लिए कर सकता है, कि इन परिस्थितियों पर कैसे प्रतिक्रिया दी जाए? यहाँ विचार यथासंभव सकारात्मक प्रतिक्रिया देने का है। इसलिए किसी असभ्य लड़के से सामना होने पर सकारात्मक उत्तर दें, जिसे पैटर्न इंटरप्ट कहा जाता है। आपके बच्चे को भी अपनी प्रतिक्रियाओं पर नज़र रखने और सकारात्मक प्रतिक्रिया देकर स्थिति को फैलाने की आवश्यकता महसूस होगी।

रिश्तों में भावनाएँ

सबसे महत्त्वपूर्ण भावना को छुए बिना, भावनाओं और परिवर्तनकारी कार्यों पर एक किताब लिखना मुश्किल है और वह है प्रेम। एन एल पी रणनीतियाँ अत्यधिक प्रभावी रिश्तों को जन्म दे सकती हैं, क्योंकि प्रत्येक व्यक्ति अपने आत्मसम्मान पर ध्यान केंद्रित कर सकता है और रिश्ते के कारण कुछ उत्कृष्ट संचार कौशल में सुधार कर सकता है।

एन एल पी साझेदारी को समझने में भी मदद करता है और संचार करते समय पार्टियों को अपने दृष्टिकोण का विस्तार करने में मदद करता है।

एन एल पी को अपने रिश्तों में कारगर बनाने के लिए आपको निम्नलिखित कदम उठाने चाहिए:

1. जानें कि आप क्या मानते हैं

हालाँकि, आपको केवल सकारात्मक से अधिक विकास करने की आवश्यकता है, आपको एक सकारात्मक दृढ़ विश्वास की आवश्यकता है। यह सुनिश्चित करता है, कि आप एक सफल रिश्ते की संभावना में विश्वास करते हैं और आप अपने लिए सही व्यक्ति ढूँढ सकते हैं। केवल एक उत्पाद (आउटपुट) में सकारात्मक विचार हो सकता

है और वह सकारात्मक परिणाम है। इसके साथ, बाहर जाने और अपने इच्छित रिश्ते की तलाश करने की प्रेरणा दृढ़ विश्वास से आ सकती है (अर्थात यदि आप अकेले हैं)। यदि आप किसी रिश्ते में हैं, तो आपको अपने रिश्ते में समायोजन करने की अनुमति दी जानी चाहिए।

2. एक गैर बातचीत योग्य सूची बनाएँ

एक साथी में, ऐसी विशेषताएँ होती हैं, जिन्हें आप खोजते रहते हैं और जो आपके लिए महत्त्वपूर्ण है, उसकी अपेक्षाएँ होती हैं। उन्हें गैर-परक्राम्य(गैर बातचीत योग्य) के रूप में संदर्भित किया जाता है, जिसका अर्थ है, कि यदि वे गायब हैं, तो आप संघ के अस्तित्व पर गंभीरता से विचार करेंगे। एन एल पी के उपयोग से आप यह भेद करने में सक्षम होंगे, कि इनमें से कौन सा पैरामीटर आपके लिए सबसे अधिक प्रासंगिक है। आपको मानसिक रूप से यह सत्यापित करना चाहिए, कि आप जिस व्यक्ति से बात करना चाहते हैं, उससे बात करते समय वे पूर्व-निर्धारित आवश्यकताओं का पालन करते हैं या नहीं। ऐसा करते समय आपको उन्हें उनके दृष्टिकोण से देखने का भी प्रयास करना चाहिए। जैसे-जैसे आप आगे बढ़ेंगे, आप स्वयं को अपने जीवन में संशोधन करते हुए भी पाएँगे।

3. सक्रिय रूप से संवाद करें

एन एल पी की एक मान्यता यह है, कि आपको बात नहीं करनी चाहिए। इसलिए, सक्रिय रहें और उस व्यक्ति के साथ जुड़ें, जिस पर आपका ध्यान केंद्रित है। दूसरे व्यक्ति के बारे में और अधिक जानने के लिए समय निकालें, चाहे आप फोन, ईमेल या यहाँ तक कि एसएमएस (टेक्स्ट संदेशों) के माध्यम से जुड़ने की योजना बना रहे हों। इससे आपका प्रोत्साहन बढ़ना चाहिए।

4. बहस से बचें

किसी भी रिश्ते की कमज़ोरी असहमति और भ्रम हो सकता है, चाहे वह कितना भी अच्छा क्यों न लगे। एन एल पी रणनीतियों को ध्यान में रखते हुए, तर्क-वितर्क को रोकने के लिए अपने साथी के साथ संवाद करना बहुत आसान हो जाता है।

गति और नेतृत्व करना, उपयोग करने का सही तरीका है। यह विशेष रूप से इस बात से संबंधित है, कि असहमति का सामना करते समय कोई अपने साथी की बात

कैसे सुनता है और फिर कैसे प्रतिक्रिया देना चाहता है? सुनने से जो कहा जा रहा है, उसे आत्मसात करने के लिए पर्याप्त समय मिलना चाहिए और चर्चा मुद्दे के समाधान की दिशा में होनी चाहिए।

5. होशियारी से (स्मार्ट) उद्देश्य सेट करें

एन एल पी लक्ष्य निर्धारित करने और यह कल्पना करने के बारे में है, कि आप भविष्य में कहाँ होना चाहते हैं? साझेदारियों में समान नियम इस तरह लागू किए जा सकते हैं, कि आपके लिए यह तय करना आसान हो जाए, कि साझेदारी कारगर है या नहीं। इसीलिए स्मार्ट लक्ष्य निर्धारित करना अत्यावश्यक है।

6. दूसरों की नज़र से दुनिया को देखना

लोग विभिन्न चीज़ों के बारे में सही होना पसंद करते हैं, लेकिन सबसे महत्त्वपूर्ण बात यह है, कि यह उनके दृष्टिकोण से निपटते समय स्पष्ट हो सकता है। एन एल पी के बारे में सबसे अच्छी बात यह है, कि यह हमें उन सभी फिल्टरों के प्रति सचेत करता है, जो एक सीधी रेखा को देखना कठिन बनाते हैं। वर्षों से संचित मूल्य और धारणाएँ इन फिल्टरों को धारण कर सकती हैं।

इन फ़िल्टरों को जानने से लोगों के आचरण से निपटना बहुत आसान हो जाता है। इसमें धैर्य की भी प्रचुर मात्रा होती है, क्योंकि एन एल पी के बिना एक व्यक्ति को पता चलेगा, कि व्यक्तित्व की विचित्रताओं के कारण, वे सभी के साथ बातचीत करने में सक्षम नहीं हो सकते हैं। ऐसे मानचित्र मन में दुनिया का उपयोग करने और देखने की व्याख्या तैयार करते हैं। एक सफल संचारक वह व्यक्ति होगा, जो मानसिक रूप से अपने स्वयं के मानचित्र से हटकर अपने दोस्तों के मानचित्र में फिट होने में सक्षम है, जिससे एक-दूसरे को बेहतर ढंग से समझना आसान हो जाता है।

7. यह केवल संदेश नहीं, बल्कि प्रतिक्रिया है।

यदि आपने अनुवाद में खोया हुआ शब्द सुना है, तो आप जानते हैं, कि एक अक्षर से इसका सारा अर्थ खो सकता है, ऐसा इसलिए क्योंकि इसे गलत समझा गया है। सामान्य परिणाम यह होगा, कि इस बुरे परिणाम के लिए लोगों को दोषी ठहराया जाएगा। एन एल पी को दोषारोपण के खेल से पूरी तरह छुटकारा मिल जाता है। जो

संदेश प्रसारित करता है, वह इसकी व्याख्या के लिए जिम्मेदार है। इसलिए, यदि संदेश स्पष्ट नहीं है, तो प्रसारण प्रसारित करने वाले व्यक्ति को जो संचार किया जाता है, उसे दोहराने या बढ़ाने की आवश्यकता होगी, जो सुनता है, वह कोई ज़िम्मेदारी नहीं लेता है।

बात करते समय, एन एल पी "दूसरे व्यक्ति की भाषा बोलना" संभव बनाता है। इसका तात्पर्य यह है, कि इसमें पर्याप्त बहुमुखी प्रतिभा है, जो बेहतर संचार की अनुमति दे सकती है।

आपके पास जो है, उसके साथ आप सबसे अच्छा कर सकते हैं

अनुभवों से घिरा संसार अपेक्षाओं से भरा हुआ है। दोनों तरफ भावनाओं के साथ उम्मीदें भी हैं।

यह समझने के लिए एन एल पी का उपयोग करना महत्त्वपूर्ण है, कि लोग इस तरह से कार्य क्यों करते हैं, उनके कार्यों को देखें और यह मान लें, कि अक्सर एक सकारात्मक इरादा मौज़ूद होता है। यह सब आपके दृष्टिकोण को धैर्यपूर्वक बदलने और इस बात की सराहना करने के बारे में है, कि आपका साथी उस समय उपलब्ध संसाधनों के साथ अपना सर्वश्रेष्ठ प्रदर्शन कर रहा है।

रिश्तों में अन्य एन एल पी कौशल

अपने श्रवण कौशल का उपयोग साझेदारी में एन एल पी का यथार्थवादी उपयोग है। इसके लिए अपने साथी की बात सुनने में सक्षम होना आवश्यक है, ईमानदारी से। जब आप सक्रिय रूप से सुनना चुनते हैं, तो आप अपने साथी के बारे में प्रेरक और अनोखी बातें सीखेंगे। इससे आपके लिए उनके साथ दोस्ती विकसित करना भी आसान हो जाता है।

अपने साथी की मजबूत दृश्य छवि बनाना, आपके प्रेम जीवन के लिए चमत्कार करेगा। इसमें उनकी कल्पना करना, मुस्कुराना, हँसना, छेड़खानी करना और संतुष्ट होना शामिल है, जैसा आप उन्हें देखना चाहते हैं।

आपको अपने स्नेह को मजबूत करने के लिए इस अभ्यास को आज़माना चाहिए।

- इस अभ्यास का उद्देश्य विवाद को फैलाना है। आपको एक ऐसे समय की कल्पना करने की ज़रूरत है, जब आप और आपके साथी के पास एक साथ एक प्यारा दिन था, शुरुआत करने के लिए। आपके द्वारा बनाए गए रिश्ते और आपकी भावनाओं की ताकत पर चिंतन करें।

- उन ध्वनियों को याद रखें, जिन्हें आपने अनुभव किया है, जो सपने आप देखते हैं, जो स्वाद और गंध आपने महसूस की है और जो स्पर्श आपने साझा किया है।

- इसे अपने शरीर के हर हिस्से में तब तक लंगर डालें यानि महसूस करें, जब तक आप पूरी तरह से पल में न हों।

इसके बाद, उस समय पर विचार करें, जब आपके बीच बहस हुई थी। अपनी आवाज़ के स्वर, आसपास के वातावरण के बारे में सोचें और इसे एक ऐसी छवि के रूप में कल्पना करें, जो अभी भी काली और सफेद है।

इसे समझे की कब लंगर डालना है, किन बातों को गोली मारना और किन बातों को जाने देना हैं।

सार्वजनिक रूप से बोलना (पब्लिक स्पीकिंग)

दुनिया भर में सबसे बड़ा डर सार्वजनिक रूप से बोलना है। सार्वजनिक रूप से बोलने या भाषण देने का विचार मात्र ही किसी को चिंतित कर देगा, जिसमें पृथ्वी पर सबसे प्रभावशाली लोग भी शामिल होंगे। आप चाहे कितने भी बुद्धिमान हों या आप अपने आप को बहादुर समझते हों, व्यक्ति हमेशा इस बात से डरता है, कि वे वहाँ कैसा प्रदर्शन करेंगे और उनके दर्शकों की प्रतिक्रिया क्या होगी? भले ही यह कुछ ऐसा है, जो उन्हें वास्तव में करना है, अज्ञात का डर कई महत्वाकांक्षी सार्वजनिक वक्ताओं के लिए इसे आज़माना मुश्किल बना देता है। लेकिन चिंता पर विजय पाने और कई लोगों के दर्शकों का सामना करने में सक्षम होने का एक निश्चित तरीका सार्वजनिक बोलने की कला में महारत हासिल करना है। सार्वजनिक रूप से बोलने का डर दुनिया भर में कई प्रतिभाशाली पेशेवरों के करियर को बर्बाद करने के लिए जिम्मेदार है और जब उनसे अपेक्षा की जाती है, तो कई लोग सार्वजनिक संबोधन से जुड़े कार्य नहीं करेंगे और अक्सर वे अपने पेशे को केवल इसलिए छोड़ देते हैं, क्योंकि

वे इस भय को हल करने में असमर्थ होते हैं। हालाँकि, बहुत से व्यक्ति कुछ या बहुत अधिक व्यक्तियों के साथ उठने और बात करने के डर पर विजय पाने में सक्षम नहीं होते हैं। आपको कभी न कभी सार्वजनिक रूप से बोलना पड़ सकता है, शायद अपने नियोक्ता या अपनी कंपनी की सेवा करने के लिए, किसी खास कार्यक्रम में अपना परिचय देने के लिए या यहाँ तक कि किसी कार्यक्रम के दौरान धन्यवाद प्रस्ताव देने के लिए, किसी शादी में भाषण देने के लिए या किसी भी समय समारोह और कई अन्य उदाहरण। अगर इसे अच्छी तरह से जारी रखना है, तो आपको डर पर विजय पाना होगा और एन एल पी आपकी सार्वजनिक बोलने की क्षमता को मजबूत करने और डर पर पूरी तरह से काबू पाने में आपकी मदद करेगा।

लोग कहाँ गलत हो जाते हैं?

अपनी क्षमताओं में सुधार करने का एक तरीका यह है, कि आप सार्वजनिक रूप से बोलने के दौरान लोगों द्वारा की जाने वाली गलतियों को पहचानें, जिससे उनकी चिंता बढ़ जाती है और नुकसान होता है। यहाँ कुछ कारण बताए गए हैं, कि क्यों कुछ लोगों को सार्वजनिक रूप से बात करना मुश्किल लगता है।

- गलत फोकस: एक गलती जिसे आप रोक सकते हैं, वह है खुद पर बहुत अधिक और दर्शकों पर थोड़ा ध्यान केंद्रित करना। आप चिंता करने लगेंगे, कि शायद आप शर्मीले हैं, हो सकता है, कि आप अंतर्मुखी हों और लोगों को जवाब देने में अनिच्छुक हों या आप ठीक से सुन नहीं पाते हों। ये गलत बातें हैं, जो आप हमेशा अपने आप से कहते रहते हैं और हो सकता है, कि आप गलत हों। एन एल पी को अपने मार्गदर्शक के रूप में उपयोग करते हुए अपने आप से यह पूछें - यदि आप इन सभी चीज़ों के बारे में गलत हैं, तो आपके पास अपने बारे में और क्या धारणाएँ हैं, जिनके बारे में आप गलत हो सकते हैं?

- अभ्यास: इसे सफलतापूर्वक करने के लिए, सार्वजनिक रूप से बोलना एक क्षमता है, जिसे आपको विकसित करना होगा और अभ्यास करना होगा। जितनी बार संभव हो, भाषण देने का अभ्यास करें और सार्वजनिक रूप से

कई बार बोलने का अभ्यास करें। व्यक्ति जो गलती करते हैं, यह यह है कि वे जितनी तैयारी कर सकते हैं, उतनी नहीं करते हैं और अपनी बारी आने तक घबराते रहते हैं।

- सकारात्मक आंतरिक वाणी: आपकी आंतरिक आवाज़ आपको बताती रहेगी, कि पर्याप्त अभ्यास के बिना आप स्वयं को मूर्ख बना देंगे। यदि आप एक महान सार्वजनिक वक्ता बनना चाहते हैं, तो यह ग़लत दृष्टिकोण है। सभी नकारात्मक विचारों को थोड़ा-थोड़ा करके सकारात्मक विचारों से बदलें। बहुत से लोग आपके मंच पर आने से पहले ही मानसिक चित्र बना लेते हैं, कि यह कैसा होगा। यह परिवर्तन का क्षण है, इस बारे में सोचें कि भाषण के दौरान भीड़ आपकी सराहना कर रही है और हंस रही है, न कि इस बात की चिंता करें, कि आप मंच पर कितने भयानक दिखेंगे।

- भीड़ को उत्साहित करने के लिए, उन चीज़ों के बारे में सोचें, जो आप कहने जा रहे हैं और आप उन्हें कैसे बताने जा रहे हैं। जिस समूह पर आप चर्चा करने जा रहे हैं, उसके बारे में गहराई से सोचें और अपने से ज्यादा उन पर ध्यान केंद्रित करें।

- असफलता के डर पर काबू पाना: किसी ऐसे व्यक्ति के असफल होने का डर अभी भी बना हुआ है, जिसने अतीत में सार्वजनिक रूप से भाषण नहीं दिया है। यदि आप अपने पहले सार्वजनिक भाषण और अपने दर्शकों दोनों की सराहना करना चाहते हैं, तो इसे हल करना होगा। उस अनगिनत बार के बारे में सोचें, जब आप पहली बार कुछ नया करने में सफल हुए हों। उस बच्चे के बारे में सोचें, जो अभी भी चलना चाहता है, भले ही वह हर बार ऐसा करते समय गिर जाता है। यदि बच्चे को गिरने से बहुत डर लगता है, तो वे बूढ़े होने तक रेंगते रहेंगे, लेकिन चूँकि उनका डर दूर हो गया है, इसलिए वे बाद की बज़ाय जल्द ही चलने लगेंगे। अपने संदेहों पर विजय पाने के लिए आपके पास यही मानसिकता होनी चाहिए।

सार्वजनिक बोलने की चिंता को हल करने के लिए एन एल पी सिद्धांतों का उपयोग

आज, दुनिया भर में बहुत से लोग सार्वजनिक रूप से बोलने के अपने डर पर काबू पाने के लिए एन एल पी पाठ्यक्रमों में भाग लेते हैं। इससे पता चलता है, कि एन एल पी का किसी की सार्वजनिक बोलने की क्षमता को बढ़ाने में बहुत योगदान है और यदि आप ऐसी चिंता पर विजय पाने में सक्षम हैं, तो आप कुछ रणनीतियाँ भी सीख सकते हैं और नाटकीय रूप से अपना जीवन बदल सकते हैं।

एंकरिंग के द्वारा बहुत ही सशक्त तरीके से सार्वजनिक भाषण में उत्कृष्टता का अनुभव किया जा सकता है। उदाहरण के लिए, एंकरिंग एक बहुत ही कुशल एन एल पी तकनीक है, जिसे आप सार्वजनिक रूप से बोलने के अपने डर को दूर करने के लिए लागू कर सकते हैं। एंकरिंग किसी व्यक्ति को किसी विशेष घटना या घटना के बारे में महसूस करने के तरीके को बदलने की अनुमति देती है। सार्वजनिक रूप से बोलने के अपने डर पर विजय पाने के लिए, आप एंकरिंग दृष्टिकोण का उपयोग इस प्रकार करते हैं:

- उस स्थिति को पहचानें, जिसे आप उस क्षण अनुभव करना चाहते हैं। यह दूसरों के बीच, बहादुरी, विश्वास, शांति हो सकता है।

- सार्वजनिक भाषण के दौरान आत्मविश्वास हासिल करने के लिए, उन चीज़ों को सामने लाने का प्रयास करें, जो आपको करनी चाहिए। मूल रूप से, सार्वजनिक भाषण सत्र के दौरान, शरीर की भाषा (बॉडी लैंग्वेज) साहस हासिल करने और बनाए रखने में बहुत मदद करती है। बात करने का आत्मविश्वास रखने के लिए, उस पल में आप क्या करने जा रहे हैं, कैसे बैठेंगे, या यदि आप खड़े होंगे तो कैसे खड़े होंगे? इसका निर्णय लें। पूरे सत्र के दौरान, आप मुस्कुराना चुन सकते हैं, यदि इससे आपको अधिक साहस प्राप्त करने में मदद मिलेगी।

- अपने सामने अभी भी उसी अवस्था में एक वृत्त की कल्पना करें और यह मानते हुए, उसमें चले जाएँ, कि यही वह स्थान होगा, जहाँ आप अपने दर्शकों को उत्तर देंगे।

- घेरे से बाहर निकलें और अंतर को समझें। एक बार फिर से घेरे में कदम रखें। जब आप दूसरी बार घेरे में चलते हैं, तो आपको वैसा ही महसूस होना चाहिए, जैसा आपने पहली बार महसूस किया था। उस समय, यदि आपमें आत्मविश्वास है, तो इसका मतलब है, कि आप धीरे-धीरे सार्वजनिक रूप से बोलने के अपने डर पर काबू पा रहे हैं।

मानसिक- दर्शन (विज़ुअलाइज़ेशन): मानसिक- दर्शन (विज़ुअलाइज़ेशन) एक एन एल पी रणनीति है, जिसका उपयोग आप एक शक्तिशाली सार्वजनिक वक्ता बनने के लिए कर सकते हैं। इस पद्धति में, आप गलतियों या उपलब्धियों की कल्पना किए बिना, पूरी गतिविधि को अपने दिमाग़ में बार-बार चलाते हैं।

इसे कार्यान्वित करने के लिए, कल्पना करें कि आप ऐसे भाषण दे रहे हैं, जो सशक्त हैं और अंततः कुशलतापूर्वक सफलता प्राप्त करते हैं। वास्तविक सार्वजनिक भाषण दिवस से कुछ दिन पहले, इसे पूरा किया जाना चाहिए। उस दिन क्या होता है, कि जब तस्वीर पहले से ही आपके दिमाग़ में चिपकी होती है, तो आपको भाषण देने और अपने लक्ष्यों को प्राप्त करने में आसानी होगी।

एक और एन एल पी रणनीति, जिसे आप सार्वजनिक रूप से बोलने के अपने डर को हल करने के लिए लागू कर सकते हैं, वह नवीनतम व्यवहार उत्पादक (जनरेटर) है। इस दृष्टिकोण में, एन एल पी मॉडलिंग का उपयोग व्यक्ति के डर पर काबू पाने की क्षमता और साहस प्रदान करने के लिए किया जाता है। इस स्थिति में, मॉडल वह व्यक्ति होगा, जिसने सार्वजनिक रूप से सफलतापूर्वक बात की हो, सार्वजनिक रूप से कई समस्याओं का समाधान किया हो और यह काम उस आत्मविश्वास और उत्कृष्टता के साथ किया हो, जिसका आप सम्मान करते हैं। आप इस पद्धति का उपयोग करके, किसी ऐसे व्यक्ति से सार्वजनिक रूप से बोलना सीख सकते हैं, जो आपको लगता है, कि इसमें अच्छा है। आपको अपने लिए उन कार्यों का निर्माण करना होगा, जिनकी आप उस व्यक्ति में प्रशंसा करते हैं।

स्विस तकनीक: एक अन्य एन एल पी तकनीक जो सार्वजनिक रूप से बोलने में मदद कर सकती है, वह स्विस स्वरूप (पैटर्न) है। आपको इस तकनीक में कुछ ऐसा पहचानना चाहिए, जिसके बारे में आपको डर हो, कि सार्वजनिक भाषण देते समय

आपको संघर्ष करना पड़ेगा। उदाहरण के लिए, आप इस बात पर ध्यान दे सकते हैं, कि जब आप बात करते हैं या जब आप अपनी प्रस्तुति देते हैं, तो लोग आपकी ओर देखते हैं, जिससे आप चिंतित महसूस कर सकते हैं और अंततः संघर्ष कर सकते हैं।

एक बार कारक (ट्रिगर) का पता चल जाने पर, इस बारे में गहराई से सोचने का प्रयास करें, कि आप नकारात्मक तस्वीर को रोकने में कितने उत्कृष्ट होंगे। उन कारणों को हल करने के लिए, डर के संभावित कारक (ट्रिगर) और कुछ चीज़ें बताएँ, जो आप कर सकते हैं।

परिणाम के दायरे में रहना: यह एक ऐसा दृष्टिकोण है, जो आपको सकारात्मकता पर ध्यान केंद्रित करने में सक्षम करेगा, न कि नकारात्मकता पर। इस दृष्टिकोण में, आपसे एक त्रुटिहीन और प्रभावी सार्वजनिक भाषण देने के लिए जानबूझकर प्रयास करने की अपेक्षा की जाती है। केवल सकारात्मक परिणामों के बारे में सोचना मुश्किल होगा, यही कारण है, कि नकारात्मक विचारों को अनुमति दी जाती है, लेकिन जैसे ही वे फिर से सामने आते हैं, उन्हें उस पल को बाधित करने से बचने के लिए रद्द कर दिया जाना चाहिए।

उदाहरण के लिए, यह सोचने के बज़ाय, कि आप कितने डरने वाले हैं, आपको ऐसे विचार के स्थान पर, यह विचार रखना चाहिए, कि आप कितने साहसी होंगे और यह आपको कितना खुश करेगा। एक बार जब यह अवचेतन मन में उत्पन्न हो जाएगा, तो इसे वास्तविकता में पूरा करना आसान हो जाएगा, क्योंकि सकारात्मक तस्वीर आपके दिमाग़ में अटक जाएगी।

सार्वजनिक रूप से बोलने के डर पर काबू पाने के लिए इन सभी तकनीकों और कई अन्य एन एल पी तकनीकों को लागू किया जा सकता है। आप किसी एक को चुन सकते हैं और अपने लाभ के लिए इसका उपयोग कर सकते हैं या आप सफल परिणाम देने के लिए कम समय में कई रणनीतियों को लागू कर सकते हैं। यहाँ प्राथमिक उद्देश्य यह दृष्टिकोण बदलना है, कि सार्वजनिक भाषण कैसे होगा और अनुभव क्या होगा? अंततः सब कुछ अच्छा ही निकलेगा।

आधुनिक एन एल पी तकनीकों में महारत हासिल करना

एन एल पी अत्यंत बहुमुखी है, क्योंकि विभिन्न एन एल पी तकनीकों को सीखने का प्रयास करते समय अभ्यास करने के लिए कोई निर्धारित तकनीक नहीं है। फिर भी, इसके बावजूद, कुछ बुनियादी कदम हैं, जिन्हें आप "उधार" ले सकते हैं और आगे बढ़ा सकते हैं, ताकि आपके पास सर्वोत्तम अनुरूप एन एल पी अनुभव हो। इसलिए इस अध्याय में वे संसाधन शामिल हैं, जो आपको अपना परिणाम प्राप्त करने में मदद करेंगे, यदि आप अपने कार्यों को बदलने में रुचि रखते हैं। निम्नलिखित को विस्तार से सूचीबद्ध किया गया है:

पृथक्करण(हदबंदी या वियोजन)

आपकी पहली प्रतिक्रिया स्वाभाविक रूप से आग का जवाब आग से देने और यदि कुछ भी योजना के अनुसार नहीं होता है, तो तदानुसार प्रतिक्रिया देने की होगी। इसका मतलब यह है, कि यदि आपका सामना किसी ऐसे व्यक्ति से होता है, जो क्रोधित है, तो आप स्वचालित रूप से क्रोध के साथ प्रतिक्रिया करेंगे। इस तरीके का एकमात्र दोष यह है, कि आप इसके बाद हमेशा बेहतर महसूस नहीं करेंगे, न ही आप वांछित परिणाम तक पहुँच पाएँगे। इसके बज़ाय, आपको असुविधा या गुस्सा महसूस होने की संभावना है।

यह चरण, पृथक्करण, एक एन एल पी विधि है, जो सभी नकारात्मक भावनाओं को शीघ्रता से बेअसर कर देती है। व्यवहार में सुधार लाने के लिए, यह निष्पक्षता पर निर्भर करता है। निम्नलिखित मूलभूत चरणों का पालन किया जा सकता है:

- वह भावना, जिसे आप अब महसूस नहीं करना चाहते, स्पष्ट रूप से परिभाषित है।
- बाहर से देखने वाले व्यक्ति बनें। इसका तात्पर्य यह है, कि आपको शुरुआत से लेकर अंत तक अपने आप को एक नकारात्मक स्थिति में ही कल्पना करनी चाहिए।
- मानसिक- दर्शन (विज़ुअलाइज़ेशन) को बार-बार अपने दिमाग़ में आगे-पीछे चलाएँ। जब तक आप इसमें महारत हासिल नहीं कर लेते, तब तक आपको भावना या दुविधा में कुछ मूर्खतापूर्ण संगीत (मानसिक रूप से) जोड़ना चाहिए। इसे अपने सिर में 3 से 4 बार चलाएँ।
- आपको इस स्तर पर नकारात्मक के बारे में सोचने से बचना चाहिए, क्योंकि संभावना है, कि आपकी भावनाएँ बदल गई हैं। जितना अधिक आप यह अभ्यास करेंगे, आप अन्य रिश्तों को साझा करने और मजबूत करने में उतने ही अधिक खुश होंगे।

टूटते हुए एंकर (लंगर)

कभी-कभी, यह संभव है, कि जब आप दूसरों से बात करते हैं, तो आपको कोई ऐसा उत्तर मिलता है, जो आपको पसंद नहीं है, अर्थात, एक अवांछित प्रतिक्रिया। जब आप एंकरों को ढहाना सीख जाते हैं, तो आप अपने जीवन में किसी भी अनावश्यक लंगर के प्रभाव को कम करने में सक्षम हो जाते हैं।

उठाए जाने वाले कदम हैं:

- अवांछित उत्तर के बज़ाय, यह सोचें कि क्या कहा जा रहा होगा? फिर उस समय के बारे में सोचें, जब आपको परम आनंद का अनुभव हुआ था। सुनिश्चित करें, कि आप वास्तव में इस ख़ुशी के समय के बारे में बहुत गहराई से सोचते हैं, क्योंकि यह आपके शरीर पर एक लंगर की तरह दिखता है। यदि आपको किसी कारण से अपनी स्थिति बदलने की आवश्यकता है, तो आप किसी राग को धीरे से गुनगुना कर या अपने शरीर को एक स्थान से दूसरे स्थान पर स्थानांतरित करके भी ऐसा कर सकते हैं।

- अगली चीज़ जो आपको करनी है, यह उस स्थिति के बारे में सोचना है जिसे आप सुधारना चाहते हैं। जब आप यादों से अभिभूत हो जाते हैं, तो अगला कदम इसे अपने शरीर के दूसरे हिस्से से जोड़ना होता है। स्थान बदलने से आपको फिर से ध्यान केंद्रित करने की आवश्यकता होगी।

- अब इन दोनों एंकरों के बारे में एक साथ सोचें और उन्हें अपने दिमाग से निकाल दें क्योंकि कई समूह होने की संभावना है।

- आपको किसी भी मिश्रित भावना से उबरने के बाद, उन उत्तेजनाओं की निगरानी करनी चाहिए, जो अनैच्छिक प्रतिक्रियाओं का कारण बनती हैं और एक ऐसी स्थिति बनानी चाहिए, जहाँ आपकी भावना और नियंत्रण का स्तर तटस्थ हो।

शुरू करने से पहले शुरू करना

अन्य लोगों के साथ बातचीत करते समय, यह एन एल पी रणनीति बहुत उपयोगी है। जब तक आप उन्हें फैलाने का कोई चतुर(स्मार्ट) तरीका नहीं ढूँढ पाते, तब तक मनुष्य का ध्यान बेहद कम समय पर केंद्रित रहता है। शुरुआत के लिए, एक प्रबंधक की अपने अधीनस्थों के साथ बैठक होती है। एक बार अभिवादन पूरा हो जाने और आदान-प्रदान हो जाने के बाद, प्रबंधक बैठक शुरू होने से पहले कुछ ऐसा कहेगा, "शुरू करने से पहले मुझे कुछ बताना होगा"।

फिर इस स्तर पर महत्त्वपूर्ण बिंदुओं को सूचीबद्ध या चित्रित किया जा सकता है। यह इतना सफल हो सकता है, क्योंकि, एक औपचारिक बैठक के दौरान, बहुत से लोग सावधानी बरतते हैं और भाग लेने या यहाँ तक कि वास्तव में सुनने से भी बच सकते हैं। एक प्रबंधक (या उस मामले के लिए कोई और) यह सुनिश्चित कर सकता है, कि बैठक के प्रतिभागियों के साथ महत्त्वपूर्ण बिंदुओं को शुरुआत से पहले ही आत्मसात कर लिया जाए, जब उनका पूरा ध्यान रखा जा रहा हो।

यह तकनीक उत्कृष्ट है, क्योंकि यदि बैठक छोटी है, तो इसे औपचारिक रूप से शुरू करने की आवश्यकता के बिना संभावित रूप से किया जा सकता है।

सामग्री को फिर से तैयार करना

किसी नकारात्मक स्थिति को सुलझाने, हताशा से निपटने और उसे नियंत्रित करने या असहाय महसूस करने के प्रयास में, एन एल पी उपयोग करने का एक प्रभावी तरीका है। सामग्री को दोबारा तैयार करना, वह रणनीति है, जो इस सारी नकारात्मकता को हल कर सकती है। जब आप सामग्री को दोबारा बनाते हैं, तो नकारात्मक परिदृश्य की भावना बदलने लगती है और आप वास्तव में इसे किसी प्रेरणादायक चीज़ में बदल सकते हैं।

उदाहरण के लिए, जैसे ही दूसरा पक्ष इससे दूर जाने का निर्णय लेता है, हो सकता है कि आपने एक महत्त्वपूर्ण मित्रता खो दी हो। जब तक आप अपना ध्यान इस बात पर केंद्रित नहीं करते, कि क्या हुआ है, यह एक भयावह स्थिति की तरह लग सकता है। यदि यह व्यक्ति आपके रिश्ते में बहुत समय देने से पहले ही दूर चला जा सकता है, तो इसके बारे में जल्द से जल्द पता लगाना सबसे अच्छा है। दुखद और दर्दनाक होते हुए भी, यह अनुभव आपको मज़बूत करेगा और आपको अधिक भरोसेमंद व्यक्ति के रूप में विकसित करेगा।

यह स्थिति समय बीतने के साथ कुछ हँसी को भी आमंत्रित करेगी। पुनः तैयार करने की सामग्री की प्रकृति के बारे में इस प्रकार सोचा जाता है। परिभाषा एक नए दृष्टिकोण के लिए स्क्रिप्ट को पलटने और चीज़ों को देखने की है। इस रणनीति को बेहतर बनाया जाना चाहिए, क्योंकि जब ऐसी परिस्थिति का सामना करना पड़ता है, जहाँ वे झूठ नहीं बोलते हैं, तो यह लोगों को घबराने और डरने से रोकती है।

सामग्री से बचना, हालाँकि घिसी-पिटी बात है, क्या यह परिदृश्य के सकारात्मक पक्ष को देखने के बारे में है?

भविष्य मूल्य निर्धारण

वस्तुतः, यह एन एल पी तकनीक आपको आपके इच्छित भविष्य में ले जाने में मदद करेगी। इसमें वास्तव में अंतिम परिणाम की कल्पना करना और फिर इस परिणाम को प्रभावी ढंग से प्राप्त करने के लिए, आवश्यक कदमों को तोड़ने के लिए पीछे की ओर काम करना शामिल है।

इस तकनीक को पूर्ण करने के लिए, आपको निम्नलिखित कार्य करना चाहिए:

आराम करने और चिंतन करने के लिए एक शांत जगह ढूँढ़कर शुरुआत करें। सुनिश्चित करें, कि आपका ध्यान भटकने न पाए, इसलिए अपने मोबाइल, टीवी और कंप्यूटर बंद कर दें। यह कुछ ऐसा है, जिसमें जल्दबाजी नहीं करनी चाहिए, इसलिए अपना समय लेकर बैठने के लिए या ऐसी जगह लेने के लिए तैयार रहें, जहाँ आपको आराम मिले।

उस क्षमता के बारे में सोचें, जो आपके पास पहले से मौजूद है, जिसे आप संभावित लक्ष्य तक पहुँचने के लिए सुधारना या विकसित करना चाहते हैं। संभावित लक्ष्य की कल्पना करें और फिर उस स्थान पर वापस काम करें, जहाँ आप अभी हैं, यह कल्पना करते हुए, कि उस लक्ष्य को प्राप्त करने के लिए, नई क्षमता के साथ जीवन कैसा होगा।

ऐसा करते समय लंबी, गहरी साँसों के साथ अपने शरीर को आराम दें।

अपने आप को अपने मन की आँखों की क्षमता में सुधार करते हुए चित्रित करें, जैसे कि आप किसी फिल्म में हों। फिर जैसे ही आप आराम कर रहे हों, एक नाटकीय बाधा जोड़ें। अब चाल यह है, कि आप इस बाधा पर कैसे विजय प्राप्त कर सकते हैं और इस प्रकार अपने भविष्य के लक्ष्य को प्राप्त कर सकते हैं, इसकी कल्पना करें और अपने दिमाग़ में रूप बनाएँ।

सीधे शब्दों में बोलो

कोई भी व्यक्ति वास्तव में कभी नहीं कह सकता, कि वह इस समय क्या सोचता है या महसूस करता है? ऐसा इसलिए है, क्योंकि वास्तव में कुछ कहने से पहले, वे हमेशा सोचते रहते हैं, कि वे क्या कहने जा रहे हैं? यह भाषा निर्माण, व्याकरण और शब्द चयन के अचेतन कार्यों को सचेत कार्यों में परिवर्तित कर देता है, जिसका अर्थ है, कि एक संदेश को बदला जा सकता है और वह अप्रामाणिक हो सकता है। एक ऐसा क्षण होता है, जब लोग बस चैट करते हैं, जैसे कि जब वे फ़ोन पर होते हैं। किसी संदेश को कैसे प्रसारित किया जाए, इसके बारे में सोचने में समय बर्बाद किए बिना, वे संरचित वाक्य देने में सक्षम हैं। एन एल पी का उपयोग करके, किसी भी

स्थिति में, कोई स्पष्ट रूप से बात करना शुरू कर सकता है। यहाँ सिद्धांत एक अंतिम लक्ष्य प्रस्तुत करना और अपनी बातचीत में इस अंतिम लक्ष्य को प्राप्त करने की दिशा में काम करना है। मूर्ख दिखने या गलती करने के बारे में चिंता करना बंद करना महत्त्वपूर्ण है, क्योंकि यह अत्यधिक सोचने का कारण बनता है, जो संचार में बाधा डालता है। अचेतन मन बहुत शक्तिशाली होता है, एक बार लक्ष्य मानसिक रूप से निर्धारित हो जाने के बाद अचेतन मन उन वाक्यांशों और शब्दों के साथ आएगा, जो निर्धारित उद्देश्य के अनुरूप हैं। यह एन एल पी दृष्टिकोण क्रियात्मक शिक्षण के लिए एक उत्कृष्ट मार्गदर्शिका है, वास्तव में यह कुछ सीखने का सबसे तेज़ तरीका है।

सफल व्यक्तियों की मॉडलिंग

यह एक काफ़ी लोकप्रिय एन एल पी दृष्टिकोण है, जिसका उपयोग मुख्य रूप से खेल और कंपनियों में किया जाता है। इस दृष्टिकोण में, आपके इच्छित कार्यों को दर्शाने वाला एक मॉडल चुना जाता है और आपसे सीखने के लिए उन्हें कार्यों में देखने की अपेक्षा की जाती है।

उदाहरण के लिए, यदि आप व्यवसाय में किसी ऐसे व्यक्ति का अनुकरण करना चाहते हैं, जो सौदों को प्रभावी ढंग से पूरा करता है, कोई ऐसा व्यक्ति जो आशावादी है, जानकार है और फिर भी व्यवसाय करने के लिए प्रेरित है। आपको इस व्यक्ति को अपना काम करते हुए देखना होगा और शायद उनकी शारीरिक भाषा, बात करते समय बोलने का लहज़ा, अन्य बातों के अलावा, उनकी शारीरिक मुद्रा से सीखना होगा। जब तक यह एक पैटर्न नहीं बन जाता, तब तक मॉडलिंग एक बार नहीं, बल्कि कई बार की जाती है। जब आपकी बारी आएगी, तो आपको अपने लोकप्रिय मॉडल की तरह अपना परिचय देने में कोई परेशानी नहीं होगी।

सशक्त प्रश्न

इस दृष्टिकोण में, आपके पास ऐसे प्रश्न आते हैं, जो इस बात पर ध्यान केंद्रित करने में मदद करेंगे, कि आप अपने या किसी अन्य व्यक्ति के विचार पैटर्न को संशोधित करने के लिए उसे कहाँ चाहते हैं। यह उद्योग में ग्राहकों को यह समझाने के लिए उपयोग की जाने वाली एक रणनीति है, कि उनके सामान या सेवाओं में क्या

कमी है? उदाहरण के लिए, यदि आप कोई बुरी आदत छोड़ना चाहते हैं, तो आपको अपने आप से सीधे प्रश्न पूछने चाहिए, जिनका उद्देश्य आपको यह समझाना हो, कि वह आदत कितनी बुरी है। प्रश्नों का उपयोग मन को आश्वस्त करने के लिए किया जा सकता है, कि यदि आप कुछ नया शुरू करना चाहते हैं, तो यह सही काम है। उदाहरण के लिए, जब आप महत्त्वपूर्ण प्रश्नों के एक संग्रह पर काम करना शुरू करेंगे, तो आपको उन फायदों की एक सूची मिल जाएगी, जिनकी आप सराहना कर सकते हैं।

तालमेल बनाना

यह एक ऐसी क्षमता है, जिसमें महारत हासिल करना बहुत आसान है और यह आपको हर तरह के व्यक्ति के साथ घुलने-मिलने में मदद करेगी। लोगों के साथ बंधन बनाने के लिए इसे कई अलग-अलग तरीकों से पूरा किया जा सकता है; उदाहरण के लिए, आप किसी व्यक्ति के ध्यान में आए बिना, उसकी साँस लेने की आदतों का अनुसरण कर सकते हैं। आप बहुत अधिक ध्यान आकर्षित किए बिना, उनकी शारीरिक भाषा की नकल कर सकते हैं, आप कई अलग-अलग तरीकों से उन्हीं शब्दों का उपयोग करना चुन सकते हैं, जिनका उपयोग दूसरा व्यक्ति करता है। उनकी व्याख्या खोजें और उसका उपयोग भी करें। यह श्रवण, गतिज या श्रवण धारणा हो सकती है। यह उस व्यक्ति से बात करके, जिसमें आप रुचि रखते हैं और सुनकर किया जा सकता है, कि वे किस प्रकार के शब्दों का उपयोग करते हैं और इन शब्दों का उपयोग कैसे किया जाता है?

खेल की विशेषताएँ

एन एल पी विधियों और रणनीतियों में, खेल का व्यापक रूप से उपयोग किया जाता है। हममें से सबसे विशिष्ट वर्गों के संपर्क में रहने का सबसे अच्छा तरीका खेलना है। आपको इस रणनीति का उपयोग करके खेलना होगा। अनैच्छिक रूप से और सहज रूप से, यह आना चाहिए। नाटक का उद्देश्य गंभीर होना है, लेकिन बहुत गंभीर नहीं। इसे आपमें प्रवेश करना चाहिए, ताकि गहराई से आप इसकी शक्ति को महसूस कर सकें। खेलना मुख्यतः आत्म-खोज के बारे में हो सकता है। इससे आपको अपने बारे में व्यवस्था और जानकारी बनाने में मदद मिलेगी। यदि आप खेल के

माध्यम से और अधिक जानना चाहते हैं, तो अपने आप को प्रतिबंधित किए बिना आगे बढ़ें। जहाँ धार्मिक और नैतिक ज्ञान पाया जाता है, वह गहरे स्तरों से गुजर सकता है। हालाँकि, यह आपके भीतर कुछ मनमुटाव पैदा कर सकता है, इसलिए सावधानी से चलें।

मन की बाजीगरी

यदि आप भावनात्मक रूप से घबराए हुए हैं, तो यह एक बहुत प्रभावी तकनीक है; यह मस्तिष्क के दाएँ और बाएँ हिस्से के बीच संतुलन लाएगा और अंततः चिंता को कम करेगा।

दिमाग की बाजीगरी के लिए

- कुछ ऐसा चुनें, जो आप वास्तव में चाहते हैं, कुछ ऐसा जो अच्छा लगे और गिरने पर टूटे नहीं, कुछ ऐसा जिसका आपके लिए कोई व्यक्तिगत अर्थ हो। आप जिस वस्तु का उपयोग करेंगे, उसकी विशेषताओं के बज़ाय उसके प्रति आपका आकर्षण होना चाहिए।
- व्यायाम के लिए अपने पैरों को फैलाकर खड़े रहें या सीधी पीठ के साथ बिना बाहों वाली कुर्सी पर बैठें।
- अपने हाथों को इस तरह रखें, कि वस्तु एक तरफ हो, जैसे कि आप किसी की मदद कर रहे हों।
- वस्तु को उछालना शुरू करें, वस्तु को अपनी आँखों से एक हाथ से दूसरे हाथ तक देखें।
- अपने मन को उस दिशा में भटकने के लिए प्रोत्साहित करने के लिए, जिस दिशा में वह चाहता है, समय-समय पर वस्तु को गिराएँ। इस व्यायाम को आप तब तक कर सकते हैं, जब तक इसकी आवश्यकता हो।

भय(फोबिया) का त्वरित उपचार

यह एक ऐसी प्रक्रिया है, जिसका उपयोग प्रमुख भय को ठीक करने के लिए किया जाता है। इस पद्धति में आपसे किसी ऐसी चीज़ की कल्पना करने की अपेक्षा

की जाती है, जिसे आप वास्तविकता में लाने और उस पर विजय पाने से डरते हैं। डर का इस अर्थ में सामना करने के लिए ऐसा हुआ है, ताकि फोबिया (भय) से पीड़ित व्यक्ति को ठीक किया जा सके, व्यक्ति को स्थिति को पीछे की ओर ले जाना चाहिए।

डर पर काबू पाने के लिए

- अपने जीवन का सबसे बड़ा डर ढूँढें।
- कल्पना कीजिए, कि आप अगली पंक्ति में बैठे हैं और सिनेमाघर में अपने सबसे बुरे डर को देखने के लिए उत्सुक हैं। बड़े स्क्रीन पर, कल्पना करें कि आप किस चीज़ से सबसे अधिक डरते हैं और आप सामने की पंक्ति से देख रहे हैं।
- कल्पना कीजिए, कि आप स्वयं को एक खिड़की से बाहर टेलीविजन पर घूरते हुए देख रहे हैं।
- वाइडस्क्रीन पर, डर को बार-बार प्ले करें, जब आप खुद को बालकनी से देखते हुए, फ़ोबिक(भयग्रस्त) प्रतिक्रिया को मापते हुए देखें। जितनी बार संभव हो, आप इसे दोहरा सकते हैं, थिएटर में स्थानों को बदलने और सभी प्रकार के दृश्यों में डर का अनुभव करने के लिए पटल पर डर के रंग बदलने की अनुमति दे सकते हैं।
- बाद में आपकी चिंता उतनी प्रबल नहीं रहेगी, जितनी अक्सर होती थी और जैसे-जैसे आप अपने आप को उस चीज का सामना करते हुए देखना शुरू करेंगे, जिससे आप सबसे ज्यादा डरते हैं, तो डर कम हो जाएगा और आपके अंदर कोई डर नहीं रह जाएगा।

पूर्ण प्रमाणित योजना

यह एक और शक्तिशाली एन एल पी दृष्टिकोण है, जो आपको हर उस चीज़ के लिए तैयारी करने में मदद करेगा, जो आप करने जा रहे हैं, ताकि यह सुनिश्चित हो सके, कि यह बिना किसी असफलता के अच्छी तरह से हो। इस प्रक्रिया में, कल्पना करें कि आप किस तरह से कार्य करेंगे, बातचीत करेंगे, महसूस करेंगे और जिस नए

रास्ते पर आप जाने वाले हैं, उसके बारे में सोचेंगे। भावनाओं को वास्तविक बनाने के लिए इसमें अपनी सभी इंद्रियों को शामिल करें।

अभी भी उस स्थिति में, जब आप उत्तर लिखते हैं, तो अपने आप से महत्त्वपूर्ण प्रश्न पूछें, जैसे कि, दिन या कार्यक्रम शुरू होने से पहले आपको क्या करना चाहिए। अपने आप से पूछें, कि इससे पहले क्या किया जाना चाहिए और आप जो भी कदम उठा सकते हैं, इन सभी को लिख लें, क्योंकि ये आपको एक अच्छे कार्यक्रम या दिन की योजना बनाने में मदद करेंगे।

यह सब तब तक दोहराते रहें, जब तक कि आप सही दिन पर वह सब कुछ पूरा (कवर) न कर लें, जो समाप्त होना चाहिए। काम पूरा होने तक आपके पास वास्तविक दिन के सभी उपाय लिखे होने चाहिए।

एक आदर्श कार्यक्रम बनाने के लिए, समय को चरणों मे बाँट दें। यदि इसमें कुछ दिन लगते हैं, तो सुनिश्चित करें, कि आपके पास एक आरंभ तिथि और बताई गई अंतिम तिथि है। यदि आप ऐसे जटिल कार्य निर्धारित करते हैं, जिनके बारे में आपको चिंता है, कि आप उन्हें समय पर पूरा नहीं कर पाएँगे, तो यह उपयोग करने के लिए एक बेहतरीन तरीका है। आपको डर होगा, कि आप रास्ते में भटक सकते हैं, लेकिन आप इस एन एल पी तकनीक के साथ एक सही और सुचारू रूप से चलने वाला कार्यक्रम बना सकते हैं, जो आपको आगे ले जाएगा। उनकी योजना इस प्रकार बनाएँ, कि यदि आपके पास एक से अधिक मिशन हों, तो तारीखें विफल न हों।

एन एल पी का उपयोग करके फोबिया (भय) से कैसे निपटें

दु‍निया भर में ऐसे लोग हैं, जो कई तरह के डर से जूझ रहे हैं। उन आशंकाओं को संदर्भित करना संभव है, जो भय की तरह सर्वव्यापी हैं और पूरी तरह से पहुँच से बाहर दिखाई देती हैं। एक निश्चित स्तर का डर होता है, जो सुरक्षित होता है और फिर वह डर होता है, जो आम तौर पर आपको नियमित आधार पर काम करने से रोकता है। एन एल पी रणनीतियाँ आपको इस दुर्बल करने वाली चिंता पर सफलतापूर्वक विजय पाने में मदद करेंगी, ताकि आपको इसे दोबारा कभी अनुभव न करना पड़े। कल्पना कीजिए, कि आपको सार्वजनिक जगहों पर रहने से डर लगता है। आपके पास बहुत अच्छा दिमाग़ है और आप एक कंपनी शुरू करना चाहते हैं, लेकिन आप ऐसा नहीं कर सकते, क्योंकि आपको सार्वजनिक स्थानों पर जाना होगा। अपने घर में, आप खुद को फँसा हुआ पाते हैं, बाहर दुनिया में जाने में असमर्थ होते हैं, सोचते हैं, कि आपको क्या करना चाहिए और उठने और जाने में अपनी विफलता के बारे में भावनात्मक रूप से बहुत अधिक दोषी महसूस करते हैं। शायद आपको यह भी पता न हो, कि आपको यह फोबिया (भय) क्यों है, हो सकता है, कि आपको बस याद हो, कि एक दिन कुछ हुआ था और तब से सार्वजनिक क्षेत्र आपके लिए वर्जित क्षेत्र रहे हैं। हमेशा की ज़रूरत से बाहर निकलने के लिए "अभी नहीं" और "मैं इसके बारे में सोचूँगा" जैसे वाक्यांशों का उपयोग कर रहा हूँ। संवाद करना या सार्वजनिक स्थानों पर जाना, आपका ध्यान भटकाना स्वाभाविक हो सकता है।

फोबिया पर काबू पाने के तरीके

एन एल पी एंकर को समझना फोबिया पर काबू पाने के लिए पहला कदम है। यहाँ एक यथार्थवादी उदाहरण दिया गया है, कि सार्वजनिक स्थानों के डर को किस हद तक बढ़ाया जा सकता है। जब सार्वजनिक स्थानों पर जाने की बात आती है, तो आप यह सोचकर शुरुआत करेंगे, कि आपके पास कैसे अवरोध है? आप प्रेरणाहीन और चिंतित हैं और आपने निर्णय लिया है, कि यह इसके लायक नहीं है। इस स्थिति की एक ज्वलंत मानसिक छवि बनाएँ और इससे जुड़ी भावनाओं का अनुभव करें, जैसे कि आपकी तेज़ नाड़ी, आवाज़ सुनना, जैसे आपकी उथली साँस लेना और जब यह बिल्कुल स्पष्ट हो, तो इसे अपने शरीर के हर हिस्से पर स्थिर करना।

अगली चीज़ जो आपको करने की ज़रूरत है, वह उस सभी क्रोध या इच्छा के बारे में सोचना है, जो आपने अपने लक्ष्यों को प्राप्त नहीं करने और उन एंकरों को ढेर करने के कारण अनुभव किया है। अपनी स्थिति के पूरे बल के साथ अपने अवचेतन में गहराई से उतरें और उस समय को याद करें, जब आपको वह सब कुछ मिल सकता था, जिसकी आपको आवश्यकता थी। याद रखें, कि आपने क्या देखा? आपने कैसे सोचा? और आपने क्या सुना? और उस समय की एक बड़ी मानसिक छवि बनाएँ। इस समय, यह आपको उतना ही सच्चा लगना चाहिए, जितना तब लगता था, जब यह हो रहा था।

तृप्ति की भावना को अपने ऊपर पूरी तरह से हावी होने दें और फिर इसे अपने शरीर के दूसरे हिस्से में स्थापित करें। अभी पहले एंकर को गोली मारो और तुम हर समय अपने लिए एक बाधा बने हुए हो। फिर दूसरे एंकर को गोली मारें और दोनों को मानसिक रूप से पकड़ें और बाद में पहले एंकर को छोड़ दें। इससे पहले, कि आप वहाँ जाने और कार्रवाई करने के लिए प्रेरित महसूस करें, इस विधि को अपने दिमाग़ में बार-बार चलाएँ।

सभी बुरी चीज़ों पर ध्यान केंद्रित करने के बज़ाय, आपको उन सभी भावनाओं और उनकी इन्टर-रिएक्सन (परस्पर क्रिया) पर विचार करने की ज़रूरत है, जो आप अपने फ़ोबिया (भय) के परिणामस्वरूप देखने से चूक गए हैं।

उपरोक्त दृष्टिकोण अपेक्षाकृत समय लेने वाला है और आप एन एल पी का उपयोग करके फोबिया (भय) को हल करने का एक तेज़ तरीका ढूँढ रहे होंगे। यह अगला दृष्टिकोण त्वरित है और आपको लगभग तत्काल परिणाम देखने में मदद कर

सकता है। उदाहरण पिछले दृष्टिकोण के समान है, जो सार्वजनिक स्थानों के डर को हल करने का प्रयास करता है।

- सबसे पहले, इस बात पर विचार करें, कि जब आप सार्वजनिक स्थानों पर जाने की कोशिश करते हैं, तो वास्तव में क्या होता है, जब आपको भयग्रस्त (फ़ोबिक) प्रतिक्रिया होती है या आपकी याददाश्त ख़राब होती है।

- इसके बाद, सुरक्षा की भावना को विशेष रूप से याद रखें, कि आप सार्वजनिक स्थानों पर जाने से पहले और सार्वजनिक स्थानों से लौटने के बाद सुरक्षित थे।

- कल्पना कीजिए, कि आप अब एक फिल्म थियेटर में बैठे हैं और आप जानते हैं, कि अपने आप को एक छोटे काले और सफेद टेलीविजन पर देखकर आप स्वस्थ रह सकते हैं।

- स्वयं को छवि के प्रभारी के रूप में चित्रित करें और स्वयं को प्रक्षेपण (प्रोजेक्शन) बूथ में देखें, स्वयं को फिल्म थिएटर में बैठे हुए देखें, प्रोजेक्टर पर छोटी फिल्म देखते हुए।

- इससे पहले कि, आपको सार्वजनिक स्थानों से डर लगता हो, आपकी फिल्म उस समय से शुरू होनी चाहिए और उस समय आपकी भावनाओं को प्रदर्शित करना चाहिए, इससे पहले कि, आप किसी डर का सामना करें। जब तक आप पूरी तरह से सुरक्षित महसूस न करें, इस तस्वीर को चालू रखें।

- जब आप पूरी तरह से सुरक्षित महसूस करें, तो वीडियो को फ़्रीज़ करें और स्क्रीन को पूरी तरह से सफ़ेद कर दें।

- कल्पना करें, कि आप प्रक्षेपण बूथ से, फिर सीट से और फिल्म के अंत में उतरते हुए स्पष्ट रूप से तैर रहे हैं।

- फिल्म को पूरी रंगीन चलचित्र में आसानी से पीछे की ओर चलाएँ, जैसे कि आप पूरे समय उसमें थे, सीधे शुरुआत में वापस चलाएँ, जब आप वास्तव में सुरक्षित महसूस करें।

- जब आप भविष्य की ओर बढ़ें, तो आपको बस सुरक्षा की भावना को याद रखना होगा और आप पाएँगे, कि आप फोबिया (भय) से निपटने के लिए बेहतर तरीके से तैयार हैं।

आपके स्वास्थ्य और समग्र कल्याण को बढ़ाने में एन एल पी का उपयोग

उनके जीवन का सबसे महत्त्वपूर्ण तत्व व्यक्ति का कल्याण और उनका समग्र कल्याण होना चाहिए, क्योंकि यह उनके जीवन की गुणवत्ता को परिभाषित करता है, जिसका वे आनंद लेते हैं। यदि आप हाल ही में भावनात्मक रूप से अस्वस्थ हैं, तो अपने स्वास्थ्य को नाटकीय रूप से बढ़ाने और अपनी भलाई को प्रोत्साहित करने के लिए, आप कुछ एन एल पी रणनीतियों का उपयोग कर सकते हैं। इस स्थिति में, भलाई के विभिन्न पहलू हैं, जिन पर आप विचार कर सकते हैं, जैसे तनाव कम करना, उपचार की स्थिति तक पहुँचना और बढ़ाना, चिंताओं को दूर करना, आदर्श वजन पैदा करना और बनाए रखना, इत्यादि।

तनाव कम करने के लिए एन एल पी का उपयोग करना

शरीर आपको स्वस्थ रहने के लिए पर्याप्त तनाव का अनुभव करने की अनुमति देता है, लेकिन यह शरीर में रसायनों को प्रेरित करता है और बहुत अधिक तनाव का सामना करने पर, मस्तिष्क के कामकाज में हस्तक्षेप करता है। एन एल पी रणनीतियाँ आपको एक निश्चित मात्रा में तनाव से निपटने में मदद कर सकती हैं और अतिरिक्त तनाव से छुटकारा दिला सकती हैं, जो आपकी स्थिरता और स्वास्थ्य के लिए हानिकारक है। तनाव कम करने के लिए, आप कुछ प्रभावी एन एल पी अभ्यासों का उपयोग कर सकते हैं।

तनाव को फिर से परिभाषित करें

आपको इस रणनीति के साथ तनाव के पीछे अंतर्निहित कारण का पता लगाने की आवश्यकता हो सकती है। अधिकाँश स्थितियों में हम अपने तनावों के प्रति सचेत होते हैं, इसलिए तनाव का कारण निर्धारित होने के बाद, यह आपके लिए बहुत आसान हो जाएगा। बिना तनाव के, आपको समस्या को ठीक करने के लिए संभावित समाधान ढूँढने होंगे। उदाहरण के लिए, यदि आपके पास किसी निश्चित परियोजना को चलाने के लिए पर्याप्त धन नहीं है, तो यह एक अच्छा तनाव कारक है। आपको मुद्दे की जाँच करने और संभावित समाधान ढूँढने की ज़रूरत है, जिसमें किसी भी तरह से तनाव की आवश्यकता नहीं है। उदाहरण के लिए, आप ऋण लेने, दोस्तों से नकदी उधार लेने या आपके पास जितनी नकदी है, उसी से काम करने का निर्णय ले सकते हैं।

मेटा (मेटा) मंत्रों का उपयोग

आप स्वयं को सांत्वना देने और स्थिति के बारे में बेहतर महसूस कराने के लिए इस पद्धति में कुछ शब्दों का उपयोग करते हैं। उदाहरण के लिए, यदि आपने काम में गड़बड़ कर दी है और आप नहीं जानते, कि जब आपके बॉस को पता चलेगा, कि आपने क्या किया है, तो क्या होगा। तो क्या हुआ? 'जैसे वाक्य दोहराएँ।' यदि आप खुद से 'क्या होगा अगर' प्रश्न पूछते हैं, तो मंत्रों को बार-बार दोहराने का समय आ गया है, ताकि आपके दिमाग में स्थिति मजबूत हो। इससे इतना तनाव कम हो सकेगा।

विश्राम या ध्यान

आराम करने के लिए, आपको दिन में बस कुछ मिनट चाहिए। इस दौरान अपनी आँखें बंद कर लें और अपने दिमाग़ को भटकने दें। अगर स्थिति अलग होती, तो सोचिए, कि सब कुछ कितना अद्भुत होगा। अपनी कल्पनाओं को यथासंभव खुला रखें और बिना किसी प्रतिबंध के कल्पनाएँ करें। इस मामले में आपका प्राथमिक ध्यान आराम पर है, न कि आपके सामने आने वाली समस्याओं के समाधान पर।

जब तक आप पूरी तरह से तनावमुक्त नहीं हो जाते, तब तक तनाव दूर हो जाएगा और आप एक और दिन का सामना करने के लिए तैयार हो जाएँगे।

वर्तमान में रहना

इस पल को जीने के लिए, अपने व्यस्त कार्यक्रम से कुछ मिनट निकालें। उस पल में, ध्वनियों, आपके द्वारा देखे गए दृश्यों और आपके सामने आने वाली भावनाओं का आनंद लें और आराम करने का प्रयास करें। यह तनाव को दूर भगाने का अचूक उपाय है। इसमें केवल 5 मिनट लग सकते हैं, लेकिन यह दबाव को कम करके, प्रबंधनीय स्थिति में लाने में आपकी मदद कर सकता है। इस समय आप किस बात को लेकर भावुक हैं और आपके आसपास क्या हो रहा है, इसके अलावा किसी और चीज के बारे में न सोचने की कोशिश करें। अपने तनावों और डर को भूल जाइए और बस इस पल का आनंद लीजिए।

अपने कार्यों को समाप्त करें

हमेशा उन चीज़ों की एक सूची रखें, जो आप उस स्थान पर कर सकते हैं, जहाँ आप काम करते हैं या अगले दिन निकलते समय घर पर कर सकते हैं। चूँकि आप यह बात अपने दिमाग़ में भी वापस चाहते हैं, तो इसके लिए आपको एक जर्नल (दैनिकी या डायरी) की आवश्यकता है। यह तनावों से बचने और तनाव कम करने का एक प्रभावी तरीका हो सकता है।

अपनी मानसिक तस्वीरें बदलें

जब आप घबराए हुए होते हैं, तो आप अपने दिमाग़ में जो छवियाँ बनाते हैं, वे सामान्य परिस्थितियों में आपके द्वारा बनाई गई छवियों से बहुत अलग होती हैं। जब आप उदास हों, तो अपने द्वारा बनाई गई छवियों पर ध्यान दें और कुछ ऐसी तस्वीरें लेकर आएँ, जो उनकी जगह ले सकती हैं। उन्हें छोटा करने, उन्हें अपने दिमाग में स्थानांतरित करने और उन्हें पूरी तरह से हटाने के लिए यथासंभव कठिन प्रयास करके, आप उदास होने पर उत्पन्न होने वाली उन छवियों को खत्म करने का प्रयास कर सकते हैं। यह अधिक आरामदायक, लंबा, जीवंत, रोमांचक होना चाहिए और

कई अन्य सकारात्मक चीज़ें, जिनकी आप कल्पना कर सकते हैं, आपके मन को राहत देंगी। आप प्रतिस्थापन के लिए फ़ोटो का चयन करें।

अपनी आंतरिक आवाज़ का स्वर बदलना

हमारे जीवन की विभिन्न स्थितियों में, अभी भी एक आंतरिक आवाज़ है, जो हमसे बात करती है। जब आप तनावग्रस्त होते हैं, तो आपकी आंतरिक आवाज़ अक्सर तनावग्रस्त हो सकती है और यह आपको कुछ समय के लिए तनावग्रस्त मूड में रख सकती है। आपको इसे एक ऐसी आवाज़ में बदलना होगा, जो बहुत अच्छी लगे, शायद एक मज़ेदार आवाज़, जो आपको बहुत बेहतर महसूस कराए। परिवर्तित आंतरिक आवाज़ आपके तनाव और भय को दूर करने में सक्षम है और जिस प्रकार की बातें, यह आपसे कह सकती है, वे उन चीजों से बहुत अलग हैं, जो आपको तनाव देती हैं, इसलिए एक बेहतर आवाज़ चुनें।

दिन के अंत में चीज़ों को बंद करें

यह भावना कि, आपने दिन के लिए निर्धारित सभी चीज़ें पूरी नहीं की हैं, एक बहुत बड़ा तनाव है। दिन भर के कार्यों की सूची की फिर से समीक्षा करके, सभी दराज़ों को खोलकर और बंद करके काम पर दिन पूरा करें, बस यह सुनिश्चित करने के लिए, कि बंद करने से पहले, सब कुछ ठीक जगह पर है। सुनिश्चित करें, कि जब आप चीज़ें बंद करते हैं, तो आप उन सभी चीज़ों से अवगत होते हैं, जो आप करते हैं, ताकि आप यह दर्ज कर सकें, कि उस दिन के लिए सब कुछ पूरा हो चुका है। उन वस्तुओं की सूची बनाने के लिए, जिन्हें अगले दिन पूरा करना है, आप समय ले सकते हैं।

चिंता पैड (डायरी)

यदि कोई चीज़ आपको डराती है, तो आपको एक चिंता पैड की आवश्यकता है और सुनिश्चित करें, कि आप इसे हर समय अपने साथ रखें। जैसे ही आपको कोई ऐसी चीज़ नज़र आए, जिससे आपको डर लगता है, उसे लिख लें और फिर विकल्प खोजें। यदि, इस समय, यह कुछ ऐसा है, जिससे निपटा जा सकता है, तो इसे एक तरफ न रखें, क्योंकि यह आपको तनावग्रस्त कर सकता है। शाम को केवल कुछ

मिनटों का समय लें, चिंता पैड की सूची पर गौर करें और यदि ऐसी कोई चीज़ है, जिनका आप ध्यान नहीं रख पाए हैं, तो उन कुछ मिनटों के बारे में चिंता करें। इससे आपके लिए किसी चीज़ के बारे में चिंता करना कठिन हो जाएगा।

हँसी का उपयोग

यह एक ऐसी रणनीति है, जिसका उपयोग आप अपने जीवन में आने वाली किसी भी कठिन परिस्थिति की हास्यपूर्ण तरीके से व्याख्या करने के लिए कर सकते हैं। यह निश्चित रूप से तनाव को कम करेगा, क्योंकि आपको तनाव को दूर करने का एक तरीका मिल जाएगा और आप बेहतर महसूस करेंगे।

एन एल पी के माध्यम से उपचार के लिए मस्तिष्क तरंगें उत्पन्न करना

मानव मस्तिष्क द्वारा देखी जाने वाली पाँच आवृत्तियाँ हैं: बीटा, अल्फा, थीटा, डेल्टा और गामा। मस्तिष्क की रोज़मर्रा की कार्यप्रणाली में ये सभी आवश्यक हैं। इन सभी आवृत्तियों में से, थीटा शरीर की सामान्य स्व-उपचार से जुड़ी हुई है। एन एल पी अभ्यासों का उद्देश्य स्व-उपचार की सुविधा के लिए थीटा के मस्तिष्क तरंगों को प्रज्वलित करना है और अंततः यह सुनिश्चित करना है, कि व्यक्ति बेहतर महसूस करे। ध्यान के दौरान, गहन विश्राम, स्वप्न देखने और यहाँ तक कि सम्मोहन के दौरान भी यह हासिल किया जाता है। आपसे एन एल पी अभ्यासों के दौरान अद्वितीय मानसिक अभ्यासों द्वारा थीटा मस्तिष्क तरंगों को उत्तेजित करने की अपेक्षा की जाती है। जब ऐसा किया जाता है, तो आपके तनाव का स्तर और चिंता का स्तर दोनों कम हो जाते हैं, जो उपचार और व्यक्तिगत विकास को बढ़ावा देने में मदद करता है। जैसे-जैसे थीटा मस्तिष्क गतिविधि बढ़ती है, शरीर कायाकल्प, बेहतर विकास और पुनर्निर्माण का अनुभव करता है। मस्तिष्क तरंगें गहन विश्राम की सुविधा प्रदान करती हैं, जो बदले में बीमारी के दौरान और बीमारी के बाद भी मन और शरीर को बहाल करती हैं और शारीरिक परिश्रम के दौरान या जब आप थकावट का अनुभव करते हैं, तो इसे प्राप्त किया जा सकता है।

थीटा में मस्तिष्क तरंगों में वृद्धि से प्रतिरक्षा प्रणाली मजबूत होती है। ऐसा इसलिए है, क्योंकि ये मस्तिष्क तरंगें तनाव कम करने के साथ-साथ जीवन शक्ति बढ़ाने से संबंधित हैं। जब आप घबराते हैं, तो शरीर ऐसे रसायन छोड़ता है, जो प्रतिरक्षा प्रणाली में हस्तक्षेप करते हैं, लेकिन थीटा मस्तिष्क तरंगें के सक्रिय होने के बाद, प्रतिरक्षा प्रणाली को अनुकूलित करने के लिए तनाव और चिंता काफी कम हो जाती है। थीटा मस्तिष्क तरंगें मज़ेदार रसायनों और न्यूरो (तंत्रिका) ट्रांसमीटरों को जारी करके ऐसा करती हैं, जो तनाव प्रभाव से ऊपर आपकी प्रतिरक्षा प्रणाली को बेहतर बनाती हैं।

थीटा मस्तिष्क तरंगें, कई अन्य फायदों के साथ-साथ बढ़ी हुई कल्पनाशीलता, समस्या सुलझाने की क्षमता के उन्नत स्तर, सीखने के कौशल के बढ़ते स्तर, आपकी याददास्त में सुधार और अंतर्ज्ञान के स्तर में वृद्धि के साथ भी संबंधित हैं। इसीलिए जब आप अस्वस्थ, चिंतित रूप से घबराए हुए, उदास, कम प्रेरित और कोई अन्य नकारात्मक भावना महसूस करते हैं, तो आप हमेशा एन एल पी अभ्यास का उपयोग कर सकते हैं। जब आप थीटा मस्तिष्क तरंगों को सक्रिय करते हैं, तो आप कुछ ही समय में अपना उपचार और सुधार प्राप्त कर लेंगे।

एन एल पी रणनीतियों और अभ्यासों के माध्यम से चिंता में कमी

चिंता एक भावनात्मक स्थिति है, जो बहुत गंभीर होती है। यह बताया गया है, कि यह प्रमुख कारण है, कि दुनिया भर में बहुत से लोग मनोवैज्ञानिक देखभाल की मांग कर रहे हैं, जिसका अर्थ है, कि यह गंभीर हो सकता है। गंभीर चिंता, अवसाद का कारण बन सकती है, इसीलिए इससे पहले, कि यह नियंत्रण से बाहर हो जाए, आपको कार्रवाई करने की आवश्यकता है। बहुत से लोग चिंता को कम करने में मदद के लिए कई वर्षों से एन एल पी का उपयोग कर रहे हैं, इसलिए यदि आप चिंता से निपटने वाले व्यक्ति हैं, तो आप चिंता को कम करने और खुद को आराम की स्थिति में लाने में मदद के लिए कुछ व्यायाम और एन एल पी तरीकों को आज़मा सकते हैं।

जब आप घबराहट, तनाव या घबराहट की स्थिति में महसूस करते हैं, तो यह एक ऐसा व्यायाम है, जो आपके लिए मददगार साबित हो सकता है। यह कल्पना का एक अभ्यास है, इसलिए यदि आपको अकेले अभ्यास को पूरा करना मुश्किल लगता है, तो आपको किसी से इसे पूरा करने के लिए कहना चाहिए:

- एक शांत जगह पर आराम से बैठें, अपनी आँखें बंद करें, तीन गहरी साँसें लें और धीरे-धीरे साँस छोड़ें।

- चिंता के बारे में सोचो, यह आपके शरीर में कहाँ है? और इसका आकार क्या है? क्या इसमें कुछ रंग आ गया है? यदि इसकी बनावट है, तो इसका तापमान ज्ञात करें। क्या यह बड़ा है या छोटा, हल्का है या मजबूत, गतिशील है या स्थिर, लचीला है या स्थिर है? क्या यह लचीला है या स्थिर है?

- आपके शरीर में उस हिस्से का सटीक पता लगाएँ, जहाँ घबराहट महसूस होती है। क्या यह आपका चेहरा, आपका गला, आपका पेट, आपकी छाती, आपके कंधे हैं? आपको अपनी चेतना को ठीक उसी स्थिति में निर्देशित करना होगा, जहाँ आप चिंता महसूस करते हैं। शरीर के एक हिस्से में या कई क्षेत्रों में, पता लगाएँ, कि डर कहाँ है? और खुद को वहाँ ले जाएँ।

- चिंता वाले शरीर के अंग का अर्थ निर्धारित करें। आसपास का रंग क्या है? यह कैसा भाव है? ये कैसा दिखाई देता है? परिवेश कैसा है, बिल्कुल स्थिर या गतिमान? कठोर या बहुमुखी? साफ़ या अंधेरा? ये सब आपके मन की कल्पनाएँ हैं, जो आप बना सकते हैं।

- अगर वह गुस्सा और तनाव महसूस करता है, तो इसे दूर करने के लिए, चिंता के आसपास की स्थिति को बदल दें। उदाहरण के लिए, यदि यह रंगीन है, तो इसे फीका करने के लिए, अपनी कल्पना में उस पर पानी डालने का प्रयास करें। जितना संभव हो सके, इसे पतला करने की कोशिश की जा रही है। अगर यह चिपचिपा लगे, तो इसे ठंडा करने के लिए इस पर पानी डालें। इससे पहले कि आपके दिमाग़ की आँखें पहले की तुलना में कुछ बेहतर देखें, अपने दिमाग़ में दुनिया की तस्वीर बदल लें।

- यदि कुछ भी नहीं बदलता है और वातावरण आपके द्वारा किए गए किसी भी कार्य के प्रति प्रतिरोधी है, तो इसे इधर-उधर स्थानांतरित करने का प्रयास करें, इसकी स्थिति, रूप बदलें, इसे ढीला करें, बस कुछ भी ऐसा करें, जो इसे अलग और मज़बूत महसूस कराएँ। यह सब करने के लिए धीरे-धीरे साँस लेते समय समय निकालें। सुनिश्चित करें, कि आप हर समय सहज रहें।

- अभी देखें, कि बेहतर दुनिया चिंता पर कब्ज़ा कर लेती है; देखें कि पर्यावरण चिंता को कैसे घोलता है, उसे पीछे की ओर ले जाता है, उसे छोटा और कमजोर बनाता है, उसका रंग फीका कर देता है और बाकी सब कुछ जो मानसिक तस्वीर को चिंता से पूरी तरह से गायब कर सकता है।

- डर ख़त्म होने तक ख़ाली कमरे को ताज़ी ऊर्जा से भरें। गहरी साँस लें। चमकीले रंगों के साथ किसी मज़ेदार चीज़ की कल्पना करें, जो चिंता से भरे, खुले स्थानों को भरने के लिए पर्याप्त हो। आपको इस स्तर पर बेहतर और अधिक ऊर्जावान महसूस करना चाहिए। इससे आपका डर दूर हो जाएगा और आपके आंतरिक आत्म को ठीक होने में मदद मिलेगी।

एन एल पी तकनीकें, जो आपको चिंता को ठीक करने में मदद कर सकती हैं

1. **चिंता और उसके लक्षणों को पुनः परिभाषित करना:-** पता लगाएँ, कि आपकी चिंता का कारण क्या है? आप किस बात को लेकर चिंतित हैं? यह पता लगाना आसान है। जब तक इसका निर्णय नहीं हो जाता, तब तक कारण से निपटने का बेहतर तरीका खोजने का प्रयास करें। उदाहरण के लिए, यदि अगले दिन आपकी कोई बड़ी बैठक है और आप उसके परिणाम को लेकर घबराए हुए हैं, तो इसके बारे में चिंतित हुए बिना, समस्या से निपटने के एक अलग तरीके के बारे में सोचें। अक्सर, चिंता के संकेतों से लड़ें और चिंतित होने के बज़ाय, समस्या पर प्रतिक्रिया देने के बेहतर तरीके खोजें।

2. **जानकारी और समाधान तक पहुँच:-** पता लगाएँ, कि जिस स्थिति को लेकर आप चिंतित हैं उसे बदलने के लिए आप क्या कर सकते हैं। उदाहरण के लिए, यदि आपके पास एक बड़ा साक्षात्कार है और आप इसे लेकर घबराए हुए हैं, तो शोध करने का प्रयास करें, जो आपको साक्षात्कारकर्ताओं का सामना करने के लिए, अच्छी तरह से सूचित और तैयार होने में मदद करेगा। इसके बारे में चिंतित होने के अलावा, एक से अधिक समाधान लेकर आएँ, जो आपको स्थिति के बारे में बेहतर महसूस कराएँगे।

3. **विश्राम एंकर सेट करें:-** अपने माँसपेशी समूहों को निचोड़े बिना, साँस लेने के बज़ाय साँस छोड़ने पर ध्यान देते हुए, मानसिक रूप से आराम करना सीखें। जब आप किसी ऐसी चीज़ का सामना करते हैं, जो आपको परेशान करती है, तो आप एक ऐसा शब्द कहेंगे, जो आपको प्रेरित करेगा। उदाहरण के लिए, यदि आप किसी आगामी परीक्षा को लेकर घबराए हुए हैं, तो आपके मन में यह वाक्य आ सकता है, कि 'यह एक परीक्षा है, जिसे मैं सबसे आरामदायक स्थिति में देने जा रहा हूँ।' जैसे ही आप अपने विश्राम मोड में गहराई तक जाने और अनुभूति का आनंद लेने का प्रयास करते हैं, शब्द दोहराएँ।

4. **उप-तौर-तरीके बदलें:-** यह आपके जीवन में किसी भी अप्रिय या परेशान करने वाली परिस्थिति से निपटने में हमेशा मदद करेगा। आप, कोई व्यक्ति या कुछ और, किसी घटना को लेकर घबराए हुए क्यों हैं? उदाहरण के लिए, यदि आप किसी कार्य साक्षात्कार को लेकर चिंतित हैं और अतीत में आप कई साक्षात्कारों में असफल रहे हैं, तो इस विशेष साक्षात्कार को दूसरों से अलग, एक नए दृष्टिकोण से देखने का प्रयास करें। कल्पना करें, कि आप पहले से कहीं अधिक प्रतिक्रिया देने में सक्षम हैं और साक्षात्कारकर्ताओं के पैनल को प्रभावित कर रहे हैं। अपने आप को प्रसन्न अवस्था में देखें। यहाँ लक्ष्य उस घटना की अतीत की तरह से अलग कल्पना करना है।

5. **अधिक एकजुट विश्वास बनाएँ:-** हम कुछ वस्तुओं, घटनाओं या व्यक्तियों के बारे में उन धारणाओं के कारण हमेशा घबराए रहते हैं, जो हम उनके बारे में दृढ़ता से रखते हैं। यदि आप मानते हैं, कि आपका बॉस सबसे सख्त है, तो जब भी आपको किसी न किसी कारण से उससे मिलना होगा, तो आप हमेशा घबराहट महसूस करेंगे। यदि आप धारणा बदल लें, तो आपको उसे देखना होगा, तो आपको बेहतर महसूस होगा, भले ही आपके पास डरने का कोई कारण हो। अपने बॉस को ऐसे व्यक्ति के रूप में देखना शुरू करें, जो मददगार, अधिक दयालु, बात करने में आसान हो और अच्छी बातों से उसे आपके प्रति कम डराने वाला बना सके। कल्पना कीजिए, कि आप मुस्कुरा रहे हैं और उससे विनम्र और समझदार तरीके से बात करते हुए, अद्भुत भावना महसूस कर रहे हैं। यदि आपने अपने बॉस से मिलने से पहले पर्याप्त समय तक ऐसा किया है, तो आप भी बैठक की प्रतीक्षा कर रहे होंगे।

एन एल पी का अंधेरा पक्ष

अपनी स्थापना के बाद से, एन एल पी यह तर्क देकर लोगों के अत्यधिक हमले का शिकार हो गया है, कि यह व्यवहार संशोधन का एक सत्यापन योग्य रूप नहीं है। कहावतों को समझने की कोशिश करके एन एल पी को आंशिक रूप से समझाया जा सकता है। उनमें से दो कहते हैं, "यदि आप हमेशा वही करते हैं, जो आप हमेशा करते हैं, तो आपको हमेशा वही मिलेगा, जो आपके पास हमेशा होता है और "यदि आप जो करते हैं, वह काम नहीं करता है।" एक और बात-

जहाँ अन्य प्रकार की व्यवहार थेरेपी आपको निर्देश देती है, कि क्या करना है, वहीं एन एल पी बताता है, कि यह कैसे करना है। आपने एन एल पी के माध्यम से रणनीतियाँ और दृष्टिकोण सीखे हैं, कि अपने लक्ष्यों को कैसे पूरा करें या अपनी भावनात्मक भलाई को कैसे बदलें और प्रबंधित करें।

इसलिए यह कहना पूरी तरह से भ्रामक होगा, कि जब लोग इस बारे में बात करते हैं कि एन एल पी की शर्तें कितनी अच्छी तरह काम करती हैं, तो यह काम नहीं करता है। इसके बज़ाय, एन एल पी क्या काम नहीं करता है और उत्तर में बेहद विशिष्ट होने के लिए, किसी व्यक्ति को इस पर चर्चा करनी होगी। एन एल पी की अक्सर समग्र रूप से आलोचना नहीं की जाती है, लेकिन एन एल पी से संबंधित कुछ सिद्धांतों की निंदा की जाती है, खासकर इस संदर्भ में, कि उनका उपयोग या कार्यान्वयन कैसे किया जाता है।

उदाहरण के लिए, सम्मोहन को लें। सम्मोहन चिकित्सकों का दावा है, कि सम्मोहन के लिए एन एल पी प्रशिक्षण कार्यक्रमों में सीखे गए दृष्टिकोण को गलत तरीके से प्रस्तुत किया गया है। उनका कहना है, कि सम्मोहन की कला को सिद्ध करने

में बर्षों लग जाते हैं और यह क्षमता कुछ घंटों में नहीं सीखी जा सकती। हालाँकि, एन एल पी सम्मोहन सिखाने का वादा नहीं करता है, बल्कि ऐसा करने के लिए कुछ सम्मोहन चिकित्सा तत्वों का उपयोग करके, यह व्यक्ति को अपने अचेतन मन के साथ बेहतर संवाद करने में मदद करता है।

हालाँकि एन एल पी कोई नई अवधारणा नहीं है, लेकिन ऐसा लगता है, कि इसे वह संस्थागत समर्थन नहीं मिला है, जो अन्य संबंधित विचारों को प्राप्त है। उदाहरण के लिए, संयुक्त राज्य अमेरिका में, कोई मान्यता प्राप्त औपचारिक एन एल पी एसोसिएशन नहीं हैं। ऐसी कोई आधिकारिक और पुष्टीकृत योग्यता भी नहीं है, जिसका कोई एन एल पी व्यवसायी दावा कर सके। इसने विद्वानों के प्रभाव को नहीं छोड़ा है, जो अभी भी एन एल पी के बारे में कुछ निंदा करने के लिए उत्सुक हैं। एन एल पी पर छाया डालने वाली कुछ चिंताओं में शामिल हैं:-

- जागरूकता की कमी – एन एल पी को सकारात्मक रूप में पेश करने के लिए कोई शोध नहीं किया गया है और एन एल पी अभ्यासकर्ता यह स्वीकार करने में झिझक रहे हैं, कि वे धारणा और मान्यता के मुद्दों का सामना कर रहे हैं।

- इसका पूरा नाम –प्रोग्रामिंग शब्द का उल्लेख करते समय इसका वास्तव में क्या अर्थ है? इसके बारे में कुछ अनिश्चितता है। इसलिए लोग इस धारणा की तुलना कंप्यूटर से जुड़ी किसी चीज़ से कर सकते हैं। यह सिद्धांत, एन एल पी वास्तव में भावनाओं को विनियमित करने के लिए मन और भाषा के पहलुओं पर केंद्रित है। कुछ आलोचकों का तर्क है, कि उन्हें प्रोग्रामिंग के बजाय मनोविज्ञान को बेहतर ढंग से प्रतिबिंबित करना चाहिए।

- हेरफेर के लिए उपयोग में आसान –यह तब होता है, जब व्यक्ति अपने लाभ के लिए एन एल पी रणनीतियों का दुरुपयोग करना चाहते हैं। वास्तव में, जब कुछ व्यक्तियों को पता चलता है, कि उनके आसपास के लोग एन एल पी का अभ्यास कर रहे हैं, तो वे स्वचालित रूप से बंद हो सकते हैं और संपर्क एक शानदार ठहराव पर आ जाएगा। सकारात्मक परिणामों के लिए, एन एल पी का उपयोग किया जाना चाहिए, न कि यह निगरानी करने के साधन के रूप में, कि व्यक्ति कैसे कार्य करते हैं या उनकी भावनात्मक स्थिति क्या है?

- करियर में परिवर्तन –जब आप समस्याओं को सुलझाने में अत्यधिक सफल होते हैं, तो समस्या-समाधान संगठन में क्या होता है? आप अत्यधिक उत्पादक बन जाते हैं और आपके जानने से पहले किसी के पास समाधान करने के लिए कोई समस्या नहीं बचती है, जिसके कारण आप व्यवसाय से बाहर हो जाएँगे।

वह प्रमाणीकरण जो यह साबित करता है, कि आप एक एन एल पी व्यवसायी हैं, उसे प्राप्त करना चुनौतीपूर्ण है। हालाँकि ऐसे कार्यक्रम हैं, जिन्हें आप कर सकते हैं, जो कुछ घंटों के प्रशिक्षण पाठ्यक्रम को कवर करते हैं, लेकिन वे विश्वविद्यालय की डिग्री के समान महत्त्व नहीं रखते हैं। जब कोई एन एल पी पेशेवर होता है, जो चाहता है, कि उसे गंभीरता से लिया जाए, तो यह बहुत मुश्किल हो जाता है।

कई एन एल पी चिकित्सकों ने अपने संगठनों की दुर्दशा का अनुभव किया है, क्योंकि यह लंबे समय तक टिकाऊ नहीं है। बहुत कम दोहराए जाने वाले ग्राहक मौजूद हैं।

एन एल पी सभी के लिए एक ही आकार की प्रक्रिया नहीं है। वास्तव में, यह विभिन्न तकनीकों में देखे गए, व्यवहार स्वरूप का पालन करने से प्रेरणा लेता है। इसका तात्पर्य यह है, कि एन एल पी प्रक्रिया का उपयोग करते समय वे हमेशा प्रत्येक व्यक्ति के लिए समान तरीके से कार्य करने की संभावना नहीं रखते हैं। सभी समान तरीके लागू कर सकते हैं और अलग-अलग परिणाम प्राप्त कर सकते हैं।

इसलिए, पेशेवर यह तय करते समय, कि वे भावनाओं को बदलने में कैसे मदद कर सकते हैं? वर्तमान क्षण के साथ क्या उपयुक्त है? उसे चुनते हैं और बाकी को छोड़ देते हैं। अफसोस की बात है, क्योंकि एन एल पी एक खुला विचार है, ऐसे कई व्यक्ति हैं, जिन्होंने इसे गलत तरीके से प्रस्तुत किया है और इसे कुछ ऐसा बना दिया है, जो निश्चित रूप से नहीं है। वित्तीय लाभ और व्यक्तिगत ध्यान दोनों के लिए एन एल पी को हेरफेर के प्रति संवेदनशील बना दिया गया है। यह सब एन एल पी के गैर-विनियमन के कारण है।

एन एल पी को समय के साथ इसकी प्रभावकारिता के संबंध में गलत माना गया है। कुछ व्यक्तियों ने एन एल पी को सभी के लिए एक चमत्कारिक इलाज के रूप में

देखा है, जहाँ यदि आप इसका अभ्यास करना शुरू कर दें, तो आपका पूरा जीवन मिनटों में बदल सकता है। एन एल पी वास्तव में जो करने में सक्षम है, यह उससे कोसों दूर है।

इसमें कोई संदेह नहीं, कि एन एल पी अत्यधिक प्रभावी है। हालाँकि, इसके लिए सक्रिय अभ्यास और निष्कर्षों को देखने और सत्यापित करने के लिए पर्याप्त समय की आवश्यकता होती है। एन एल पी द्वारा निपटाए जाने वाले प्रत्येक मुद्दे, जैसे कि छोटा, बड़ा या चरम, में गंभीरता की एक डिग्री जुड़ी होनी चाहिए। समस्याएँ जितनी अधिक गंभीर होंगी, एन एल पी तकनीकों के सफल होने में उतना ही अधिक समय लगेगा। जो बात विश्वास के साथ कही जा सकती है, वह यह है, कि एन एल पी वास्तव में एक सामान्य चिकित्सक की तुलना में तेज़ है।

नेता एन एल पी कौशल का उपयोग कैसे करते हैं

संस्कृति में, ऐसे नेता हैं, जो एन एल पी के उपयोग को यथासंभव सफल मानते हैं और खुले संचार की सुविधा प्रदान करते हैं। कुछ ऐसे हैं, जिनके लिए जनता को विशिष्ट तरीके से, कुशलता से काम करने के लिए एन एल पी दृष्टिकोण का उपयोग करना मुश्किल है। संयुक्त राज्य अमेरिका के राष्ट्रपति बराक ओबामा शायद सबसे प्रमुख एन एल पी तकनीकों को लागू करने वाले 'आरोपित' व्यक्ति हैं।

राष्ट्रपति बराक ओबामा

जब कोई राष्ट्रपति बराक ओबामा द्वारा दिए गए भाषण को देखता और सुनता है, तो इस बात से इनकार नहीं किया जा सकता है, कि उनमें एक उल्लेखनीय गुण है, जो किसी का भी ध्यान आकर्षित करता है और इच्छित संदेश देता है। कुछ लोगों का तर्क है, कि राष्ट्रपति बराक ओबामा एन एल पी तकनीकों का उपयोग करके, अपने दर्शकों के अवचेतन मन को सम्मोहक सुझाव देने में सक्षम हैं। उनकी शारीरिक भाषा को एन एल पी तकनीकों, विशेष रूप से हाथ से ताली बजाने जैसी धीमी और उद्देश्यपूर्ण गतिविधियों के लिए जिम्मेदार ठहराया गया है।

साजिश के सिद्धांतकारों का सुझाव है, कि राष्ट्रपति बराक ओबामा के पास कुछ प्रकार का सम्मोहक प्रभाव है, जो एन एल पी के प्रति संवेदनशील व्यक्तियों को नियंत्रित करता है। यह न केवल उसके द्वारा उपयोग किए गए शब्दों से प्रेरित है, बल्कि उसकी शारीरिक भाषा से भी प्रेरित है, जो गैर-मौखिक है। आलोचकों का कहना है, कि राष्ट्रपति बराक ओबामा के चलने का तरीका, हाथ के इशारे और उनकी आवाज़ दर्शकों को मंत्रमुग्ध करने के लिए एक सम्मोहक माहौल बनाते हैं।

इन सभी सिद्धांतों, धारणाओं और निष्कर्षों के साथ भी एक चीज़ है, जो आशावादी बनी हुई है। जब राष्ट्रपति बराक ओबामा एन एल पी को एक तकनीक के रूप में उपयोग करते हैं, क्योंकि वह लोगों के साथ संवाद करने और उनके विचारों के साथ बातचीत करने में सक्षम हैं, तो वह इसमें अच्छे हैं।

दुनिया भर की मशहूर हस्तियाँ

मनोरंजन उद्योग में कई कलाकार अक्सर मनोबल बढ़ाने के लिए अपने रोज़मर्रा के जीवन में एन एल पी रणनीतियों को अपनाते हैं। ऐसा इसलिए है, क्योंकि उन्होंने पाया है, कि एन एल पी अभ्यास का वास्तव में परिवर्तनकारी प्रभाव पड़ता है।

चेरिल कोल, जिसे अब चेरिल फर्नांडीज वर्सिनी के नाम से जाना जाता है, यहाँ उल्लिखित प्रसिद्ध व्यक्ति (सेलिब्रिटी) का पहला उदाहरण है। वह एक प्रसिद्ध ब्रिटिश गायिका हैं और एक्स-फैक्टर प्रसिद्ध रियलिटी शो की जज भी हैं। वह मानसिक अवसाद, तलाक, शारीरिक बीमारी और जीवन में सार्वजनिक अस्वीकृति से पीड़ित हुई, जिसके परिणामस्वरूप उसके आत्मसम्मान में भारी गिरावट आई।

अधिक सकारात्मक तरीके की खोज करके, वह सकारात्मक सुधार उत्पन्न करने के लिए एन एल पी रणनीतियों का उपयोग करती है, जिसने बाद में उनके आत्मविश्वास में वृद्धि में योगदान दिया है।

एक अन्य ब्रिटिश स्टार रसेल ब्रांड हास्य अभिनेता हैं। उसे एहसास हुआ कि वह अपने जीवन में अपने अवचेतन मन का उपयोग चतुराई से अपनी सफलता की संभावनाओं को बर्बाद करने के तरीके, खोजने के लिए करेगा। वह एक आत्म-तोड़फोड़ करने वाला था।

इसके अलावा, वह एक शौकीन ड्रग उपयोगकर्ता के रूप में एक रिश्ते से दूसरे रिश्ते में चला गया। वह अपनी जान बचाने का श्रेय एन एल पी को देते हैं। वह अलग-अलग एन एल पी तकनीकों का उपयोग करके खुद को एक नशेड़ी से एक फिल्म स्टार में बदलने में सक्षम हुआ और हर बार जब उसे लगता है, कि उसका जीवन मंदी की ओर जा रहा है, या जब बुरी आदतें वापस आती हैं, तो वह एन एल पी तकनीकों पर दोबारा गौर करता है, जो उसने अपनी चेतना को बदलने और अपनी भावनात्मक भलाई की देखभाल करने के लिए सीखी है।

वॉरेन बफेट, आंद्रे अगासी और जेरार्ड बटलर सहित कई अन्य बेहद सफल हस्तियों ने अपने जीवन और करियर में प्रभावशाली परिणाम देने के लिए एन एल पी का उपयोग किया है। वे प्रमाणित करते हैं कि जब उनका प्रदर्शन उनके इष्टतम स्तर से नीचे होता है, तो वे एन एल पी का उपयोग करते हैं।

अन्य मशहूर हस्तियों ने आत्म-सम्मान और आत्मविश्वास के मुद्दों से संघर्ष किया है और उन्हें इन समस्याओं को हल करने में मदद के लिए, एन एल पी रणनीतियों की आवश्यकता है। मौखिक भय, अपर्याप्तता की भावनाएँ, विफलता का डर, शर्म की भावनाएँ और बाधाओं को हल करने की आवश्यकता मुद्दों में से हो सकती है। ओपरा विन्फ्रे, सोफी डाहल, गेरी हॉलिवेल और लिली एलेन ऐसी हस्तियाँ हैं, जिन्होंने इस पर विजय पाने के लिए एन एल पी का उपयोग किया है। उन्होंने एन एल पी के उपयोग के बाद उच्च स्तर का विश्वास हासिल करने और उन भावनाओं का दोहन करने में सक्षम होने की पुष्टि की, जो उनके प्रदर्शन की गारंटी देते हैं।

वॉरेन बफेट को करीब से देखने पर, एक अरबपति की तरह सोचने के तरीके पर, एक लेख में, उन्हें और संयुक्त राज्य अमेरिका में अन्य अरबपतियों को सूचीबद्ध की गया है। चूँकि वे बाकी सभी से अलग सोचते हैं, इसलिए उन्हें अमीर और समृद्ध माना जाता है।

जाहिर तौर पर, यदि हम एन एल पी तकनीकों का उपयोग कर रहे हैं, तो यह शानदार धन का द्वार खोल सकता है। एक अभ्यास जिसे मॉडलिंग और मिररिंग कहा जाता है; तुम्हें वही करना होगा, जो वे करते हैं। यहाँ सिद्धांत यह है, कि वे वही करें, जो उन्हें असाधारण लगे। यह आपकी धारणा में नई जटिल आदतों को शीघ्रता से शामिल कर देगा। इसका मतलब होगा, पुरानी मान्यताओं को छोड़ना और नए प्रदर्शन मॉडल स्थापित करना।

एन एल पी के परिणामों को प्रदर्शित करने के लिए सामाजिक अध्ययन भी किए गए हैं। ओपरा विन्फ्रे शो में, महिलाओं को दो समूहों में विभाजित किया जाता है और प्रत्येक समूह को एक शब्द के साथ कागज का एक टुकड़ा दिया जाता है। ये शब्द एक पक्ष के लिए अशिष्टता, अधीरता और शत्रुता जैसी नकारात्मक विशेषताओं का संकेत देते हैं। दूसरे पक्ष ने धैर्य, संयम और विनम्रता जैसे सकारात्मक गुणों का सुझाव

दिया। जब महिलाओं से विचलित बॉस को अपने कागजात वापस करने के लिए कहा गया, तो असली परीक्षा शुरू हुई।

जिन लोगों के शब्द नकारात्मक थे, वे सरकार के प्रति क्रोधित और असम्मानजनक थे। हालाँकि, सकारात्मक टिप्पणियाँ वाले लोग संयम और धैर्य का प्रयोग कर सकते हैं। यह एक उदाहरण है, कि एन एल पी अवधारणाओं का उपयोग कैसे किया जाता है? जिससे हमारी भावनाएँ और कार्य हमारे द्वारा उपयोग किए जाने वाले शब्द होते हैं। इसलिए, हमें उपयोग करने और कहने के लिए अनुकूल शब्दों के बारे में सक्रिय रूप से सोचना चाहिए।

एन एल पी और सम्मोहन के बीच का अंतर

न एल पी को सम्मोहन चिकित्सा का एक रूप भी माना जाता है। यह एक विवादास्पद रुख है, विशेषकर सम्मोहन चिकित्सक के रूप में प्रशिक्षित व्यक्तियों के लिए। वे इस बात से सहमत हैं, कि बुनियादी सम्मोहन चिकित्सा और एन एल पी की अवधारणाओं से फर्क पड़ता है। यह खंड सम्मोहन चिकित्सकों के दृष्टिकोण को समझने से शुरू होता है। उनके दृष्टिकोण से, एन एल पी मन और भाषा के व्यवहार और तकनीकों के साथ व्यक्तिगत उत्कृष्टता लाने में महारत हासिल करने के बारे में है। एन एल पी तब लोगों के कार्यों पर विचार करता है और फिर वांछित परिणाम उत्पन्न करने के लिए उनके व्यवहार को प्रभावित करता है।

सम्मोहन और न्यूरो (तंत्रिका)-भाषाई प्रोग्रामिंग अवधारणाएँ

एन एल पी और सम्मोहन के बीच अंतर को समझने में पहले कदम के लिए दोनों शब्दों की उचित परिभाषा की आवश्यकता है और निम्नलिखित दिए गए हैं:

* सम्मोहन एक प्रक्रिया के रूप में चेतना की एक परिवर्तित अवस्था को प्रेरित करता है, जहाँ अचेतन मन परिवर्तन के अनुकूल होने के लिए अधिक खुला और सुलभ होता है। सम्मोहन चिकित्सा एक मनोवैज्ञानिक तकनीक है, जो सम्मोहन का उपयोग करती है, जबकि मनोरंजनकर्ताओं ने सम्मोहन का दुरुपयोग किया है, एक सम्मोहन चिकित्सक सम्मोहन का उपयोग उचित तरीके से करेगा, इसका उपयोग लोगों की अजीब आदतों को प्रदर्शित करने के लिए करेगा, जिससे विषय को यथासंभव प्रक्रिया

की निगरानी करने के लिए अपनी सहमति देने के लिए प्रोत्साहित किया जा सके।

इसका तात्पर्य यह है, कि विषयों को ऐसा कुछ करने के लिए प्रोत्साहित नहीं किया जाता है, जो वे नहीं करना चाहते हैं।

- एन एल पी सीखने की तकनीकों का एक उत्कृष्ट संग्रह है, जो शक्तिशाली शब्दों का उपयोग करके न्यूरो लॉजिकल (स्नायु-विज्ञान विषयक) स्तर पर सुधार लाता है। प्रकृति में, यह परिवर्तनकारी है और लोगों को अपने जीवन में बदलाव लाने के लिए प्रेरित करता है।

व्यवसाय में पेश किए जाने पर, यह संचार बढ़ाने, बिक्री बढ़ाने और कर्मचारियों के बीच संबंध बढ़ाने में मदद कर सकता है। रोगविषयक (क्लिनिकल) अर्थ में एन एल पी पर विचार करते समय, सम्मोहन के उचित उपयोग के साथ समानता होती है।

उद्योग में, जब वे काम करते हैं, तो बिक्री और ग्राहक देखभाल से जुड़े व्यक्ति ही एन एल पी तकनीक को लागू करने की अत्यधिक संभावना रखते हैं।

विवाद समाधान से जुड़े व्यवसायों में काम करने वाले लोगों के लिए आवेदन करने के लिए एन एल पी भी एक अनुकरणीय दृष्टिकोण है और प्रभावशीलता पर आधारित है। एन एल पी के साथ सम्मोहन चिकित्सकों की समस्या यह है, कि चिकित्सा और विज्ञान में इसकी वैधता बहुत कम है, जबकि सम्मोहन चिकित्सा या सम्मोहन की है।

एन एल पी के पास बड़ी मात्रा में अनुभवात्मक डेटा है, जो इसकी प्रभावकारिता की पुष्टि करता है, जबकि सम्मोहन के लिए सबूत अधिक वैज्ञानिक हैं।

एन एल पी बनाम सम्मोहन

एन एल पी का अंतिम उद्देश्य भावनाओं और कार्यों पर आपकी शक्ति को पुनर्निर्धारित करना है। यहीं पर एन एल पी और सम्मोहन के बीच एक और अंतर स्पष्ट हो जाता है। किसी को समाधि-जैसी स्थिति में मदद करने के लिए, सम्मोहन तकनीकों और उपकरणों के एक विशेष संग्रह का उपयोग करना है। इसका उद्देश्य अचेतन मन तक पहुँचना और उन भावनाओं का पता लगाना है, जिनमें वे निहित हैं। यहाँ उद्देश्य केवल समझना है, न कि इन भावनाओं को दोबारा प्रोग्राम करना।

एन एल पी के साथ कोई आवश्यक औपचारिक प्रेरण या प्रक्रिया का पालन नहीं किया जाता है। हालाँकि, यह सम्मोहन के समान है, क्योंकि यह व्यक्ति को अचेतन मन तक भी पहुँचने की अनुमति देता है। एन एल पी और सम्मोहन को एक-दूसरे के साथ भ्रमित करने के बज़ाय, किसी व्यक्ति की किसी भी चिंता को समझाने में मदद के लिए, उनका एक साथ उपयोग किया जाना चाहिए। सम्मोहन के साथ एन एल पी का उपयोग करने से व्यक्ति अपने अचेतन मन की गहराई तक अधिक प्रभावी ढंग से पहुँचने में सक्षम हो जाता है।

किसी समस्या के मूल कारण का पता लगाने और उस पर ध्यान केंद्रित करने का प्रयास करते समय, यह बहुत फायदेमंद होता है। सम्मोहन किसी व्यक्ति के लिए आराम की स्थिति तक पहुँचना आसान बनाता है, जहाँ एन एल पी तकनीकों को अधिक प्रभावी ढंग से लागू करना संभव होता है। अनेक समस्याओं से निपटने का प्रयास करते समय, सम्मोहन और एन एल पी का एक साथ उपयोग करना उत्कृष्ट होता है। जब लंबे समय से चले आ रहे, फ़ोबिया (भय) को तुरंत हल किया जा सकता है, तो उतार-चढ़ाव वाले वज़न घटाने से निपटें, काम टालने की ज़रूरत को दूर करें और यहाँ तक कि धूम्रपान से भी बचें। एन एल पी और सम्मोहन चिकित्सा के साथ, अवसाद, आत्मविश्वास और आत्मसम्मान से निपटने जैसी मनोवैज्ञानिक चुनौतियाँ फायदेमंद हो सकती हैं।

जब कोई सम्मोहन और एन एल पी दोनों का उपयोग करता है, तो उनकी आंतरिक कल्पना, भावनाओं और कार्यों में परिवर्तन होता है। यह कहने के लिए कि यदि कोई प्रभाव पड़ा है, तो व्यक्ति को बस किसी व्यक्ति की भावनाओं या व्यवहार में परिवर्तन का निर्धारण करना होगा। एन एल पी इसे बहुत तेज़ी से करना संभव बनाता है और सम्मोहन पहलू को शामिल करने से पता चलता है, कि इसे गहरे अचेतन स्तर पर हासिल किया जा सकता है।

प्रक्रियाओं में मदद करते समय, एक अभ्यासकर्ता जो भूमिका निभाता है, उसमें एन एल पी और सम्मोहन भी भिन्न होते हैं। एक एन एल पी व्यवसायी अपने जीवन के किसी भी क्षेत्र में किसी व्यक्ति का समर्थन करने के लिए, तकनीकों का उपयोग कर सकता है, जबकि सम्मोहनकर्ता के साथ ऐसा नहीं है। एन एल पी व्यक्तिपरक धारणा

और संबंधित भावनाओं पर ध्यान केंद्रित करता है, जबकि सम्मोहन इस बारे में है, कि कोई व्यक्ति उत्तेजनाओं पर कैसे प्रतिक्रिया करता है, जब वह ट्रान्स (समाधि) जैसी मानसिक स्थिति में होता है।

एन एल पी और सम्मोहन दोनों में भाषा पैटर्न होते हैं, जिनका उपयोग व्यक्तियों से एक विशिष्ट प्रतिक्रिया उत्पन्न करने के लिए उपकरणों में जोड़तोड़ करने के लिए किया जाता है। एन एल पी अभ्यासकर्ता जानबूझकर और अनजाने दोनों तरह से व्यक्तियों को प्रभावित कर सकते हैं। अनजाने में प्रभाव डालने की क्षमता ही, वह कारण हो सकती है, जिसके कारण सम्मोहनकर्ता हमेशा उनसे मिले-जुले रहते हैं। सम्मोहन से अंतर यह है, कि इसमें चेतना की कमी होती है, जिससे सम्मोहन संपर्क के आकस्मिक होने की संभावना बढ़ जाती है। एन एल पी हमारे कार्यों को बदलने और हमारे जीवन के हर पहलू को प्रभावित करने में सक्षम है, हालाँकि आप सम्मोहन के साथ एक समय में केवल एक ही समस्या से निपटने में सक्षम हैं।

वास्तव में, कोई यह अनुमान लगा सकता है, कि एन एल पी उन उपकरणों और तकनीकों का उपयोग करता है, जिनका उपयोग सम्मोहन में प्रेरित करने के लिए किया जा सकता है। उदाहरण के लिए, फोबिया (भय) का इलाज एक विशिष्ट मॉडल के उपयोग के कारण एन एल पी का एक उत्पाद है। सम्मोहन संचार का एक तरीका है, जहाँ संचार द्वारा प्रगति को सुगम बनाया जा सकता है।

विचारशील न्यूरो (तंत्रिका)-भाषाई प्रोग्रामिंग

एन एल पी में ऐसी तकनीकें हैं, जो विश्व स्तर पर लोकप्रिय और सफल हो गई हैं और यदि आप उन्हें सीखते हैं और उनका सही तरीके से उपयोग करते हैं, तो यह आपको उन जंजीरों से मुक्त कर देगी, जो इस समय आपको बांध रही हैं। एन एल पी एक वास्तविक विषय है, जिसमें आमने-सामने संपर्क और कौशल का अभ्यास शामिल है। निश्चित रूप से, इन पृष्ठों या उपलब्ध कई पुस्तकों को पढ़कर, आप इसके बारे में अपना ज्ञान बढ़ा सकते हैं, लेकिन यदि आप अपने लिए कौशल विकसित करना चाहते हैं, तो क्या आप एन एल पी चिकित्सकों के पाठ्यक्रम में आमने-सामने भाग लेना चाहेंगे? कृपया आप जो भी करना चाहते हैं, उसे पढ़ें। इस महत्त्वपूर्ण

पुस्तक में आपकी ओर से काफी मदद और प्रोत्साहन शामिल है। विवेकशील एन एल पी, जिसे संवादी सम्मोहन के रूप में भी जाना जाता है, दूसरों को सम्मोहित कर सकता है और उनके अचेतन मन से संवाद कर सकता है, बिना उन्हें पता चले, कि उन्हें सम्मोहित किया गया है। डिस्क्रीट (विवेकशील) एन एल पी एक उल्लेखनीय उपकरण है, जो आपको दूसरों को अपनी ओर आकर्षित करने और उन्हें आपका अनुसरण करने और आपको खुश करने के लिए प्रेरित करने में सक्षम बनाता है।

आप गुप्त रूप से डिस्क्रीट (विवेकशील) एन एल पी के साथ लोगों को आपसे खरीदारी करने के लिए प्रेरित कर सकते हैं, उन्हें आपके लिए काम करने के लिए राजी कर सकते हैं और बातचीत की कमान संभाल सकते हैं। यह एक अविश्वसनीय उपकरण है, जो रोज़मर्रा की साधारण बातचीत में, आपका जीवन बदल सकता है। आप शब्दावली और विशिष्ट शारीरिक भाषा के सावधानीपूर्वक उपयोग के साथ महत्त्वपूर्ण चेतन मन से गुजरते हुए विषय के अचेतन मन तक पहुँच सकते हैं और यह नाटकीय रूप से उनके कार्यों को प्रभावित कर सकता है। चूँकि विषय सम्मोहन से प्रभावित होने से अनभिज्ञ है, उनका मानना है, कि वे स्वयं इस अवधारणा के साथ आए हैं। विवेकशील एन एल पी आपको विचारों को रोपने, विषयों को सम्मोहित करने और अपने अवचेतन मन के साथ बातचीत करने का रहस्य देता है। एक बार जब आप उनके अवचेतन मन में प्रवेश कर जाते हैं, तो आप सुझाव दे सकते हैं और बातचीत के जरिए उनकी सोच और विश्वास को प्रभावित कर सकते हैं। आप जो कहेंगे, उससे लोग मंत्रमुग्ध हो जाएँगे और चुंबक की तरह आपकी ओर खिंचे चले आएँगे।

उनके जाने बिना, आप किसी पर सुझाव की शक्ति का उपयोग कर सकते हैं और वे मान लेंगे, कि यह उनकी प्रेरणा थी। आप अपनी आवाज़ के स्वर और शारीरिक भाषा को संशोधित करके किसी को भी सुझाव दे सकते हैं और वे वही करेंगे, जो आप उनसे कराना चाहते हैं (जब तक कि यह उनकी नैतिकता या नैतिकता के खिलाफ नहीं जाता है)। तीन असाधारण विषयों का सामूहिक रूप से उपयोग करने में एन एल पी शक्तिशाली है। प्रत्येक अपने आप में बहुत प्रभावी है, लेकिन जब आप तीनों को डिस्क्रीट एन एल पी में मिला देंगे, तो परिणाम आपको आश्चर्यचकित

कर देंगे। सम्मोहन, एन एल पी, न्यूरो (तंत्रिका)लॉजिकल भाषाई प्रोग्रामिंग और मानसिकतावाद तीन क्षेत्र हैं। सम्मोहन लोगों को सम्मोहित करने और उनके व्यवहार, राय या विचारों को बदलने के लिए उनके अचेतन मस्तिष्क के साथ बातचीत करने की शक्ति है। न्यूरो (तंत्रिका)लॉजिकल भाषाई प्रोग्रामिंग संचार या प्रवचन की कला है। एन एल पी आपको सिखाता है, कि लोगों के साथ सकारात्मक संबंध कैसे बनाएँ? और फिर उन्हें अपने लिए कैसे तैयार करें? मानसिकता आपको दिखाती है, कि झूठी सच्चाइयों को कैसे सामने लाया जाए? वे गलत धारणाएँ, लोगों को आपके द्वारा बताई गई हर बात पर विश्वास करने पर मजबूर कर देंगी। जब आप इन तीन विषयों को डिस्क्रीट (विवेकशील) एन एल पी के रूप में सीखते हैं और क्रियान्वित करते हैं, तो आपके भीतर न केवल अपने जीवन को, बल्कि अपने आसपास के लोगों के जीवन को भी बदलने की क्षमता होती है। एक बार जब आप उनके अवचेतन मन से संवाद कर लेते हैं, तो आप सुझाव की शक्ति का उपयोग, उनके जीवन को बेहतर बनाने के लिए कर सकते हैं, लेकिन आप इसका उपयोग अपने जीवन को बेहतर बनाने के लिए भी कर सकते हैं। जाहिर तौर पर, सामान्य बातचीत तेजी से प्रेरण (किसी को ट्रान्स अवस्था में डालना) उत्पन्न कर सकती है। फिर आप उस बातचीत के दौरान सुझाव दे सकते हैं और उनके अवचेतन मन में विचार डाल सकते हैं। आपको अलग तरह से कार्य करना चाहिए। विवेकशील एन एल पी सम्मोहन का ही एक प्रकार है। यह एक अभ्यास है, जो आपको अपने जीवन की पूरी शक्ति का लाभ देता है, ताकि आप भव्यता प्राप्त कर सकें। डिस्क्रीट (विवेकशील) एन एल पी में महारत हासिल करने के लिए, आपको किसी भी तरह से जादूगर, रहस्यवादी या प्रतिभाशाली होना जरूरी नहीं है। एक बार जब आप दूसरों को विवेकपूर्वक सम्मोहित करने में उत्कृष्टता प्राप्त करने के लिए आवश्यक कौशल में महारत हासिल कर लेते हैं, तो आप न केवल अपने लिए, बल्कि अपने प्रियजनों के लिए भी जीवन में वह सब कुछ हासिल करने की राह पर हैं, जो आप चाहते हैं या जिसकी आपको आवश्यकता है।

चेतन मन

सम्मोहन हमारे चारों ओर है। इसमें से बहुत कुछ छिपा हुआ या गुप्त है। हम सम्मोहन को मंच सम्मोहन के रूप में भी सोचते हैं, जो केवल तभी होता है, जब

हम किसी शो में जाते हैं। फिर भी, सम्मोहन केवल चेतन मन का ध्यान भटकाना है, ताकि अचेतन मन काम करे। ट्रान्स (समाधि) अवस्था का यही अर्थ है। हो सकता है, कि आप फ्रीवे (खुला रास्ता) पर गाड़ी चला रहे हों और अचानक आपको एहसास हो, कि आप दो निकास द्वारों से गुज़र रहे हैं, जहाँ आप उतरना चाहते थे या आप बाहर भाग रहे हैं, और दीवार को तोड़ते हुए उस धावक की ऊँचाई तक पहुँच रहे हैं। आप उस बिंदु पर पहुँच जाते हैं, जहाँ आपको सचेत रूप से पता नहीं चलता, कि क्या हो रहा है। आप उस क्षण के लिए अपने दिमाग़ से बाहर हो जाते हैं, जब आपको पता चलता है, कि आप कितना आनंद ले रहे हैं। गेम खेलने वाला बच्चा ख़ुद को गेम खेलते हुए नहीं देख रहा है। जो संगीतकार प्रतिदिन 8 घंटे अभ्यास कर रहा है, वह इसे एक घरेलू काम के रूप में नहीं देखता है, बल्कि वे इसे एक आनंददायक गतिविधि के रूप में देखते हैं, जहाँ वे खो जाते हैं।

सम्मोहन का रहस्य

यह सम्मोहन का रहस्य है, विषय को एक आनंददायक स्थिति में लाना, जहाँ कुछ हासिल किया जा सके और उद्देश्य ट्रान्स (समाधि) अवस्था की सफलता का रहस्य और प्रयुक्त सम्मोहन का रूप दोनों है। संवादी सम्मोहन और विवेकशील एन एल पी के बारे में बहुत चर्चा है। जो चीज़ सम्मोहन को विवेकशील बनाती है, वह है विचारशील शब्द, छिपा हुआ स्पष्ट अर्थ। सम्मोहित करने वाले की तकनीकें छिपी होती हैं।

इसलिए सम्मोहनकर्ता विषय के बारे में जागरूक हुए बिना, ट्रान्स (समाधि) की स्थिति लाने के लिए कृत्रिम निद्रावस्था की तकनीकों का उपयोग करता है। वह मन पर नियंत्रण का आकर्षण है, यह किसी दूसरे को नियंत्रित करके, उनसे वह काम करवाने की इच्छा है, जो वे चाहते हैं। इससे पहले कि हम किसी नैतिक निष्कर्ष पर पहुँचें, हमें यह समझना चाहिए, कि हर कोई हर दिन, हर समय विवेकशील एन एल पी का उपयोग करता है।

दैनिक सम्मोहन

निश्चित रूप से, आप एक ऐसे पुरुष के बारे में सोच सकते हैं, जो एक महिला को प्रलोभित करता है, उसे विवेकशील एन एल पी के रूप में देखा जा सकता है और

निश्चित रूप से बहुत सारी किताबें, डीवीडी और पाठ्यक्रम हैं और यह आपके लिए नैतिक रूप से निंदनीय हो सकता है। लेकिन एक महिला के साथ छेड़खानी के बारे में वह विवेकशील एन एल पी क्या है? क्या "खेल" इत्र, लिपस्टिक और सुस्त चाल का उपयोग करने का हिस्सा नहीं है? यही कारण है, कि कट्टरपंथी इस तरह के व्यवहार पर प्रतिबंध लगाना चाहते हैं, क्योंकि यह काम करता है। जुनूनी लोगों की समस्या उनके मन पर नियंत्रण की समस्या का हिस्सा है। वे आप पर भी कब्ज़ा करना चाहते हैं। एक बेहतर समाधान यह है, कि मन को नियंत्रित करने में उपयोग की जाने वाली तकनीकों से अवगत रहें। आप इस बात पर नियंत्रण रखेंगे, कि आपका दिमाग़ कैसे काम कर रहा है, आप कितने विचलित हैं, इसके प्रति सचेत रहेंगे।

विचारशील एन एल पी-दोस्तों को कैसे खोएँ और व्यक्तियों को अलग-थलग कैसे करें?

रोज़मर्रा की स्थितियों में सम्मोहन का उपयोग आमतौर पर संवादात्मक सम्मोहन कहा जाता है और कभी-कभी विवेकशील एन एल पी। यह विवेकपूर्ण हो सकता है, क्योंकि आप नहीं चाहते, कि लोगों को पता चले, कि आप उनके लिए कुछ कर रहे हैं या केवल इसलिए कि उन्हें प्रकट करने से बातचीत में कुछ भी शामिल नहीं होगा। एन एल पी और सम्मोहन का आपस में गहरा संबंध है। मन कैसे काम करता है, इसके लिए एक सामान्य अवधारणा यह है, कि आपके मन के कुछ हिस्से चेतन और अचेतन हैं। चेतन हिस्सा नैतिक और तार्किक है, जो आपके दिमाग़ का वह हिस्सा है, जिसमें आप सोचते हैं। आपका अचेतन मन वह हिस्सा है, जहाँ आपकी यादें और भावनाएँ संसाधित होती हैं। इसमें माँसपेशियों की गतिविधियों और स्वचालित कार्यों पर भी शक्ति है, जो हम सभी के पास हैं, जैसे कि पूरे शरीर में रक्त पंप करना, दिनचर्या और स्वचालित व्यवहार भागों को बनाए रखना। यदि आप अपने चेतन मन की विवेकशील और तार्किक सोच क्षमताओं को दरकिनार करते हुए, अपने अचेतन मन को स्पष्ट सिफारिशें दे सकते हैं, तो आप पुरुषों पर जबरदस्त शक्ति प्राप्त कर सकते हैं। सीमाएँ स्पष्ट हैं। आपका अचेतन मन आत्म-संरक्षण के लिए तैयार है और उदाहरण के लिए, साँस रोकना आदेशों का पालन नहीं करता है, लेकिन क्या होगा,

यदि आप किसी विशेष उत्पाद के बारे में उत्साहित होने के लिए सुझाव दे सकें या विशिष्ट लोगों के प्रति आकर्षित महसूस कर सकें या किसी विशेष तरीके से चुनाव में मतदान भी कर सकें?

किसी संदेह करने वाले मतदाता को किसी विशिष्ट पार्टी के लिए वोट देने के लिए राजी करना, किसी ऐसे व्यक्ति की तुलना में आसान होगा, जिसने अपना पूरा जीवन किसी विरोधी समूह को वोट देने में बिताया हो। किसी ऐसे व्यक्ति को बताने की तुलना में, जो पहले से ही आपको आकर्षक मानता है, किसी भिन्न यौन रुझान वाले व्यक्ति को, अपने प्यार में पड़ना कहीं अधिक कठिन है। हालाँकि यह लगातार कम सफल होता जा रहा है, जितना अधिक विवेकशील और जितना अधिक आप दूसरों के खिलाफ जाने वाले हैं, विवेकशील एन एल पी का उपयोग करके, लोगों को काफ़ी दूर तक धकेलना संभव है। एक अच्छा एन एल पी चिकित्सक कोर्स आपको सभी में प्रशिक्षित करेगा।

जिन रणनीतियों का आपको उपयोग करने में सक्षम होना चाहिए। हालाँकि, तर्क यह है, कि यद्यपि आप मनुष्य के जागरूक, तार्किक, विचारशील दिमाग़ को दरकिनार कर सकते हैं, लेकिन आप इससे पूरी तरह छुटकारा नहीं पा सकते हैं। इसका मतलब है, कि उन्हें याद रहेगा, कि आपने किसी समय उनके साथ क्या किया है? वे शायद नहीं, जानते कि कैसे, लेकिन वे कैसा महसूस करते हैं? इसके कारण आपके प्रति नाराज़गी पैदा होने की संभावना है। मान लीजिए, कि आप सामान को गलत तरीके से बेचने के लिए डिस्क्रीट एन एल पी का उपयोग करते हैं। प्रारंभ में, आपके ग्राहक खुश हो सकते हैं, क्योंकि वह सम्मोहन की स्थिति थी, जिसे आपने उनमें प्रेरित किया था, लेकिन जब वे इससे बाहर आएँगे, तो वे संभवतः ठगा हुआ, चालाकी भरा और कुछ ऐसा खरीदने के लिए मजबूर महसूस करेंगे, जो वे नहीं चाहते हैं। इसका शुद्ध परिणाम वापसी, शिकायतें और भारी प्रतिष्ठा हानि है। सही ढंग से उपयोग किए जाने पर, डिस्क्रीट एन एल पी तकनीकें लोगों तक पहुँच बनाएँगी और उनकी गहरी इच्छाओं और प्रेरणाओं को पूरा करना शुरू कर देंगी। यदि मैं बिक्री का उदाहरण लेता हूँ, जब मुझे किसी उत्पाद की आवश्यकता वाले ग्राहक मिलते हैं, अगर मैं गहन मनोवैज्ञानिक स्तर पर उनकी जरूरतों को पूरा करने के लिए उत्पाद को जोड़ने

का एक तरीका ढूँढ सकता हूँ, तो वे बिक्री, उत्पाद और इसके बारे में बहुत अच्छा महसूस करेंगे। शुद्ध परिणाम ग्राहकों को प्रसन्न करता है और प्रतिष्ठा वृद्धि करता है।

मुझे लगता है, कि आप अपने लिए कुछ बेहतरीन अनुप्रयोगों के बारे में सोचना शुरू कर सकते हैं, जैसे प्रस्तुतकर्ता अपना करिश्मा बढ़ा सकते हैं, दोस्तों से मिलने के लिए मौज-मस्ती और आनंद को जोड़ सकते हैं या काम पर अपने कर्मचारियों को संतुष्ट कर सकते हैं। लोगों के मूल मूल्यों को उन चीज़ों से जोड़ना सीखना, जो आप उनसे कराना चाहते हैं, डिस्क्रीट एन एल पी का एक महत्त्वपूर्ण हिस्सा है और यह बहुत मज़बूत है।

यदि आप उन चीज़ों के साथ ऐसा करते हैं, जो उनके लिए सही नहीं हैं, तो वे ठगा हुआ महसूस करेंगे। यदि आप इसे इस तरह से करते हैं, कि उन्हें वहाँ ले जाएँ, जहाँ वे जाना चाहते हैं, तो आप जीवन साथी बनाने जा रहे हैं। एन एल पी अभ्यासकर्ताओं के लिए एक अच्छे पाठ्यक्रम में यह प्रदर्शित होना चाहिए, कि आप गुप्त एन एल पी का उपयोग लोगों से वह करवाने के लिए कर सकते हैं, जो आप चाहते हैं और इसके लिए वे आपको धन्यवाद दे सकते हैं, ताकि उन्हें भी वही मिले, जो वे चाहते हैं।

लोग आप पर एन एल पी का उपयोग कैसे कर रहे हैं?

संचार एक ऐसा कार्यक्रम है, जिसके द्वारा एक व्यक्ति अशाब्दिक संकेतों का उपयोग करके, अस्पष्ट संकेतों के साथ-साथ संकेत भी प्रदान करता है। उदाहरण के लिए, यदि कोई पुरुष अपनी पत्नी से पूछता है, कि क्या वह वास्तव में ठीक है और वह कराहते हुए और कंधे उचकाते हुए हाँ में उत्तर देती है, तो यह स्पष्ट रूप से दर्शाता है, कि वह ठीक नहीं है, लेकिन उसका बोला हुआ उत्तर वास्तव में पूर्ण है। क्या आपका साथी आपके जीवन जीने के तरीके के बारे में बेतुकी अपेक्षाएँ माँगता है? यदि आपको असंभव समय की बाधाओं का पालन करने के लिए मजबूर किया जाता है, खाने के समय और शौचालय ब्रेक को नियंत्रित किया जाता है, या शायद आपकी साथियों या धन तक पहुँच नहीं है, तो उस समय, यह मस्तिष्क नियंत्रण है और संभवतः एन एल पी प्रथाओं का दुरुपयोग माना जा सकता है।

इस व्यवहार से लड़ने के लिए, इस विशेष परिस्थिति में, अपने प्रियजनों की सहायता को स्वीकार करें, क्योंकि जब यह इस बिंदु तक पहुँच जाता है, तो आप

संभवतः कम आत्मविश्वास से थक चुके होंगे। एन एल पी ऐसी चीज़ नहीं है, जो लगातार स्पष्ट होती रहे। जो कोई भी एन एल पी का उपयोग कर रहा है, वह संभवतः एक विशेषज्ञ है, जिसने नियमित रूप से इस पद्धति का अभ्यास किया है। कई चेतावनी संकेतों में शामिल हो सकते हैं, कि आप पर विशेष ध्यान दिया जा रहा है, ऐसा महसूस हो रहा है, कि आपको अपने आदर्श साथी का एहसास हो गया है, या शायद यह कि जिस व्यक्ति से आप अपेक्षाकृत हाल ही में मिले हैं, वह आपके लिए त्रुटिहीन रूप से समन्वित है। ऐसे व्यक्ति की तलाश करें, जो आपके गैर-मौखिक पत्राचार को प्रतिबिंबित करता रहता है या अस्पष्ट अभिव्यक्तियों का भी उपयोग करता है। हो सकता है, कि वे बहुत अच्छे संकेत न दें।

यदि आप किसी ऐसे व्यक्ति से बात कर रहे हैं, जो एन एल पी विशेषज्ञ है और वे आपके जैसी ही स्थिति में आराम कर रहे हैं या शायद वास्तव में आप जैसे ही उनके हाथों को पकड़ रहे हैं, तो जानबूझकर हिलाकर उनका मूल्यांकन करें या यहाँ तक कि एक विशिष्ट तरीके से बात करना और फिर जाँचना, कि क्या वे एक तुलनीय विचार को निष्पादित कर सकते हैं। कुशल एन एल पी विशेषज्ञों के पास इस व्यवहार पर पर्दा डालने की दूसरों की तुलना में अधिक उल्लेखनीय क्षमता होगी। फिर भी, कई लोग आपके द्वारा शुरू किए गए व्यवहार की तेजी से नकल करेंगे।

अनुकूलता स्वीकृति के अंतर्निहित चरणों में, एक एन एल पी ग्राहक आपकी आँखों को उचित चिंता दे सकता है। आप इस पर विश्वास कर सकते हैं, क्योंकि आप जो कह रहे हैं, उससे वे गंभीर रूप से प्रेरित हैं। बल्कि वे आपके डेटा को संग्रहित करने और उस तक पहुँचने के तरीके को समझने के लिए आपकी आँखों के विकास को देख रहे हैं।

तुरंत, वे यह सुनिश्चित करने में सक्षम होंगे, कि आप कब झूठ बोल रहे हैं या शायद जानबूझकर कार्य कर रहे हैं। वे यह भी निर्धारित करने में सक्षम होंगे, कि बोलते समय आप अपने मस्तिष्क के किन पहलुओं का उपयोग कर रहे हैं। ये लोग आपको क्या करते हुए देखते हैं और आपके दृष्टिकोण से सीखते हैं और ऐसा लग सकता है, कि उन्हें इस बारे में गहरी जानकारी है, कि आप कैसे सोचते हैं और आप क्या सोच रहे हैं? इसके लिए एक बुद्धिमान हैकर आपकी आँखों को बेतरतीब ढंग से चकमा दे

रहा है - दाईं ओर कूदें, विभिन्न अन्य पक्षों पर वापस जाएँ, अगल-बगल, ऊपर-नीचे। इसे नियमित करें; हालाँकि, इसे मनमाने ढंग से करें। इससे एन एल पी को फायदा हो सकता है, क्योंकि आप उन्हें उनके शोध से विचलित कर देंगे।

मान लीजिए कि आप किसी एन एल पी विशेषज्ञ की कंपनी में हैं और आप अत्यधिक मानसिक स्थिति में पहुँच जाते हैं - हो सकता है, कि आप जोर से हँसना शुरू कर दें या क्रोधित हो जाएँ या शायद ऐसा ही कुछ हो और जिस व्यक्ति से आप बात कर रहे हैं, जब आप इस विशेष शैली में कार्य कर रहे होते हैं, तो उनका आप पर प्रभाव पड़ता है। वे आपकी बाँह को छू सकते हैं या कंधे पर हल्के से थपकी भी दे सकते हैं। ऐसा करने से, एन एल पी विशेषज्ञ के पास आपको एक बार फिर से उसी शैली में छूकर उस स्थिति में वापस लाने का एक तरीका होता है,पर जब आवश्यकता होती है।

एन एल पी विशेषज्ञ जिन महत्त्वपूर्ण तरीकों का उपयोग करते हैं, उनमें से एक वास्तव में एक भ्रम उत्पन्न करने के लिए संदिग्ध भाषा है। यह पता चला है, कि भाषा जितनी अधिक संदिग्ध होती है, उतनी ही अधिक यह लोगों को अचेतन अवस्था में ले जाती है, क्योंकि किसी व्यक्ति के साथ वास्तव में मतभेद होने या शायद उस पर प्रतिक्रिया करने की संभावना बहुत कम होती है। दूसरी ओर, स्पष्ट भाषा व्यक्ति को स्तब्धता से दूर कर देती है। सुनिश्चित करें, कि आप भाषा को नियंत्रित करने के प्रति भी सचेत रहें। "आराम करने के लिए इंतजार मत करो।" "वास्तव में, यदि आप चाहें तो इस विशेष वाहन का परीक्षण करने की कोई कीमत नहीं है।" "आप इसका मूल्य लगभग वैसा ही समझने में सक्षम हैं, जैसा आप कल्पना करने में सक्षम हैं।" इन वाक्यों पर ध्यान दें।

समाधि प्रेरक के ये उदाहरण- किसी को कुछ हासिल करने के लिए, जैसे कि बेहोश हो जाना, संभवतः सबसे उत्कृष्ट रणनीति है जो वास्तव में उन्हें ऐसा करने के लिए अधिकृत करना है, जबकि उन्हें ऐसा करने के लिए नहीं कहा जा रहा है। इन पंक्तियों के साथ, कुशल सम्मोहन चिकित्सक कभी भी किसी को कुछ हासिल करने का संकेत नहीं देंगे। वे ऐसी बातें कहने जा रहे हैं, "जितना आप कल्पना कर सकते हैं, उतना आरामदायक होने की ओर बढ़ने के लिए इंतजार न करें।"

वाक्यांश जैसे कि "जैसे-जैसे आप इस प्रवृत्ति को और अधिक विकसित करते हैं, आप अपनी समृद्धि के ऑडियो के साथ एक मौजूदा योजना में तेज़ी से बढ़ने लगते हैं।" इस प्रकार की बकवास, वास्तव में एन एल पी की गति-और-ड्राइविंग धारणाओं के लिए रोटी और मक्खन का नास्ता है; ट्रान्स इंड्यूसर (समाधि प्रेरक) वास्तव में कुछ भी नहीं कह रहा है, वे बस आपकी प्रेरणा को प्रोग्राम करने और आपको उस ओर ले जाने का प्रयास कर रहे हैं, जहाँ उन्हें जाने की आवश्यकता है।

लगातार कहें, "क्या आप यह स्पष्ट करने की स्थिति में होंगे, कि आपका क्या मतलब है?" इससे दो चीज़ें हासिल होती हैं:- यह इस पूरी प्रक्रिया में हस्तक्षेप करता है और यह बातचीत को स्पष्ट भाषा में ले जाता है, जिससे अस्पष्ट भाषा का स्तब्धकारी उपयोग टूट जाता है।

एन एल पी मे लोग स्तरित या स्पष्टता वाली भाषा का उपयोग करने जा रहे हैं। उदाहरण के लिए, "आहार, स्वस्थ जीवन और अपने आप को मेरे प्रति समर्पित करना वास्तव में संभवतः सबसे महत्त्वपूर्ण शर्तें हैं, क्या आप ऐसा नहीं कहेंगे?" सतही तौर पर, यदि आपने इस वाक्य को तेज़ी से बोला गया देखा, तो यह एक निर्विवाद अभिव्यक्ति प्रतीत होगी, जिससे आप संभवतः बिना सोचे-समझे सहमत हो जाएँगे।

वास्तव में, स्वस्थ जीवन और आहार वास्तव में गंभीर स्थितियाँ हैं, इसमें कोई संदेह नहीं है। किसी भी दर पर, स्तरित संदेश क्या है? "आहार, स्वस्थ जीवन और अपने आप को मेरे प्रति समर्पित होना, वास्तव में संभवतः सबसे महत्त्वपूर्ण शर्तें हैं, क्या आप ऐसा नहीं कहेंगे?" यह उचित है और यह भी कि आपने अनजाने में ही इस पर सहमति दे दी है। कुशल एन एल पी विशेषज्ञ इस विशेष प्रकार के मुद्दे को लेकर साहसी हो सकते हैं।

एन एल पी में लोगों के दिवास्वप्न देखने के बारे में विशेष रूप से सतर्क रहें - यह इन लोगों के लिए एक अनजान ट्रिगर के साथ आगे बढ़ने के लिए एक प्रोत्साहन है। यहाँ एक उदाहरण दिया गया है:- एक एन एल पी क्लाइंट (ग्राहक) जो अपने ब्लॉग के लिए लिखने में बिना किसी कीमत पर आपकी सहायता करने का प्रयास कर रहा था, उसने ध्यान दिया, कि आप प्रोजेक्ट में अधिक श्रम नहीं कर रहे थे।

इसके बाद उन्होंने अपने शब्दों में गुप्त अर्थ जोड़ने की तकनीक का उपयोग करना शुरू कर दिया, कि वह कभी भी कुछ भी खरीदना नहीं चाहते, क्योंकि सूचना ऊर्जा स्रोत उन्हें मुफ्त में संग्रह और प्रकाशन भेजते हैं।

यदि आपको किसी चीज़ पर तेजी से समझौता करने के लिए निर्देशित किया जाता है और आपको लगता है, कि आपको नियंत्रित किया जा रहा है, तो स्थिति को छोड़ दें। किसी भी विकल्प, विशेष रूप से मौद्रिक विकल्प, पर निर्णय लेने से 24 घंटे पहले जागरूक रहें। बिना सोचे-समझे किए गए चुनाव में न पड़ें। बिक्री प्रतिनिधि वास्तव में तत्काल खरीदारी को डिज़ाइन करने के लिए स्पष्ट रूप से एन एल पी सिस्टम से लैस हैं।

इसके अलावा, आवश्यक और प्रमुख मानक: यदि आपको लगता है, कि कोई वास्तव में आपके साथ छेड़छाड़ कर रहा है या शायद आप महसूस कर रहे हैं, कि वह व्यक्ति वास्तव में आपके साथ छेड़छाड़ करने का प्रयास कर रहा है, तो अपनी प्रवृत्ति के साथ चलें। एन एल पी लोग अक्सर संदिग्ध दिखाई देते हैं। बच जाएँ, या यहाँ तक कि यह स्वीकार करने की अनुमति दें, कि आपसे बात करते समय उन्हें आप पर एन एल पी तकनीकों का अभ्यास नहीं करना चाहिए।

इन कौशलों को प्राप्त करने के लिए व्यावहारिक कदम

अब आप पूरी तरह से समझ गए हैं, कि यदि कोई व्यक्ति वास्तव में आप पर एन एल पी का उपयोग कर रहा है, तो यह कैसा हो सकता है, अब यह पता लगाने का समय है, कि आप इसका उपयोग दूसरों पर कैसे कर सकते हैं। इस विशेष पुस्तक में अनुनय के अन्य तरीकों की तरह ही, जिनके बारे में हमने अब तक बात की है, सुनिश्चित करें, कि आप इसका उपयोग ख़तरनाक तरीके से नहीं कर रहे हैं। अपनी ज़रूरत की हर चीज़ करने के लिए लोगों को मूर्ख बनाने की कोशिश करने के बज़ाय, यह सुनिश्चित करने के लिए ये प्रभावी तरीके अपनाएँ, कि आप दोनों को आनंद का स्थान मिल रहा है।

सबसे पहले, आइए उस मूल भाषा की जाँच करें, जिसका आप उपयोग कर सकते हैं। फिलहाल, स्पष्ट रूप से असीमित शब्द हैं, जिनके साथ हम काम कर सकते हैं, इसलिए एक ऐसे व्यक्ति के रूप में जो दूसरों को प्रभावित करना चाहता है, आपको

यह सुनिश्चित करना होगा, कि आप संभवतः उच्चतम सक्षम एन एल पी प्रभावकों की रणनीतियों में देखे गए विशिष्ट शब्दों के प्रति सचेत हैं। पहला शब्द है, "मत करो।" जब कोई कहता है, "यहाँ मत देखो," सबसे पहली चीज़ जो आपको करनी चाहिए, वह आम तौर पर ठीक वहीं देखना है, जहाँ उन्होंने नहीं देखने के लिए कहा था। ऐसा इसलिए है, क्योंकि हमारा दिमाग़ यह स्वीकार नहीं कर रहा है, कि "नहीं करें।" इसके बज़ाय, यह पूरी तरह से चर्चा के विशेष मुद्दे पर केंद्रित है और यही वह दृश्य है, जो उस क्षेत्र में मौजूद है, जहाँ आपको उपस्थित नहीं होने के लिए कहा गया है।

यदि आप अपने लिए कार्रवाई करने के लिए किसी व्यक्ति की तलाश कर रहे हैं, तो आप पहले कह सकते हैं "नहीं करें", लेकिन बस थोड़ी सी सेटिंग में। "अभी इसके बारे में मत सोचो"। वास्तव में यह इंगित करने के लिए एक अच्छी बात है, जब आप वास्तव में चाहते हैं, कि व्यक्ति किसी उत्पाद के बारे में सोचे।

संभवतः आप अपने बॉस से इस बारे में बात कर रहे हैं, कि एक आसान पार्टी में पैसा खर्च करने के बज़ाय छुट्टियों के लिए, छुट्टियों की व्यवस्था करना कितना मजेदार होगा। आप कह सकते हैं, "हमें इस सीज़न की छुट्टियों के लिए पार्टी के बज़ाय एक छोटी यात्रा के बारे में सोचना चाहिए। हालाँकि, इस समय हम अन्य सभी नौकरियों में बहुत सक्रिय हैं, इसलिए आज इस बारे में न सोचें।" आप क्या विश्वास करेंगे, कि पर्यवेक्षक तब क्या करेगा? काम के तनाव से खुद को विचलित करने के तरीके के रूप में, वह यात्रा पर विचार करना शुरू कर सकता है और यह भी सोच सकता है, कि यह श्रमिकों के लिए कितना मजेदार हो सकता है।

यदि आप वास्तव में कुछ प्राप्त करने का प्रयास कर रहे हैं, तो आप हमेशा इस शब्द का उपयोग नहीं करना चाहेंगे। जीवनसाथी से यह कहना, "वेलेंटाइन डे के लिए मेरे लिए फूल मत लाना," काम नहीं करेगा, भले ही आपने इसे टीवी पर कितनी बार ऐसा करते हुए देखा हो। फिल्मों के साथ-साथ, वे केवल यह मानेंगे, कि आपको फूलों की कोई इच्छा नहीं है। इसके बज़ाय आप कह सकते हैं, "कोई बड़ी डील मत करो, मुझे ज़्यादा कुछ नहीं चाहिए।" इसकी गारंटी नहीं है, हालाँकि यह उन्हें समझाने का काम कर सकता है, कि उन्हें एक बड़ी सोच पैदा करने की ज़रूरत है, ताकि वे आपकी अपेक्षाओं से आगे निकल जाएँ।

एन एल पी मास्टर द्वारा उपयोग किया जाने वाला सबसे बड़ा शब्द वास्तव में "आप" है। जब आप "आप/मैं" कथन जैसी चीज़ों को शामिल करने में सक्षम होते हैं, तो यह दूसरे व्यक्ति को स्वयं की कल्पना करने में मदद कर सकता है। किसी व्यक्ति को अपनी बात सुनने के लिए उसके बारे में बात करना सबसे महत्त्वपूर्ण है! भले ही यह आत्मकेंद्रित प्रतीत हो, मनुष्य केवल अपने बारे में बातचीत करना पसंद करते हैं। ऐसा इसलिए है, क्योंकि यह वास्तव में वे कौन हैं और साथ ही वे दुनिया को कैसे देखते हैं? इसका मानक भी है। एन एल पी की एक और रणनीति "क्योंकि," "हालाँकि," या किसी अन्य व्याख्यात्मक शब्दों का उपयोग करना है। यदि आप अपने साथी या शायद माता-पिता से कुछ ऐसा कह रहे हैं, "मैं 5 डॉलर की माँग करता हूँ," तो हो सकता है, कि वे इस पर विश्वास न करें और कभी भी आपको नकद देने का विकल्प न चुनें। यदि आप कहते हैं, "मुझे पाँच पैसे की आवश्यकता है, क्योंकि मैं थोड़ा भोजन खरीदना चाहता हूँ," संभावना है, कि वे आपको नकदी प्रदान करने की अधिक संभावना रखते हैं, यह आसान है।

जब उपभोक्ता कोई विकल्प चुनते हैं, तो वे व्यापक स्पष्टीकरण, सबूत और साक्ष्य चाहते हैं। भले ही उन पर उस विकल्प को चुनने के लिए प्रभाव डाला जा रहा हो, अंततः, वे अपने निर्धारण कारकों का समर्थन करने के लिए तथ्यों को चाहेंगे। जितनी अधिक संख्या में आप उन्हें जानकारी प्रदान कर पाएँगे, उतनी ही अधिक संभावना होगी, कि वास्तव में आपको वह मिलेगा, जो आप इस विशेष व्यक्ति से चाहते हैं। यह न केवल आपका मामला बनाने में मदद करता है, क्योंकि आप उनकी पसंद के लिए सबूत पेश कर रहे हैं, बल्कि आप यह भी सुनिश्चित कर रहे हैं, कि आप उन्हें यह दिखाने में सक्षम होंगे, कि आप आश्वस्त हैं, कि आप किस बारे में जानते हैं। वास्तविक साक्ष्य भी और तथ्य भी।

जब आप अपने अनुनय के स्तर को किसी ऐसे विचार पैटर्न से जोड़ सकते हैं, जो किसी के पास पहले से ही हो, तो उन्हें प्रभावित करना आसान हो जाएगा। प्रभाव हासिल करने का प्रयास करते समय, केवल सतही स्तर पर चीज़ों की तलाश न करें। वास्तव में निर्णय लेने के पीछे छिपे संज्ञानात्मक कौशल को सीखें। हर कोई मूल शक्ति के झांसे में नहीं आएगा। इसलिए, आपको उन्हें सफलतापूर्वक प्रभावित करने के लिए

आवश्यक उत्तरों की खोज करने के लिए गहराई से देखना होगा, कि उन्हें क्या चीज़ प्रभावित कर सकती है?

हमेशा अपने आप को उनकी जूती में रखें। आपके उस अनुरोध के बारे में क्या ख्याल है, जो उन्हें बनाए रख सकता है? आख़िर वे क्यों नहीं कहेंगे? वहाँ से, उनके दिमाग़ के उस हिस्से को देखें, संज्ञानात्मक क्षमता, जो तब उभरने वाली है, जब वे विशिष्ट विकल्प चुनना शुरू करेंगे। फिर आप उस भाषा पर बहुत गौर कर सकते हैं, जिसका व्यवहार पर प्रतिकूल प्रभाव पड़ा।

शक्तिशाली नेतृत्व

आज आप एन एल पी रणनीति में शामिल सर्वोत्तम आवश्यक घटकों को पहले से ही जानते हैं, यह देखने का समय है, कि आप एक अच्छे नेता बनने के लिए इन तकनीकों का उपयोग कैसे कर सकते हैं? अपने दैनिक जीवन में व्यक्तियों को प्रभावित करना महत्त्वपूर्ण हो सकता है, लेकिन जब आप सत्ता की स्थिति में हों या शायद उसी स्थिति में हों तो कम से कम आप चाहेंगे, कि आपको नियंत्रण और विशेषज्ञता के बीच संतुलन तलाशना है। एक मज़बूत नेता अपने अनुयायियों को प्रोत्साहित करने का तरीका जानता है, हमेशा उन्हें संभालने का नहीं। क्या आपकी पसंद आपके जीवन के साथ-साथ उन व्यक्तियों पर भी प्रभाव डाल सकती है, जो आपका सम्मान कर रहे हैं और आपकी बात सुन रहे हैं?

सबसे महत्त्वपूर्ण और सबसे पहले, सुनिश्चित करें, कि आप अपनी कंपनी के बारे में चिंतित हैं। चाहे आप किसी भी चीज़ के नेता हों, आपको उस पर भरोसा रखना होगा और वास्तव में यह जानना होगा, कि वह इसे कैसे आसान बना सकता है और आपके अनुयायी अधिक खुशहाल और बेहतर जीवन जी सकते हैं। यदि आप जो कर रहे हैं, उसमें शायद आपको कोई दिलचस्पी नहीं है, तो किसी और को क्यों होनी चाहिए?

हम सभी के पास ऐसे क्षण होते हैं, जब हम दूसरों की तुलना में कम भावुक होते हैं, हालाँकि एक नेता के रूप में यह महत्त्वपूर्ण है, कि आप ऐसा न दिखाएँ। लगातार गारंटी दें, कि आप अपने काम में निवेशित हैं और केंद्रित हैं। यदि आप इस मौलिक कार्य को उपलब्ध नहीं करा रहे हैं, तो आप लोगों से और कुछ नहीं माँग सकते।

फिर, सुनिश्चित करें, कि आप अपने कर्मचारियों के साथ कुशलतापूर्वक बात कर रहे हैं। लगातार बैठकों के साथ-साथ मूल्यांकन अवधि भी रखें, ताकि उन्हें अपने कुछ मुद्दों पर आवाज़ उठाने का मौका दिया जा सके। यदि आप अनुपलब्ध हैं, तो कार्यस्थल पर न जाएँ, कॉल का उत्तर देने से इंकार कर दें या हो सकता है, कि अपने स्टाफ के सदस्यों या किसी अन्य अनुयायी को पूरी तरह से अनदेखा कर दें, अन्यथा वे आपकी बात सफलतापूर्वक नहीं सुन पाएँगे।

वे अब भी आपकी ज़रूरतें पूरी करेंगे, चूँकि उन्हें ऐसा करना होगा। लोगों को वास्तव में आप पर विश्वास करने के लिए, वास्तव में यह जानने के लिए, कि आप उन्हें अपनी ओर कैसे आकर्षित कर सकते हैं? आपको सबसे पहले यह सुनिश्चित करना होगा, कि आप उनकी बात सुन रहे हैं! ठीक उसी समय, आपको यह सुनिश्चित करना होगा, कि आपके अनुयायियों या स्टाफ सदस्यों के लिए भी आपके पास उच्च मात्रा में भावनात्मक बुद्धिमत्ता हो। सहानुभूति दिखाएँ और जब आप गलत हों, तो आप ऐसा कहने के इच्छुक होंगे। स्वाभाविक रूप से, जब आप गलती पर नहीं होते हैं, तो आप बाहरी तौर पर माफ़ी नहीं माँगना चाहते हैं, बल्कि लगातार दिखाते हैं, कि आप जो विकल्प चुन रहे हैं, उस पर ध्यान देने और उस पर विचार करने के लिए तैयार हैं। एक नेता होने के नाते, ध्यान केवल कार्य पूरा करने पर नहीं है। स्टाफ़ इसी लिए है। एक नेता होने के नाते, आपका काम आम तौर पर यह सुनिश्चित करना है, कि वे कार्य को कुशलतापूर्वक पूरा करने में सक्षम हैं, क्योंकि वे खुश हैं। उनकी आवश्यकताएँ वास्तव में पूरी हो गई हैं और उनका ध्यान रखा जा रहा है। यदि आप कुशल हैं, तो आप एक बेहतर पर्यवेक्षक और नेता भी बनेंगे। हमेशा कुछ नया सीखने के लिए तैयार रहें और सुनिश्चित करें, कि आप उस विकास के अनुरूप हैं, जो आप दूसरों को दिखा रहे हैं। जितना अधिक आप इसे पूरा करने में सक्षम होंगे, लोगों के लिए आप पर विश्वास करना, उतना ही आसान होगा और आप उन्हें प्रभावित करने का प्रयास कर रहे हैं।

काम पर संचार

इस अध्याय में, हम कार्यस्थल संचार पर करीब से नज़र डालेंगे और यह पता लगाना शुरू करेंगे, कि आपके संचार का हमेशा वांछित प्रभाव क्यों नहीं होगा और देखें कि आप एन एल पी के साथ इसका समाधान कैसे कर सकते हैं? यदि आपने पिछले भाग में उल्लेखित बुनियादी, लेकिन गहन संचार तत्वों को सीख लिया है, तो काम पर दूसरों को समझने और प्रभावित करने की आपकी क्षमता में सुधार होगा। आप इसे समझने के आधार के रूप में उपयोग कर सकेंगे और इस पुस्तक के शेष भाग का लाभ उठा सकेंगे।

काम पर संचार

नीचे दिया गया चित्र दिखाता है, कि सबसे छोटे से लेकर सबसे बुजुर्ग तक, प्रत्येक ग्राहक, आपूर्तिकर्ता और सहकर्मी के दिमाग़ में क्या होता है? एन एल पी "संचार मॉडल" के रूप में जाना जाता है, यह संक्षेप में बताता है, कि गलतफ़हमी क्यों होती है और क्यों अलग-अलग ग्राहक या स्टाफ सदस्य एक ही बात कह सकते हैं? लेकिन बहुत अलग प्रतिक्रियाएँ प्राप्त करते हैं। संचार मॉडल व्यक्तियों को जानने, उनसे जुड़ने और उन्हें प्रभावित करने के लिए एक संरचना भी प्रदान करता है, जिसका उल्लेख हम पुस्तक में कई बार करेंगे। निम्नलिखित परिभाषा, विशिष्ट उदाहरणों के साथ, एन एल पी शब्दावली का उल्लेख करेगी। यह मुख्य रूप से व्यक्तिगत संपर्क पर भी ध्यान केंद्रित करेगा, क्योंकि आप किसी संगठन में संचार करते समय लोगों के एक समूह के साथ बातचीत कर रहे हैं, हालाँकि संगठनात्मक प्रभावों का संक्षेप में यहाँ और बाद के अध्यायों में अधिक विस्तार से उल्लेख किया जाएगा।

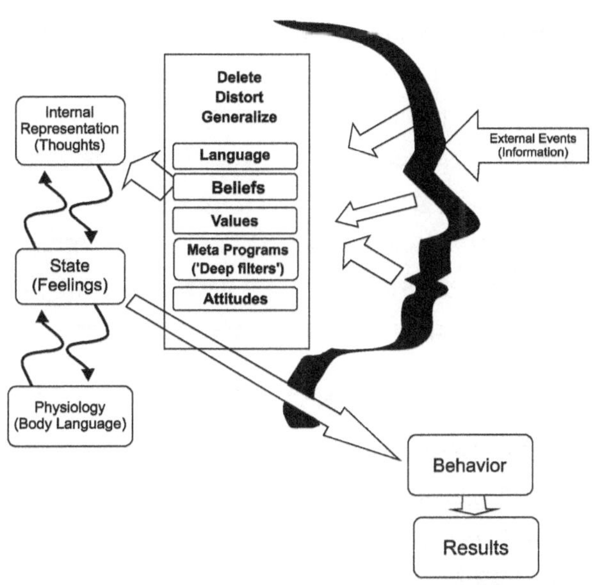

आरेख: एन एल पी संचार का मॉडल

आप अपनी दुनिया से जानकारी प्राप्त करते हैं, जिसकी शुरुआत ऊपरी दाहिनी ओर से होती है, जिसे आप अपनी पाँच इंद्रियों के माध्यम से अनुभव करते हैं। यह जानकारी तब स्वचालित रूप से और लगभग तुरंत फ़िल्टर की जाती है (निम्नलिखित अनुभाग में, तीन मुख्य फ़िल्टर कवर किए गए हैं) और जो आप सोचते हैं, उसका "आंतरिक प्रतिनिधित्व" (यानी, एक विचार या मानसिक छवि) में योगदान देता है, आमतौर पर एक मिश्रण छवियों, ध्वनियों, भावनाओं, आंतरिक संवाद, साथ ही संभावित स्वाद और गंध की। आपकी स्थिति (यानी, आप कैसा महसूस करते हैं) इस बात पर निर्भर करेगी, कि यह सोच आपके लिए उपयुक्त है या नहीं और यह बदले में आपके शरीर विज्ञान को प्रभावित करेगी, जैसे कि आप कैसे खड़े होते हैं, चलते हैं और बोलते हैं?

ऐसी अनुभूति, भावनाएँ और शारीरिक प्रतिक्रियाएँ आपके कार्यों और दृष्टिकोण में योगदान कर सकती हैं, जो अंततः आपके द्वारा प्राप्त परिणामों को तय करती हैं।

उदाहरण के लिए, यदि आपका बॉस आपको बताता है, कि पाँच मिनट मे आप बैठक की अध्यक्षता कर रहे हैं, क्योंकि उसे एक जरूरी नियुक्ति पर जाना है और आप इसके बारे में सकारात्मक विचार रखते हैं, अच्छा महसूस करते हैं और आत्मविश्वास से भरे दिखते हैं, तो बेहतर प्रदर्शन की संभावना अधिक है, यदि आप इससे डरते हैं, घबराहट महसूस करते हैं और अपने शब्दों पर लड़खड़ाती आवाज़ के साथ लड़खड़ाते हैं, तो बेहतर प्रदर्शन की संभावना कम है। खंड-शीर्षक में "हम फ़िल्टर करने के तरीके को कैसे प्रभावित करते हैं? कुछ कारण, जिनसे आप स्थिति के बारे में सकारात्मक या नकारात्मक सोच सकते हैं, को बताया जाएगा।"

तीन प्रमुख फिल्टर

ये तीन प्राथमिक फिल्टर हैं:

- **विलोपन** (Deletion)
- **विरूपण** (Distortions)
- **सामान्यकरण** (Generalization)

आइए प्रत्येक पर चर्चा करें।

विलोपन

जैसे-जैसे आप ज्ञान की व्याख्या करते हैं, इसका अधिकांश भाग मिट जाता है। यह गणना की गई है, कि दिन के प्रत्येक सेकंड में, हम अपनी पाँच इंद्रियों के माध्यम से लाखों बिट्स जानकारी प्राप्त करते हैं, जबकि हमारा चेतन मन प्रति सेकंड केवल 126 बिट्स का सामना कर सकता है, (फ्लो के लेखक प्रोफेसर मिहाली सिसिकज़ेंटमिहाली के काम के आधार पर, जो अनुमान लगाता है, कि हम हमसे बात कर रहे, एक व्यक्ति को समझने के लिए प्रति सेकंड 40 बिट्स का उपयोग करते हैं)। भले ही ये आंकड़े अतिरंजित हों, इन शब्दों को पढ़ने से पहले, आप शायद अपनी उंगलियों के सामने इस पुस्तक की भावना या अपने आस-पास की आवाज़ों या अपनी परिधीय दृष्टि में मौजूद चीज़ों से अनजान होंगे। दरअसल, मनोवैज्ञानिक इस बात पर जोर देते हैं, कि यदि हम अपनी इंद्रियों द्वारा प्राप्त सभी ज्ञान के प्रति सचेत रहेंगे, तो हम थक जाएँगे और कार्य करने में असमर्थ हो जाएँगे। सकारात्मक तरीके

से, डेटा हटाने से आपको इस बात पर ध्यान केंद्रित करने की अनुमति मिलती है, कि क्या पूरा किया जाना चाहिए, जैसे कि समय सीमा तक पहुँचने के लिए विशेष कार्यों पर काम करना?

विलोपन का अर्थ यह हो सकता है, कि आप मूल्यवान विवरणों को कम उपयोगी अर्थों में अनदेखा कर सकते हैं, शायद इसलिए, क्योंकि आपका ध्यान कहीं और केंद्रित है। उदाहरण के लिए, आप एक रिपोर्ट बनाने के लिए इतनी जल्दी में हो सकते हैं, कि आप केवल महत्त्वपूर्ण जानकारी वाले ई-मेल को ही पढ़ लेते हैं। कृपया ध्यान दें कि, अनदेखा करने के विपरीत, जो एक जानबूझकर लिया गया निर्णय है हटाना, एक मानक और स्वचालित प्रक्रिया है। यह जानते हुए, कि जानकारी को हटाया जा सकता है, आप उस जानकारी पर अधिक ध्यान दे सकते हैं, जो प्रासंगिक हो सकती है।

विरूपण

जब आप डेटा पर विश्वास करते हैं या उसकी व्याख्या करते हैं, तो विकृतियाँ किसी घटना पर शब्द और लेबल लगाती हैं। उदाहरण के लिए, यदि आपके बॉस का सहायक आपसे तुरंत मिलने के लिए कहता है और कहता है, कि वह खुश नहीं है, तो इसका क्या मतलब है? "इसका अपने आप में कोई मतलब नहीं है, फिर भी आपको ऐसे विचार रखने के लिए माफ़ किया जा सकता है, "मैंने क्या गलत किया? या "मैं मुसीबत में हूँ।" इस बात की कई अन्य संभावित व्याख्याएँ हैं, कि उसे आपसे मिलने की आवश्यकता क्यों है, लेकिन ये विचार उपयुक्त हो सकते हैं। इसके बारे में आपकी "नकारात्मक" उम्मीदें बैठक को संभालने के तरीके पर प्रभाव डालेंगी। यदि आप अपनी विकृतियों को पहचानना सीख सकें, तो आप तुरंत निष्कर्ष पर पहुँचना और अधिक शिक्षित निर्णय लेना बंद कर सकते हैं।

सामान्यीकरण

सामान्यीकरण तब होता है, जब आप ज्ञान के कई उदाहरणों की अपेक्षाकृत छोटी मात्रा लेते हैं और निष्कर्ष निकालते हैं, कि वही धारणा आम तौर पर मान्य होती है। सफलतापूर्वक उपयोग किए जाने पर, स्टीरियोटाइप्स आपको सीखने में मदद

करते हैं (उदाहरण के लिए, "यदि मैं एक कंप्यूटर का उपयोग कर सकता हूँ, तो मैं किसी भी कंप्यूटर का उपयोग कर सकता हूँ।") और सकारात्मक बातचीत को सुदृढ़ करता है, ("मैंने आज और पिछले सप्ताह एक अच्छी प्रस्तुति दी, इसलिए मैं एक अच्छा प्रस्तुतकर्ता हूँ।") दूसरी ओर, वे शक्तिहीन कर सकते हैं ('पिछली कुछ बिक्री बैठकें खराब रहीं, शायद मैं अपना संपर्क खो रहा हूँ।')

विकृतियों की तरह, यदि आप अपने स्वयं के अशक्त सामान्यीकरणों को समझना सीख सकते हैं, तो आप चीज़ो को बेहतर ढंग से देख पाएँगे, कि वे कैसी हैं? इसलिए स्थिति पर ही प्रतिक्रिया करें, न कि अपनी पिछली अप्रभावी धारणाओं पर। अशक्त करने वाले सामान्यीकरण भी अनुपयोगी विचारों में योगदान कर सकते हैं।

कार्यस्थल पर इन तीन फिल्टर का उपयोग करें

सबसे पहले, यह आपको केवल यह समझकर, कि ये फ़िल्टर मौजूद हैं, अधिक आत्म-जागरूक बनने की अनुमति देगा। यह जानते हुए, कि आप हटा रहे हैं, विकृत कर रहे हैं और सामान्यीकरण कर रहे हैं, आपको इसकी संभावना के प्रति सचेत करेगा।

- हो सकता है, कि आपने किसी प्रोजेक्ट के लिए महत्त्वपूर्ण जानकारी छोड़ दी हो और फिर आप आवश्यक बिंदुओं की दोबारा जाँच करने का विकल्प चुन सकते हैं।

- यदि कोई परिदृश्य (उदाहरण के लिए, साक्षात्कार) उतना अच्छा नहीं रहा, जितना आप चाहते थे, तो यह कहने के बज़ाय, कि "यह सब गलत हो गया" (सामान्यीकरण और शायद विरूपण), यह देखने लायक है, कि क्या अच्छा हुआ? (उदाहरण के लिए, विलोपन को हटाना)।

- हो सकता है, कि आपने दूसरे के उत्तर का गलत मतलब निकाला हो, जैसे कि किसी संभावित ग्राहक द्वारा आपकी कॉल का जवाब न देना (विरूपण)। ऐसे मामलों में संबंधित व्यक्ति से यह पूछना भी सहायक होता है, कि उन्होंने क्या सोचा या उन्हें कैसा महसूस हुआ? सबसे बुरी बात जो हो सकती है, वह यह है, कि आपकी अवधारणा की पुष्टि हो जाती है और फिर आप संभवतः गलत धारणा के बज़ाय तथ्यों से निपट सकते हैं।

- दूसरों के साथ व्यवहार करते समय इस बात का ध्यान रखना, कि वे मिटाते हैं, गलत व्याख्या करते हैं और सामान्यीकरण करते हैं, आपको अधिक कुशलता से संवाद करने में मदद मिलेगी। उदाहरण के लिए, हो सकता है, कि आप कुछ मुख्य बिंदुओं को दोहराना चाहें या उन्हें अपने शब्दों में यह बताने के लिए कहें, कि जब आप किसी महत्त्वपूर्ण परियोजना के बारे में सहकर्मियों को जानकारी दे रहे हों, तो उन्हें क्या लगता है, कि आपने क्या कहा है?

यह आपको संकेत देगा, कि क्या कोई मुख्य बिंदु हटा दिया गया है, या तिरछा कर दिया गया है। इसी तरह, श्रमिकों को इनपुट (उत्पादक सामग्री) प्रदान करते समय उन्होंने जो अच्छा किया है, उसके मुख्य पहलुओं और परिवर्तन के स्थानों को दोहराएँ और उनसे यह बताने के लिए कहें, कि वे अगली बार चीज़ों को अलग तरीके से कैसे करेंगे?

क्या हम फ़िल्टर करने के तरीके को प्रभावित करते हैं?

मूल्य

मूल्यों को किसी दी गई स्थिति या संदर्भ में "हम क्या चाहते हैं?" या "हमारे लिए क्या महत्त्वपूर्ण है?" के रूप में वर्णित किया जा सकता है। आम तौर पर जीवन में और यहाँ तक कि काम जैसी विशेष परिस्थितियों में भी, हममें से प्रत्येक के पास अपने स्वयं के विशिष्ट मूल्य होते हैं। "स्वास्थ्य" और "मेरे परिवार के लिए वित्तीय सुरक्षा" जीवन मूल्यों के उदाहरण हो सकते हैं। "विविधता" और "प्रगति" कार्य मूल्यों के उदाहरण हो सकते हैं। आपके मूल्य आम तौर पर आपके निर्णयों और कार्यों में व्यक्त होते हैं, इसलिए आप आम तौर पर ऐसे विकल्प चुनेंगे जो आपको अधिक जानकारी देंगे, जो आपके लिए महत्त्वपूर्ण है। आम तौर पर वे नहीं, जिनका वार्षिक रिपोर्ट और खातों में या स्वागत कक्ष में दीवार पर प्रदर्शित लेमिनेटेड (परत चढ़ाया हुआ) प्रतियों में समर्थन किया जाता है। संगठनों के पास अक्सर सिद्धांत होते हैं। उदाहरण के लिए, एक संगठन कह सकता है, कि "सम्मान" एक मूल्य है और फिर भी यह हमेशा कर्मचारियों और ग्राहकों के प्रति सम्मान प्रदर्शित नहीं कर सकता है।

मूल्य तीन मुख्य फ़िल्टर को प्रभावित करते हैं, इसलिए यदि कोई चीज़ आपके लिए महत्त्वपूर्ण है या आप उसमें रुचि रखते हैं, तो आप उस पर ध्यान देंगे और अन्य डेटा हटा देंगे। इसलिए एक वित्त निदेशक यह देख सकता है, कि रेस्तरां (भोजनालय) में कितने लोग थे और यह मानसिक अनुमान लगा सकता है, कि रेस्तरां (भोजनालय) सफल है या नहीं, जबकि एक साथी भोजनकर्ता जो ग्राफिक डिजाइनर होता है, वह सजावट को देख सकता है और ग्राहकों की संख्या से अनजान हो सकता है। अधिक व्यापक रूप से, क्या आप वास्तव में समझते हैं कि आपके कर्मचारियों, ग्राहकों, साथियों और अन्य हितधारकों के लिए क्या प्रासंगिक है?

विश्वास

उदाहरण के लिए, विश्वासों का वर्णन कई तरीकों से किया जा सकता है:

- किसी विषय पर हमारा सर्वोत्तम वर्तमान प्रतिबिंब।
- वे विचार और राय जिन्हें हम मान्य मानते हैं।

विश्वास नैतिकता से जुड़े हो सकते हैं, क्योंकि आप सोच सकते हैं, कि कुछ मूल्य प्रासंगिक हैं। चाहे व्यक्तिगत कर्मचारी या व्यवसाय स्वामी के दृष्टिकोण से, मूल्य प्राप्त परिणामों को महत्त्वपूर्ण रूप से प्रभावित कर सकते हैं। एक विक्रेता जो अपने उत्पाद की प्रभावशीलता या विक्रेता के रूप में अपनी क्षमता पर विश्वास नहीं करता है, वह निश्चित रूप से उस सेल्समैन की तुलना में कम उत्पाद बेचेगा, जिसके पास उत्पाद या उसकी क्षमताओं के बारे में सशक्त राय है। एन एल पी संचार (कम्युनिकेशन) मॉडल और फिल्टर से जुड़कर, हम उस डेटा को भी फ़िल्टर कर देंगे (यानी मिटा देंगे, गलत तरीके से प्रस्तुत करेंगे या सामान्यीकृत करेंगे), जो इसके विपरीत है, ताकि अगर हम मान लें, कि कुछ भी वास्तविक है, तो यह हमारे मूल्यों के साथ मिश्रित हो जाए। लियोन फेस्टिंगर की 1957 की पुस्तक ए थ्योरी ऑफ कॉग्निटिव डिसोनेंस में, उनके काम पर आधारित शब्द "संज्ञानात्मक डिसोनेंस" उस असुविधा या कठिनाई की व्याख्या करता है, जो हम महसूस करते हैं, जब हम दो विरोधाभासी विश्वास रखते हैं और असुविधा को कम करने के लिए विश्वासों में से एक को संशोधित करने की परिणामी प्रक्रिया की व्याख्या करते हैं। यह निम्नलिखित चित्रण द्वारा प्रदर्शित किया गया है।

उदाहरण के लिए, संगठनात्मक स्तर पर, कर्मचारियों को संभालने के सर्वोत्तम तरीके पर विश्वास अंतिम परिणामों को प्रभावित करेगा।

भाषा

लोगों और संगठनों द्वारा उपयोग किए जाने वाले शब्द श्रोताओं/पाठकों को प्रभावित करते हैं (यदि ऐसा नहीं होता, तो रेडियो विज्ञापन व्यर्थ होता)। किसी व्यक्ति पर भाषा के प्रभाव को दर्शाने के लिए, एक उदाहरण के रूप में निम्नलिखित दो वाक्य कहने पर विचार करें:

1. मैं एक्स (X) नहीं कर सकता (यानी, मैं सक्षम नहीं हूँ), (बातचीत करना/ अपनी टीम को प्रशिक्षित करना/अच्छे व्यावसायिक निर्णय लेना)

2. मैंने अभी तक यह नहीं सीखा है, कि एक्स (X) को उतना अच्छा कैसे किया जाए, जितना मैं चाहता हूँ (बातचीत करना/अपनी टीम को प्रशिक्षित करना/अच्छे व्यावसायिक निर्णय लेना)।

पहला कथन अधिकांश पाठकों के लिए अवसर के वास्ते बहुत कम जगह छोड़ता है और उन्हें अशक्त महसूस करा सकता है (परिणामस्वरूप कार्यों और परिणामों पर प्रतिकूल प्रभाव के साथ), जबकि दूसरा कथन सुझाव देता है और संभावना भी पैदा करता है और अधिक प्रेरक है। इसी प्रकार, एक संगठन के दृष्टिकोण से, एक प्रबंधक श्रमिकों से बात कर रहा है, (बाद के दो वाक्यों में "मैं" के बजाय "आप" का उपयोग करके) उन कर्मचारियों पर नकारात्मक या सकारात्मक प्रभाव डालेगा, यह इस पर निर्भर करता है, कि दोनों में से किस कथन का उपयोग किया जाता है?

मेटा प्रोग्राम (डीप फ़िल्टर)

"मेटा प्रोग्राम" फिल्टर के लिए एक एन एल पी शब्द है, जो संक्षेप में, अन्य फिल्टर के ऊपर है या उन्हें रेखांकित करता है। वे गहराई से एम्बेडेड फिल्टर हैं, जो इस बात की परवाह किए बिना काम करते हैं, कि क्या हो रहा है और वे यह तय करते हैं, कि हम कैसे सोचते हैं? जैसा कि पहले सूचीबद्ध अन्य फिल्टर के विपरीत है, इसलिए हम जो मानते हैं, उसके बारे में अधिक है। इस कारण से, मैं उन्हें "गहरे फिल्टर" के रूप में भी संदर्भित करूँगा।

आइए सादृश्य द्वारा "दिशा फ़िल्टर" के रूप में प्रसिद्ध गुंजयमान फ़िल्टर में से एक का उदाहरण देखें। लोगों को या तो "उस ओर" प्रेरित किया जा सकता है, जो वे चाहते हैं या "उससे दूर" जो वे नहीं चाहते हैं या निरंतरता के साथ कहीं भी प्रेरित किया जा सकता है। उदाहरण के लिए, भौतिक वस्तुओं और यश के कारण जो वे प्राप्त करेंगे और प्राप्त करने में सक्षम होंगे। कोई व्यक्ति अत्यधिक प्रेरित हो सकता है और अपने लक्ष्यों और उद्देश्यों को पूरा करना चाहता है, जबकि समान कार्य करने वाला एक सहकर्मी विफलता को रोकने के लिए अत्यधिक प्रेरित हो सकता है, क्योंकि वे (उससे दूर) नहीं हैं। व्यापार जगत में, इस विशेष 'सातत्य' (continuum) (अबाध क्रम) के दोनों सिरों को अक्सर "गाजर या छड़ी" या "धकेलना/खींचना" कहा जाता है। हम अपने और अन्य लोगों के बारे में सीखने, 'अनुनाद' (resonant) (गुंजयमान) फिल्टर के माध्यम से परिस्थितियों के प्रति अपने और अन्य लोगों, दृष्टिकोण और प्रतिक्रियाओं में अधिक अंतर्दृष्टि प्राप्त करेंगे और इसलिए व्यक्तियों और लक्षित दर्शकों को प्रभावित करने में बेहतर सक्षम होंगे। पिछले अनुच्छेद में उदाहरण का उपयोग करते हुए, इस बात पर जोर देकर, कि यदि उन्होंने कार्य अच्छी तरह से पूरा कर लिया, तो उन्हें क्या लाभ होगा या क्या हासिल होगा (जैसे कि नकद, इसके बदले समय की छुट्टी, पदोन्नति की बेहतर संभावनाएँ), आप कर्मचारी "की ओर" और कर्मचारी "से दूर" कार्य को अच्छी तरह से पूरा न करने के नकारात्मक पहलुओं पर जोर देकर (जैसे वेतन वृद्धि न मिलना, लंबे समय तक काम करना, या पदोन्नति की संभावनाओं को नुकसान पहुँचाना) प्रेरित करेंगे।

दृष्टिकोण और अनुभव

किसी विशेष विषय के बारे में मान्यताओं और मूल्यों के संग्रह के रूप में, आपका "रवैया,अनुभव" वे घटनाएँ हैं, जो हमारे साथ घटित हुई हैं और हमारे चरित्र को आकार देने में मदद करने के लिए अन्य फ़िल्टर से जुड़ती हैं, इस पर भी विचार कर सकते हैं।

"स्वचालित पायलट" बनाम "सचेत सोच"

इस अध्याय को समाप्त करने से पहले मैं संचार मॉडल से संबंधित एक अन्य महत्त्वपूर्ण विषय के बारे में कुछ बातें कहना चाहूँगा। "चेतन मन" और "अचेतन"

(या "अबचेतन") मन का विचार एन एल पी में मौजूद है। इसका ज्ञान आपको कार्यस्थल की घटनाओं पर अपनी प्रतिक्रियाओं को संभालने और अन्य लोगों की प्रतिक्रियाओं के साथ बेहतर ढंग से काम करने में सक्षम बनाएगा। संक्षेप में, चेतन मन आपके दिमाग़ का "तर्कसंगत" हिस्सा है और व्यावसायिक गतिविधियों जैसे लक्ष्य निर्धारण, तैयारी, बैठक की तैयारी और नौकरी के संदर्भ में वित्तीय गणना करता है।

आपका अचेतन मन यादों, जागरूकता, धारणाओं, विश्वासों, मूल्यों और भावनाओं की अलग-अलग परतें रखता है। अधिकांश व्यक्ति अचेतन मन के सतही स्तर पर अपनी कुछ यादों को याद करने में सक्षम होते हैं और अपने कुछ विश्वासों और मूल्यों के प्रति सचेत रहते हैं। वे अधिक मौलिक स्तर पर अपने किसी भी अंतर्निहित विश्वास और मूल्यों के प्रति सचेत नहीं हो सकते हैं और उनकी भावनात्मक प्रतिक्रियाएँ स्वचालित रूप से होती हैं। उदाहरण के लिए, किसी महत्त्वपूर्ण बैठक से पहले चिंतित या उत्साहित महसूस करना, एक स्वचालित (अचेतन) प्रतिक्रिया है।

इस विषय पर चर्चा करने का उद्देश्य, आपकी जागरूकता बढ़ाना है, कि आप जिस किसी के साथ काम पर जुड़ते हैं, वह कुछ हद तक उनकी स्वचालित प्रतिक्रियाओं से प्रेरित होगा, यदि सभी व्यावसायिक निर्णय पूरी तरह से तार्किक (यानी, सचेत) उद्देश्यों पर केंद्रित होते हैं, तो यह संभव है, कि एक विशिष्ट क्षेत्र के भीतर अलग-अलग कंपनियों की सभी चीज़ें कर्मचारी एक ही आपूर्तिकर्ता से खरीदेंगे और एक जैविक क्षेत्र के व्यक्ति एक ही आपूर्तिकर्ता से खरीदेंगे। वास्तव में, लोग चाहे वे इसके बारे में सक्रिय रूप से जागरूक हों या नहीं, अपने निर्णयों को कुछ हद तक भावनात्मक कारकों या गहरी मान्यताओं और मूल्यों पर आधारित करते हैं। उदाहरण के लिए, इस पुस्तक से आपको जो अंतर्दृष्टि प्राप्त होगी, वह आपको अपने कार्यकर्ताओं के विश्वासों को खोजने में मदद करेगी और इस प्रकार उन्हें अधिक प्रभावी ढंग से प्रभावित करने में सक्षम होगी, जबकि अधिक स्वचालित (या अचेतन) तत्वों में गहराई से उतरना इस पुस्तक की पहुँच से परे है, यह महत्त्वपूर्ण है, कि आप इसके बारे में जागरूक हों। यदि आप और अधिक सीखने में रुचि रखते हैं, तो सम्मोहन के विषय पर कई किताबें उपलब्ध हैं, जो अचेतन मन में गहरी अंतर्दृष्टि

प्रदान करेंगी। "आगे सीखने के लिए संसाधन" अनुभाग इनमें से कुछ को सूचीबद्ध करता है।

चूँकि हम सभी के पास भाषा, राय, सिद्धांतों, डीप फिल्टर/मेटा-प्रोग्राम प्रोफाइल, व्यवहार और अनुभवों का उपयोग करने के अलग-अलग तरीके हैं, इसलिए यह शायद ही आश्चर्य की बात है, कि हमारे पास अलग-अलग विचार हैं और किसी दिए गए कार्य स्थिति के बारे में अलग-अलग चीजें देखते हैं, जो अक्सर नेतृत्व कर सकती हैं, अन्य लोगों की भिन्न (और अक्सर अप्रत्याशित) प्रतिक्रियाओं पर। उदाहरण के लिए, अर्थशास्त्रियों के पास समान आर्थिक डेटा तक पहुँच होने के बावजूद, अर्थशास्त्री के आधार पर आर्थिक पूर्वानुमान भिन्न होते हैं। इसी तरह, जब एक नए मुख्य कार्यकारी को नियुक्त किया जाता है, तो दो मुख्य कार्यकारी अधिकारियों के पास समान मार्केटिंग और व्यावसायिक डेटा तक पहुँच होने के बावजूद, कंपनी का रणनीतिक मार्ग बदल सकता है। इस अध्याय का अधिकांश डेटा किसी व्यक्ति विशेष के विचार से संबंधित है। समुदायों और संगठनों के काम करने का तरीका सामान्य सिद्धांतों पर लागू होता है, उदाहरण के लिए, टीमों और संगठनों के पास आदर्श और विश्वास होते हैं, जिन्हें कभी-कभी "संस्कृति" कहा जाता है। इस पुस्तक का उद्देश्य उस स्तर को बढ़ाना है, जिससे आपके संदेशों की व्याख्या, आपके इच्छित तरीके से की जाएगी और आपको संदेश उसी तरह से प्राप्त होंगे, जिस तरह से वे अन्य लोगों से चाहते हैं।

ऐसे संबंध बनाना जो कारगर हों

लोगों को अपने पक्ष में कैसे करें?

स हकर्मियों, ग्राहकों और अन्य हितधारकों के साथ अच्छे कामकाजी संबंध स्थापित करने और संबंध बनाए रखने की क्षमता सफलता के सिद्धांतों में से एक है। एन एल पी के संबंध में कहा जाता है, कि यह सभी अंतःक्रियाओं का केंद्र है और इसे "लोगों के बीच विश्वास और सहयोग की भावना" के रूप में परिभाषित किया जा सकता है। यह महत्त्वपूर्ण है, कि हम जानें, कि रिश्ते विकसित करने में सक्षम होने के लिए, अन्य लोग कैसी प्रतिक्रिया देते हैं। एन एल पी में संवेदी तीक्षणता नामक एक शब्द है, दूसरे शब्दों में, देखने, सुनने और कुछ मामलों में सूक्ष्म (कभी-कभी अत्यधिक सूक्ष्म) गैर-मौखिक संकेतों को महसूस करने के लिए इंद्रियों का उपयोग करना, जो व्यक्ति स्वचालित रूप से प्रसारित करते हैं (वे कैसे सोचते हैं, महसूस करते हैं और उससे प्रभावित होते हैं), ताकि आप समझ सकें, कि वे कैसा महसूस करते हैं। यह संवेदी धारणा रिश्तों के लिए एक आवश्यकता है और रिश्तों पर आगे बढ़ने से पहले हम इसकी संक्षेप में व्याख्या करेंगे।

संवेदी तीक्षणता

प्रदर्शन के लिए दूसरा सिद्धांत संवेदी तीक्षणता है, (अध्याय 3)। यह इस बात पर इनपुट लेने से संबंधित है, कि बातचीत या संपर्क कैसे चल रहा है और यह आपको कार्यस्थल में और भी अधिक कुशलता से जुड़ने में मदद कर सकता है। इसे समझाने के लिए हमें संक्षेप में समय में पीछे जाना होगा। परिचय में, मैंने कहा है, कि

जॉन ग्राइंडर और रिचर्ड बैंडलर ने शुरुआत में 1970 के दशक में उत्कृष्ट संचारकों की मॉडलिंग करते हुए, एन एल पी विकसित किया था। प्रख्यात चिकित्सक और सम्मोहन चिकित्सक, मिल्टन एरिकसन उनमें से एक थे

उत्कृष्ट संचारक, एरिकसन के पास इतनी उत्कृष्ट संवेदी तीक्ष्णता है, कि वह यह कहने में सक्षम था, कि एक मरीज़ समाधि में जा रहा था, क्योंकि वह देख सकता था, कि कहानी के अनुसार उसके टखने में नाड़ी धीमी हो रही थी।

इस बिंदु पर, आप सोच रहे होंगे, "सम्मोहन का व्यवसाय से क्या लेना-देना है?" सीधे शब्दों में कहें, तो अपने मौखिक और गैर-मौखिक संपर्क से, सम्मोहन चिकित्सक प्रभावित करने के व्यवसाय में हैं, कार्यस्थल में, हर किसी को अन्य लोगों को हेरफेर करने की आवश्यकता होती है, चाहे वह हो:

- बिक्रीकर्ता ग्राहकों को उनकी अपेक्षाओं को स्पष्ट करने के लिए प्रभावित करते हैं, ताकि वे बेहतर सेवा दे सकें और (उम्मीद है) ग्राहकों को बेच सकें।
- प्रबंधक बेहतर प्रदर्शन करने के लिए श्रमिकों को हेरफेर करते हैं।
- कर्मचारी जो वेतन वृद्धि या पदोन्नति के लिए पर्यवेक्षकों को प्रभावित करते हैं।
- चिकित्सक मरीजों को अपनी दवा लेने के लिए प्रभावित करते हैं।
- शिक्षक और प्रशिक्षक जो छात्रों और पाठ्यक्रम प्रतिभागियों को सीखने के लिए प्रोत्साहित करते हैं।

यदि आप अपनी संवेदी तीक्ष्णता का उपयोग, यह निर्धारित करने के लिए कर सकते हैं, कि किसी भी समय व्यक्ति कैसा महसूस करते हैं? आप आगे बढ़ने और उन्हें सही जगह पर हेरफेर करने में सक्षम होने की अधिक संभावना रखते हैं, जिस प्रकार एक सम्मोहन चिकित्सक धूम्रपान छोड़ने की इच्छा रखने वाले रोगी में कोमा उत्पन्न करने के लिए, सही गति से आगे बढ़ने में बेहतर सक्षम होता है। क्या ग्राहक उपरोक्त कुछ कार्यस्थल उदाहरणों का उपयोग करके खरीदारी का निर्णय लेने के लिए तैयार है या क्या उन्हें अधिक विवरण की आवश्यकता है? क्या पाठ्यक्रम के प्रतिनिधियों को समझ आ गया है या उन्हें और स्पष्टीकरण की आवश्यकता है?

कुल मिलाकर, संवेदी तीक्ष्णता आपको यह स्पष्ट रूप से समझने की अनुमति देती है, कि कोई हर पल कैसा महसूस करता है और आपको यह चुनने में भी सक्षम बनाता है, कि कैसे और कब बातचीत करनी है?

संवेदी तीक्ष्णता के कुछ सिद्धांत

लगभग हर व्यक्ति तुरंत अपनी संवेदी तीक्ष्णता का उपयोग करता है। अधिकांश लोगों को केवल उन्हें देखकर या कमरे में आते ही उन्हें "हैलो" सुनकर पता चल जाएगा, कि उनका परिवार, रिश्तेदार या करीबी सहकर्मी विशेष रूप से अच्छे या बुरे मूड में हैं या नहीं। कोई व्यक्ति वर्तमान में कैसा दिखता है और वह आमतौर पर कैसा दिखता है, इसकी तुलना करके या कुछ सूक्ष्म गैर-मौखिक संकेतों को देखकर जो व्यक्ति वर्तमान में दिखा रहा है और पिछले समय के साथ इस अवसर की तुलना करके, उन्होंने इन संकेतों को दिखाया (एन एल पी में 'कैलिब्रेटिंग' के रूप में जाना जाता है)।

किस बात पर ध्यान देना है?

उदाहरण के लिए, जब आप समझते हैं, कि जिन लोगों को आप अच्छी तरह से जानते हैं, वे कैसा महसूस करते हैं? तो आपने निम्नलिखित गैर-मौखिक संकेतों में से किसी एक या सभी को आवश्यक रूप से समझे बिना देखा होगा:

- श्वसन पैटर्न (तेज या धीमा, छाती या पेट)।
- पुतली का आकार (फैला हुआ या संकुचित)।
- ध्यान का सामना करें।
- निचले होंठ का पूर्ण होना।
- त्वचा के रंग में बदलाव (उदाहरण के लिए, शरमाना)।
- इशारों के समूह (जैसे हाथ हिलाना, पैर थपथपाना, शारीरिक मुद्रा)।
- बोलने का लहजा (मात्रा, पिच, गति, स्वर-शैली)।
- चेहरे की माँसपेशियों की गति और आँखों की गति।

जिन लोगों को आप अच्छी तरह से नहीं जानते, उनके साथ आप संवेदी तीक्ष्णता का उपयोग कर सकते हैं। उदाहरण के लिए, जब किसी नए आपूर्तिकर्ता से मिलते हैं और बैठक शुरू होने से पहले लापरवाही से बात करते हैं, उदाहरण के लिए,

जब वे छुट्टियों का आनंद लेते हैं, ट्रैफिक जाम में उन्हें जो झुंझलाहट महसूस होती है और अन्य मुठभेड़ जो एक विशिष्ट तरीके से उनकी भावनाओं में योगदान करती हैं, के बारे में बात करते हैं, गैर-मौखिक संकेतों पर ध्यान दें। यदि बाद में चर्चा में उन्हें उन स्थितियों का एहसास होता है, तो आप इसे समझने के लिए इसका उपयोग कर सकेंगे।

चेतावनियाँ

यह याद रखना महत्त्वपूर्ण है, कि लोग एक-दूसरे से भिन्न होते हैं और जब, उदाहरण के लिए, हैरान महसूस करते हैं, तो एक व्यक्ति जो संकेत भेजता है, वह वही हो सकता है, जो कोई अन्य व्यक्ति महसूस करता है, उदाहरण के लिए, जिज्ञासु। साथ ही ध्यान दें, कि विशिष्ट व्यक्ति दूसरों की तुलना में अधिक स्पष्ट होते हैं और किसी की प्रतिक्रिया को उनकी शारीरिक भाषा के केवल एक तत्व द्वारा चिह्नित करने में सावधानी बरतें। कृपया यहाँ सामान्य ज्ञान का उपयोग करें, यदि कोई अपमानजनक तरीके से चिल्ला रहा है, तो वे कैसा महसूस कर रहे हैं, इसके संकेत स्पष्ट हैं। लेखक और पूर्व एफबीआई अन्वेषक, जो नवारो (जिनकी भूमिका में यह पता लगाना शामिल था, कि लोग कब झूठ बोल रहे थे) अपनी सबसे अधिक बिकने वाली पुस्तक, व्हाट एवरी बॉडी इज़ सेइंग में इस बात पर जोर देते हैं, कि प्रत्येक व्यक्ति अलग है और जबकि कुछ संकेत हो सकते हैं, जो दृढ़ता से सुझाव देते हैं, कोई कैसा महसूस करता है, वह स्वरूप की तलाश करेगा। उदाहरण के लिए, एक से अधिक मामलों में, लोग समान प्रतिक्रिया दिखा रहे हैं। इसलिए, कहानी 5.1 में हाथ मोड़ने के उदाहरण का उपयोग करते हुए, यदि कोई अपनी भुजाएँ मोड़ता है और फिर क्रोधपूर्ण हरकतें दिखाता है, तो अगली बार जब वह अपनी भुजाएँ मोड़े, तो सतर्क रहें। हालाँकि अकेले संवेदी तीक्ष्णता शायद ही यह तय करने के लिए पर्याप्त होगी, कि क्या यह ग्राहक, साक्षात्कारकर्ता या सहकर्मी के लिए मान्य नहीं है, आपकी संवेदी तीक्ष्णता का उपयोग यह संकेत दे सकता है, कि अधिक डेटा के लिए परीक्षण करना कब फायदेमंद होगा?

काम पर संवेदी तीक्ष्णता के अनुप्रयोग

यहाँ कुछ उदाहरण दिए गए हैं, कि कार्यस्थल में संवेदी तीक्ष्णता का उपयोग कैसे किया जा सकता है?

बिक्री:

- यह निर्धारित करने से पहले पहचान करना, कि क्या ग्राहक खरीदारी के लिए सहमत होने के लिए तैयार है या उसे अधिक विवरण की आवश्यकता है।
- यदि ग्राहक जाँच योग्य प्रश्न पूछने में सक्षम होकर, भ्रम के लक्षण प्रदर्शित करता है, तो विश्वसनीयता प्राप्त करना।

मूल्यांकन :

- क्या टीम सदस्य आपकी टिप्पणियों से सहमत हैं?
- लक्ष्य हासिल करने के लिए कार्यकर्ता कितना समर्पित है, इसकी जाँच करें।
- आपका प्रबंधक इस बात पर कितना सच्चा है, कि आपको पदोन्नत क्यों नहीं किया गया?

साक्षात्कार:

- क्या साक्षात्कारकर्ता ने उनके अनुभव को बढ़ा-चढ़ाकर बताया है?
- यदि आप अपने अनुभव को स्पष्ट करने के लिए पर्याप्त उदाहरण का उपयोग करते हैं, तो साक्षात्कारकर्ता के लिए यह जाँचना पर्याप्त है।

प्रस्तुतियाँ/बैठकें:

- यह जाँच करना, कि क्या आपका संदेश अच्छी तरह से गया है या क्या आपको रणनीति को बदलने की जरूरत है?

निम्नलिखित विषय का आधार आपकी संवेदी तीक्ष्णता कौशल है: संबंधों का विकास करना।

तालमेल

तालमेल दो या दो से अधिक संस्थाओं के बीच विश्वास और सहयोग की भावना है, ताकि आप उनसे जो बात कर रहे हैं, वह अधिक ग्रहणशील हो। यह अच्छे कामकाजी संबंध स्थापित करने का एक महत्त्वपूर्ण घटक है। बैंडलर और ग्राइंडर ने पाया, कि एरिकसन अपने ग्राहकों को ट्रान्स (समाधि) में जाने के लिए प्रेरित करने के

साथ-साथ उत्कृष्ट संवेदी तीक्ष्णता रखने के साधन के रूप में एक गहरे स्तर के संबंध विकसित करने में सक्षम था।

तालमेल इतना उपयोगी क्यों है?

तालमेल प्रदर्शन सिद्धांतों (अध्याय 3) में से एक है और सभी सफल संगठनात्मक संचार के लिए मौलिक है। जिस व्यक्ति पर आप भरोसा करते हैं और जिसके साथ आप सुरक्षित महसूस करते हैं, उससे आप पर सकारात्मक प्रभाव पड़ने की संभावना, उस व्यक्ति की तुलना में अधिक होगी, जिस पर आप भरोसा नहीं करते हैं। समान रूप से, यदि वे आप पर भरोसा करते हैं और आपके साथ सुरक्षित महसूस करते हैं, तो आप ग्राहकों और सहकर्मियों को प्रभावित करने में अधिक सक्षम होंगे।

यहाँ कुछ विशेष उदाहरण दिए गए हैं, कि कैसे रिश्ते आपको कार्यस्थल पर लाभ पहुँचा सकते हैं?

- सहकर्मियों, विक्रेताओं, रोगियों, छात्रों को या वस्तुओं और सेवाओं के सामान्य संदर्भ में बिक्री या विचार बेचना।
- साक्षात्कार के माध्यम से चुना जाना।
- अधिक सफल बातचीत, भले ही बातचीत तनावपूर्ण हो जाए।
- कोचिंग, क्योंकि एक कोच को कभी-कभी ग्राहक को वास्तव में चुनौती देने की आवश्यकता होगी।
- समुदायों के समक्ष राय प्रस्तुत करना (जैसे, बैठकें, प्रस्तुतियाँ)।
- असहमतियों और अजीब चर्चाओं से निपटना।

विभिन्न प्रबंधन और प्रभाव कौशल पाठ्यक्रमों के दौरान, जिन लोगों से मैं बात करता हूँ, उनमें से कई लोगों को संबंध बनाने के बारे में सिखाया गया है। इससे पता चलता है, कि कार्यस्थल में यह विषय कितना मूल्यवान है।

तालमेल के आसपास के कुछ सिद्धांत

अध्ययन के आधार पर कुछ मुख्य अवधारणाएँ हैं। सबसे पहले, रिपोर्टिंग का मतलब लोगों को सटीक रूप से सूचित करना है, न कि उन पर ऐसा कुछ करने के लिए दबाव डालना, जो वे नहीं करना चाहते हैं। भले ही उपरोक्त संभव थे, अधिकांश निगम नैतिक व्यावसायिक प्रथाओं को अपनाते हैं, ग्राहक वफादारी, विश्वसनीयता

और सम्बन्ध विकसित करते हैं और आम तौर पर फायदे के सौदा परिदृश्य स्थापित करते हैं। एक अन्य सिद्धांत इस तथ्य पर लागू होता है, कि व्यक्ति कुछ हद तक उनके जैसे व्यक्तियों को पसंद करते हैं।

तीसरी परिकल्पना यह है, कि अधिकांश संपर्क गैर-मौखिक होता है। मेहरबियन, बर्डविस्टेल और अन्य लोगों द्वारा किए गए शोध से पता चलता है, कि शब्द केवल 7 प्रतिशत बातचीत करते हैं, जिसमें 38 प्रतिशत आवाज़ का स्वर और 55 प्रतिशत शारीरिक भाषा होती है। हमारा अधिकांश सचेतन ध्यान बातचीत में शब्दों को सुनने पर केंद्रित होता है, इसलिए 93 प्रतिशत तक संचार हमारी चेतन-चेतना के बाहर हो सकता है। हम जानते हैं, कि इनमें कुछ वैधता है, भले ही ये आंकड़े बिल्कुल सही नहीं हैं। यदि आप कल्पना करते हैं, कि कोई ग्राहक यह कह रहा है, कि वे आपको देखकर कितने प्रसन्न हैं, लेकिन नीरस आवाज़ में, झुके हुए रुख के साथ और आपसे दूर देखते हुए, तो आप शायद सोचेंगे, कि वे इतने प्रसन्न नहीं थे!

"मिरर न्यूरॉन्स (दर्पण स्नायु)" और माँ और बच्चे के बीच संचार पर शोध से पता चला है, कि जब दो व्यक्तियों के बीच एक बंधन होता है, तो एक प्रकार का "अचेतन" संचार होता है, जहाँ दोनों पक्ष स्वाभाविक रूप से सुरक्षित महसूस करते हैं। अंत में, मित्रता एक ऐसी चीज़ है, जिसका सामना लगभग हर कोई अपने आप ही उन व्यक्तियों से करता है, जिनका साथ वे पसंद करते हैं और आराम महसूस करते हैं। किसी व्यवसाय-नेटवर्किंग समारोह या किसी बैठक में लोगों को देखें और आप चर्चा में शामिल लोगों को साझेदारी के संकेत दिखाते हुए देखेंगे, जिन्हें हम अगले अध्याय में देखेंगे।

तालमेल कैसे बनाएँ

यह देखते हुए, कि अधिकांश संचार गैर-मौखिक है और जो व्यक्ति किसी तरह एक-दूसरे के समान हैं, वे एक-दूसरे को पसंद करते प्रतीत होते हैं, यदि आप गैर-मौखिक रूप से यह साबित कर सकते हैं, कि आप अपने कार्य संपर्कों की तरह हैं, तो वे या तो आपको पसंद करेंगे या कम से कम आपके साथ सहज महसूस करेंगे।

ऐसा करने का तरीका दूसरे व्यक्ति (या लोगों) के शरीर विज्ञान, भाषण स्वर या वाक्यांशों के तत्वों को "मिलान" और/या "प्रतिबिंबित" करना है। मिलान और

प्रतिबिंबित करना एक-दूसरे के समान हैं, अंतर यह है, कि यदि आपके सहकर्मी का दाहिना हाथ उनकी ठुड्डी पर है, तो फिजियोलॉजी के संदर्भ में, यदि आप उनका सामना अपनी ठुड्डी पर अपना दाहिना हाथ रखकर कर रहे हैं, तो आप उनका मिलान करेंगे और यदि आपका अपनी ठुड्डी पर बायां हाथ रखकर, आप उन्हें प्रतिबिंबित करेंगे, तो परिणाम अलग होगा। एन एल पी अभ्यासकर्ता आमतौर पर मानते हैं, कि मिलान की तुलना में प्रतिबिंबित करना अधिक उत्पादक है, हालाँकि मुझे कोई निश्चित प्रमाण नहीं पता है। उदाहरण के लिए, यदि वे अपना पैर थपथपाते हैं, तो आप उसी गति से अपनी उंगली थपथपा सकते हैं (जिसे "क्रॉस-ओवर मिलान" के रूप में जाना जाता है)। आप एक व्यक्ति के शरीर विज्ञान का मिलान अपने स्वयं के किसी भिन्न अंग से भी कर सकते हैं। अब से, मैं तीनों रूपों को शामिल करने के लिए "मिलान" शब्द का उपयोग करूँगा।

जिन मुख्य चीज़ों का आप मिलान कर सकते हैं, वे यहाँ हैं:

शरीर क्रिया विज्ञान (55 %):

- मुद्रा (जैसे ठोड़ी पर हाथ, आगे, पीछे या बगल में झुकना)।
- इशारे (कृपया ऐसा तभी करें, जब बात करने की आपकी बारी हो)।
- श्वसन के पैटर्न जैसे गति और स्थिति (जैसे, छाती, पेट)।
- चेहरे के हावभाव।
- आँखों के संपर्क की संख्या (हालाँकि यह परंपरागत रूप से एन एल पी पाठ्यक्रमों में शामिल नहीं है, फिर भी यह संबंध बनाने में निहित है)।
- पोशाक का प्रकार (फिर से, यह एक विशिष्ट एन एल पी बिंदु नहीं है, हालाँकि आमतौर पर संस्कृति को ध्यान में रखते हुए कपड़े पहनना महत्त्वपूर्ण है)।

भाषण (प्रतिशत 38):

- बोलने की गति।
- बोलने की मात्रा।
- टोन (उच्च या निम्न पिच, स्वर)।
- लय (आवाज की गुणवत्ता या प्रतिध्वनि)।

शब्द (7 %):

- विवरण की मात्रा (बहुत सारा विवरण, केवल रूपरेखा या एक संयोजन), आम तौर पर, कोई व्यक्ति किसी भूमिका में जितना अधिक वरिष्ठ या अनुभवी होता है, उसे उतने ही कम विवरण की आवश्यकता हो सकती है।
- सामान्य अनुभव (उदाहरण के लिए, शौक, छुट्टियों के स्थान, बच्चे)।
- उनके उद्योग/पेशे में वे कीवर्ड (संकेत शब्द) और वाक्यांश, जिनका वे उपयोग करते हैं या उनका उपयोग किया जाता है।
- विधेय। ये ऐसे शब्द हैं, जो दर्शाते हैं, कि व्यक्ति चित्रों, ध्वनियों या भावनाओं के माध्यम से सोचता है या नहीं।" उदाहरण के लिए, यदि कोई कहता है, "मेरे दृष्टिकोण से" इसका मतलब है, कि वे चित्रों (देखें) में विश्वास करते हैं, यदि वे कहते हैं, "वह विचार मेरे साथ प्रतिध्वनित होता है," तो वे संभवतः ध्वनियों में सोचते हैं (प्रतिध्वनि)।

अधिक सटीक रूप से, उपरोक्त के एक या दो पहलुओं का मिलान करके, आप उस व्यक्ति को तब तक "गति" देंगे, जब तक आपको लगे कि कोई रिश्ता है और फिर, यदि संभव हो, तो आप उन्हें वहाँ "नेतृत्व" करेंगे, जहाँ आपको उनकी आवश्यकता है। (आप सुन सकते हैं, कि जिन लोगों ने एन एल पी सीखा है, वे संबंध निर्माण को "गति बढ़ाना और आगे बढ़ाना" कहते हैं।) इस पर अधिक जानकारी के लिए, "संबंध संकेतक" देखें।

सामान्य ज्ञान का उपयोग करना, याद रखना महत्त्वपूर्ण है और यह थोड़ा बहुत काम आता है। कृपया हर एक गतिविधि का मिलान न करें, क्योंकि यह वास्तव में ध्यान देने योग्य होगी और यह संभव है, कि दूसरा व्यक्ति असहज महसूस करेगा। दूसरे व्यक्ति के सचेतन ज्ञान से एक या दो तत्वों को चुनकर सूक्ष्मता से करना अधिक सफल होता है। यदि आप जिस किसी के साथ संबंध स्थापित करने का प्रयास कर रहे हैं, वह अतिरंजित हरकतों या मुद्राओं का उपयोग करता है, तो आपको इसे कुछ हद तक मेल करना चाहिए, यदि यह उसी डिग्री से मेल खाने के लिए बहुत अप्राकृतिक या अनुचित लगता है (थोड़ी सी बात बहुत आगे बढ़ जाती है)।

तालमेल के संकेतक

अधिक सटीक रूप से, उपरोक्त के एक या दो पहलुओं का मिलान करके, आप उस व्यक्ति को तब तक "गति" देंगे, जब तक आपको लगे, कि कोई रिश्ता है और फिर, यदि संभव हो, तो आप उन्हें वहाँ "नेतृत्व" करेंगे, जहाँ आपको उनकी आवश्यकता है। (आप सुन सकते हैं, कि जिन लोगों ने एन एल पी सीखा है, वे संबंध निर्माण को "गति बढ़ाना और आगे बढ़ाना" कहते हैं।) इस पर अधिक जानकारी के लिए, "संबंध संकेतक" देखें।

सामान्य ज्ञान का उपयोग करना, याद रखना महत्त्वपूर्ण है और यह थोड़ा बहुत काम आता है। कृपया हर एक गतिविधि का मिलान न करें, क्योंकि यह वास्तव में ध्यान देने योग्य होगी और यह संभव है, कि दूसरा व्यक्ति असहज महसूस करेगा। दूसरे व्यक्ति के सचेतन ज्ञान से एक या दो तत्वों को चुनकर सूक्ष्मता से करना अधिक सफल होता है। यदि आप जिस किसी के साथ संबंध स्थापित करने का प्रयास कर रहे हैं, वह अतिरंजित हरकतों या मुद्राओं का उपयोग करता है, तो आपको इससे कुछ हद तक मेल करना चाहिए, यदि यह उसी डिग्री से मेल खाने के लिए बहुत अप्राकृतिक या अनुचित लगता है (थोड़ी सी बात बहुत आगे बढ़ जाती है)।

कार्यस्थल पर अनुप्रयोग: लोगों को आगे बढ़ाना और उनका नेतृत्व करना

अब तक, आप जान गए होंगे, कि रिश्ते बनाना इतना महत्त्वपूर्ण है, कि यह सहकर्मियों, विक्रेताओं, ग्राहकों, रोगियों, छात्रों और मूल्यांकन, साक्षात्कार और प्रस्तुतियों जैसी बैठकों से लेकर किसी भी कामकाजी रिश्ते को रेखांकित करता है।

केवल शारीरिक भाषा, भाषण और वाक्यों के मिलान के बज़ाय, गति और नेतृत्व की अवधारणाओं को अधिक व्यापक रूप से लागू किया जा सकता है। उदाहरण के लिए, यदि आप किसी सहकर्मी को उस विचार के बारे में आश्वस्त करना चाहते हैं, जिस पर आप काम कर रहे हैं, साथ ही ऊपर बताए अनुसार संबंध बनाना चाहते हैं, तो आप उन्हें उन तरीकों से समझाकर, उनके ज्ञान के वर्तमान स्तर को गति

दे सकते हैं, जैसे आप जानते हैं। समझें और धीरे-धीरे उन्हें अपनी सागझ के उस स्तर तक ले जाएँ, जो आपने बना लिया है। इसी तरह, यदि आप जानते हैं, कि वे ऐसे व्यक्ति हैं, जिन्हें डेटा की तुरंत आवश्यकता है, जब तक कि वे इसके लिए न कहें, स्पष्टीकरण के साथ समय बर्बाद करने से बचें।

कभी-कभी, "ब्रेकिंग" लेख भी उपयोगी हो सकता है। उदाहरण के लिए, अपने दस्तावेज़ एकत्र करना शुरू करना यह दर्शाता है, कि आप चाहते हैं, कि बैठक समाप्त हो जाए या एक सेल्समैन के रूप में, जब आप ग्राहक से फोन कॉल करने या बाथरूम जाने का अनुरोध करते हैं, तो अंततः खरीदारी करने से पहले सोचने के लिए, कुछ समय छोड़ देते हैं। यह फायदेमंद हो सकता है, क्योंकि, उदाहरण के लिए, कुछ व्यक्तिगत वित्त अनुबंधों पर, "कूलिंग-ऑफ अवधि" होती है। हो सकता है, कि आपने इतने उच्च स्तर का संबंध विकसित कर लिया हो, कि ग्राहक आपसे खरीदारी करेगा, केवल प्रतिबिंबित करने के लिए और "खरीदार के पश्चाताप" के कारण रद्द कर देगा। रिश्ते को धीरे से और संक्षेप में तोड़ना बहुत आसान है, उदाहरण के लिए, फॉर्म पर हस्ताक्षर करने से पहले ग्राहक को अकेले सोचने का समय देने के लिए शौचालय जाना।

कार्यस्थल पर अनुप्रयोग: गति और अग्रणी समूह

आप समूहों के साथ-साथ लोगों के साथ भी संबंध बना सकते हैं। कुछ स्पष्टीकरण यहाँ हैं- किसी पार्टी में प्रेजेंटेशन (प्रस्तुति) देते समय, शुरुआत में या उसके आसपास, आप किसी विशिष्ट विषय पर दोनों तरफ हाथ दिखाने के लिए कह सकते हैं और पूछते समय अपना हाथ उठा सकते हैं। मैं यह भी पूछूंगा, उदाहरण के लिए, "मुझे पहले किसने बोलते हुए सुना है?" और फिर "मुझे पहली बार कौन देख रहा है? " ऐसा करने से आप समुदाय के संपर्क में रहते हैं और भीड़ में से लगभग सभी (यदि सभी नहीं) ने आपकी बराबरी/प्रतिबिंब लेने के लिए अपना हाथ उठाया होगा। एक और प्रश्न जो मुझे उपयोगी लगता है, वह है, "यदि आप किसी को समाप्त करना चाहते हैं, आज थोड़ा जल्दी, अपना हाथ उठाओ?"(मुझे कभी भी विपरीत प्रश्न नहीं पूछना है!)

उदाहरण के लिए, चाहे आप किसी सम्मेलन में हों या कोई प्रेजेंटेशन दे रहे हों, जहाँ आपको पता हो, कि लोगों को वहाँ मौजूद होने पर कुछ आपत्तियाँ होंगी, शाम 4 बजे एक महत्त्वपूर्ण बैठक होगी। "शुरुआत से बहुत उत्साहित होने के बजाय, आप दिखा सकते हैं, कि आप जानते हैं, कि वे कैसा महसूस करते हैं और छुट्टियों के सप्ताहांत से पहले शुक्रवार को "नेतृत्व" करने से पहले इसे "गति" देते हैं। उदाहरण के लिए, आप कह सकते हैं, "मुझे पता है, कि यह चार हैं लंबे सप्ताहांत से पहले शुक्रवार दोपहर बजे और मुझे लगता है, कि आप में से कुछ लोग इस बैठक की प्रतीक्षा नहीं कर रहे होंगे।"

आप पाएँगे, कि जब आप संभावित खरीदारों के एक समूह के साथ सम्मेलन में होंगे या किसी पैनल साक्षात्कार में होंगे, तो कुछ समान स्थिति होगी (उदाहरण के लिए, कुछ के पैर क्रॉस हो सकते हैं, कुछ का हाथ, उनकी ठुड्डी पर हो सकता है, कुछ का हाथ आगे की ओर झुका हुआ हो सकता है, कुछ का पीछे की ओर झुकाव हो सकता है)। पैर से संबंधित आसन का चयन करें, जो यथासंभव अधिक से अधिक व्यक्तियों के लिए उपयुक्त हो और हाथ से संबंधित आसन का चयन करें। जब आपको लगे, कि आपने कुछ लोगों के साथ संबंध स्थापित कर लिया है (शायद एक या दो मिनट के बाद), तो सूक्ष्मता से समायोजित करें, ताकि आप उन लोगों से मेल खा सकें, जिनसे आप मेल नहीं खाते हैं और ऐसा करना जारी रखें, ताकि बैठक के बड़े हिस्से के लिए, आप सबके संपर्क में हूँ। यदि कोई सबसे शक्तिशाली (जरूरी नहीं कि सबसे वरिष्ठ) हो, तो समय-समय पर अन्य सभी के साथ संबंध विकसित करने के अलावा, उस व्यक्ति के साथ संबंध बनाए रखने पर ध्यान केंद्रित करें।

किसी समूह से नाता तोड़ना फायदेमंद हो सकता है। एक टीम की बैठक में, एक बॉस के रूप में, आप कमरे से बाहर निकल जाएँगे और कमरे में लौटने से पहले टीम को कोई भी विकल्प चुनने के लिए छोड़ देंगे, जिसे क्रियान्वित करने के लिए वे जिम्मेदार होंगे।

हर किसी की भाषा में संवाद करने की कला

कई अन्य भाषाओं की तरह, अंग्रेजी में भी चार मुख्य प्राथमिकताएँ हैं, जो किसी व्यक्ति द्वारा उपयोग की जाने वाली भाषा के प्रकार को प्रभावित करती हैं।

यह जानने से आप अपनी बात इस तरह से आगे बढ़ा सकेंगे, कि हर कोई समझ जाएगा, कि आप क्या कह रहे हैं और इस तरह वे समझ पाएँगे, कि आपका क्या मतलब है, क्योंकि भले ही वे इसके बारे में सक्रिय रूप से जागरूक न हों, आप उसी तरह से बातचीत करेंगे, जिस तरह से वे स्वचालित रूप से जानकारी की व्याख्या करते हैं।

यह इतना फायदेमंद क्यों है?

ऐसे कई स्पष्टीकरण हैं, कि यह सामग्री व्यक्तियों और संगठनों दोनों के लिए काम में इतनी उपयोगी क्यों है। आपके पास यह अवसर होगा:

- बेचते, प्रस्तुत करते, प्रबंधित करते, विज्ञापन करते और बातचीत करते समय, अपना संचार विकसित करें, क्योंकि आप उस तरीके से संवाद करने में सक्षम होंगे, जिस तरह से अन्य लोग सोचते हैं और जानकारी प्राप्त करना चाहते हैं। इससे उन परिदृश्यों को रोकने में मदद मिलती है, जहाँ आप अलग-अलग लोगों को एक ही बात बताते हैं और पूरी तरह से अलग-अलग उत्तर प्राप्त करते हैं।
- ऐसे कौशल विकसित करें, जहाँ सुनने की क्षमता, कल्पना और रचनात्मक समस्या समाधान जैसी इंद्रियाँ उनसे जुड़ी हों।
- उपरोक्त क्षेत्रों में दूसरों को प्रशिक्षित करें।
- शब्दों का उपयोग करके रिश्ते बनाएँ।

इस पर निर्माण करने से पहले हमें कुछ बुनियादी बातों को ध्यान में रखना होगा।

हम जानकारी कैसे एकत्र और संसाधित करते हैं

जैसा कि आप संचार मॉडल से जानते हैं, हम अपनी पाँच इंद्रियों का उपयोग करके बाहरी जानकारी प्राप्त करते हैं और इन पाँच इंद्रियों का उपयोग करके आंतरिक रूप से जानकारी संसाधित करते हैं। इसके अलावा, हमारे पास इस डेटा पर एक आंतरिक संवाद है (यानी, इसमें शब्द डालना)। इन इंद्रियों को "प्रतिनिधित्व प्रणाली" के रूप में संदर्भित किया जाता है, यानी हम जानकारी का प्रतिनिधित्व कैसे करते हैं (या खुद को जानकारी फिर से प्रस्तुत करते हैं)? प्रतिनिधित्व की हमारी योजनाएँ हैं:

- देखें (दृश्य)।
- सुनना (श्रवण)।
- महसूस करें (किनेस्टेटिक)।
- महक (घ्राण)।
- स्वाद (उत्साहजनक)।

इन पाँच इंद्रियों के अलावा घटनाओं को लेकर भी आंतरिक बहस होती रहती है। इस आंतरिक वार्तालाप (या आत्म-चर्चा) को "श्रवण डिजिटल" कहा जाता है। उदाहरण के लिए, हो सकता है, कि आपको अभी-अभी पदोन्नत किया गया हो और आप किसी कंपनी की कार के हकदार हों। जब आप शोरूम में जाएँगे, तो आपको एक विशिष्ट कार (दृश्य) दिखाई दे सकती है और आप खुद से कह सकते हैं (ऑडिटरी डिजिटल), "यही वह है, जो मैं चाहता हूँ।"

"जबकि सभी प्रतिनिधित्वात्मक प्रणालियाँ हम में से प्रत्येक द्वारा कुछ हद तक उपयोग की जाती हैं, कई व्यक्तियों के पास एक या दो इंद्रियाँ होती हैं, जिन्हें वे उपयोग करना चुनते हैं (जिन्हें उनकी "पसंदीदा" या "मुख्य" प्रतिनिधित्व प्रणाली के रूप में जाना जाता है)। अगले खंड में, हम जा रहे हैं, ताकि पसंदीदा प्रणालियों पर चर्चा करें। घ्राण और स्वाद प्रणाली, हालाँकि जीवित रहने के लिए आवश्यक हैं, आमतौर पर पश्चिमी संस्कृति में उतनी महत्त्वपूर्ण नहीं हैं, जितनी कि वे जीवन शैली के अधिक निर्वाह वाले लोगों के लिए हैं, इसलिए श्रवण डिजिटल के साथ अन्य तीन इंद्रियाँ अधिक प्रभावशाली हैं। आइए प्रतिनिधित्व की इन चार प्राथमिक संरचनाओं को देखें:

- दृश्य: इसमें बाहरी छवियाँ शामिल होती हैं, जो छवियाँ उत्पन्न करती हैं और हमारे दिमाग़ में कल्पना करती हैं, साथ ही आपके द्वारा देखी गई छवियों/छवियों को याद करती हैं।

- श्रवण: इसमें बाहरी उत्तेजनाएँ, हमारे दिमाग में ध्वनियाँ बनाना और आपके द्वारा सुनी गई ध्वनियों/संगीत/शब्दों को याद करना शामिल है।

- काइनेस्थेटिक: इसमें बाहरी स्पर्श, आंतरिक भावनाएँ, भावनाएँ और शरीर की चेतना शामिल होती है।

- श्रवण डिजिटल: यह किसी विषय का आपका आंतरिक संवाद और मूल्यांकन है।

प्रतिनिधित्व की पसंदीदा प्रणाली

एन एल पी के क्षेत्र में आमतौर पर यह माना जाता है, कि लगभग:

- 35-40% व्यक्ति दृश्य प्रणाली के पक्षधर हैं।
- 20-25% परस्पर संवादात्मक श्रवण या श्रवण प्रणाली को पसंद करते हैं।
- 40% व्यक्ति गतिज योजना के पक्षधर हैं।

इसे समझना महत्त्वपूर्ण है, क्योंकि आप एक सामान्यीकरण के रूप में अपनी प्राथमिकताओं के अनुसार संवाद करते हैं, जो तब तक कुशल हो सकता है, जब तक आप समान प्रवृत्ति वाले लोगों के साथ संवाद करते हैं और इतना कुशल नहीं होता, अगर उनकी प्राथमिकता आपसे अलग हो।

नौकरी की अंतर्निहित प्रकृति के कारण, ऐसे व्यवसायों में किसी विशेष प्रणाली के प्रति अधिक मजबूत पूर्वाग्रह हो सकता है:

- दृश्य विधि आम तौर पर वास्तुकार और डिजाइनरों द्वारा पसंद की जाती है।
- संगीतकार और टेलीमार्केटर्स श्रवण चरण को पसंद करते हैं।
- काइनेस्टेटिक विधि कंप्यूटर तकनीशियनों (मरम्मत करने वाले) और फिजियोथेरेपिस्ट द्वारा पसंद की जाती है।
- ऐसा प्रतीत होता है, कि स्वचालित श्रवण प्रणाली लेखाकारों, वकीलों और बाज़ार विश्लेषकों द्वारा पसंदीदा है।

प्रतिनिधित्वात्मक प्रणाली विकल्प प्रश्नावली

चरण 1: कृपया निम्नलिखित प्रत्येक कथन के लिए प्रत्येक वाक्यांश के आगे एक संख्या डालें। अपनी प्राथमिकताएँ इंगित करने के लिए, निम्नलिखित प्रणाली का उपयोग करें:

- 4 = आपकी पसंद को सबसे सटीक रूप से परिभाषित करता है।
- 3 = आपकी प्राथमिकता की अगली सर्वोत्तम परिभाषा।
- 2 = उपरोक्त तीनों को चुनने के बाद अगला सर्वश्रेष्ठ।
- 1 = आपकी पसंद की न्यूनतम संभव व्याख्या।

इस स्तर पर (A), (B), (C) और (D) के संदर्भ पर ध्यान न दें। चरण 2 में, आप इस ज्ञान का उपयोग कर सकते हैं। कृपया ध्यान दें, कि प्रत्येक अंक के लिए, (A), (B), (C) और (D) का क्रम अलग-अलग होगा।

I.   मैं आमतौर पर इसके आधार पर महत्त्वपूर्ण विकल्प बनाता हूँ:
(A) जो तरीका मुझे सबसे अच्छा दिखता है।
(B) वह तरीका जो मुझे सबसे अच्छा लगता है।
(C) समस्याओं का मूल्यांकन, अध्ययन और विचार।
(D) अंदर की मेरी भावनाएँ, जो सबसे अच्छा लगता है।

II.   एक गर्म बहस के दौरान मेरे सबसे अधिक प्रभावित होने की संभावना है:
(A) लोगों की आवाज का स्वर।
(B) मैं दूसरे व्यक्ति के दृष्टिकोण को देख सकता हूँ या नहीं।
(C) दूसरे व्यक्ति के शास्त्रार्थ का तर्क।
(D) मैं विषयों के बारे में कैसा महसूस करता हूँ।

III.   मैं चाहता हूँ, कि जानकारी एक बैठक के दौरान प्रस्तुत की जाए:
(A) तस्वीरों और रेखाचित्रों का प्रयोग साफ सुथरा हो।
(B) इस तरह से कि मैं समझ सकूँ और मुझे व्यावहारिक अनुभव हो सके।
(C) तर्कसंगत, उचित तरीके से, ताकि मैं समझ सकूँ।
(D) चैट के संदर्भ में, ताकि हम प्रश्नों पर चर्चा कर सकें और मैं उनसे पूछ सकूँ।

IV.   आमतौर पर, मेरी पसंदीदा गतिविधियों और खेलों में शामिल हैं:
(A) संगीत सुनना, रेडियो सुनना, या लोगों से बात करना।
(B) फिल्में और अन्य दृश्य कलाएँ देखना।
(C) खेल खेलना, गतिविधियाँ करना और सामान्य रूप से घूमना।
(D) पढ़ना, लिखना, चिंतन करना और सामान्य रूप से अपने दिमाग़ का उपयोग करना।

V.   मैं निम्नलिखित के माध्यम से मुद्दों का समाधान करना पसंद करता हूँ:
(D) परिदृश्य और सभी समाधानों को देखते हुए, आरेखों का उपयोग करते हुए, शायद।

(B) स्थिति के माध्यम से दोस्तों या सहकर्मियों के साथ संवाद करना।

(C) स्थिति का विश्लेषण करना और सबसे सार्थक समाधान का चयन करना।

(A) मेरी साहसी और अंतर्ज्ञान की भावनाओं पर भरोसा करना।

VI.   जब मेरे दोस्तों के साथ:

(A) मुझे यह देखने में मज़ा आता है, कि वे कैसे जुड़ते हैं और व्यवहार करते हैं।

(D) मुझे उन्हें गले लगाना पसंद है या जब उनसे बात करते हैं, तो उनके बगल में बैठते हैं।

(C) मुझे उनके तर्क, स्पष्टीकरण और उनसे बात करने वाले विचारों में दिलचस्पी है।

(B) मुझे उनसे बात करना और सुनना अच्छा लगता है।

VII.   मैं किसी खेल या गतिविधि की एक विशिष्ट विशेषता इसके माध्यम से सीखता हूँ:

(A) यह देखना कि प्रशिक्षक इसे कैसे करता है।

(D) प्रशिक्षक का मेरे शरीर को सही स्थान पर बदलना।

(B) सुनना, बहस करना और स्पष्टीकरण के लिए प्रश्न पूछना।

(C) ऐसा करने के उद्देश्यों और तर्कों को एक निश्चित तरीके से जानना।

VIII.   जब मुझे किसी प्रस्तुति में सबसे अधिक दिलचस्पी होती है:

(C) प्रस्तुतिकरण और विचार का तर्क।

(B) आवाज की ध्वनि और प्रस्तुतकर्ता के बात करने का तरीका।

(A) दृश्य सामग्री जो प्रस्तुतकर्ता उपयोग करता है।

(D) मौका, शायद वास्तव में एक ऑपरेशन पूरा करके, सामग्री के साथ पकड़ पाने के लिए

प्रश्नावली स्कोरिंग

चरण 2: तालिका 6.1 में प्रत्येक अक्षर से जुड़े अंक लिखें और फिर प्रत्येक कॉलम का योग करें।

चरण 3: चार मुख्य प्रतिनिधित्वात्मक संरचनाओं में से प्रत्येक के लिए (ए = दृश्य, बी = श्रवण, सी = श्रवण मल्टीमीडिया, डी = काइनेस्टेटिक), कुल योग आपकी सापेक्ष प्राथमिकता का संकेत प्रदान करते हैं। ध्यान दें, ये रेटिंग प्राथमिकताएँ हैं, न कि क्षमता के बारे में घोषणाएँ या आप एक व्यक्ति के रूप में कौन हैं।

कृपया ध्यान दें, कि उपरोक्त प्रतिशत और अभ्यास 6.1 के परिणाम संकेतक हैं और "वरीयता" का स्वाभाविक रूप से "क्षमता" में अनुवाद नहीं होता है। उदाहरण के लिए, यदि आपका सबसे कम पसंदीदा उपकरण श्रवण है, तो इसका मतलब यह नहीं है, कि आप "बुरे श्रोता" हैं।

प्रतिनिधित्व के लिए पसंदीदा संरचनाओं को पहचानना

यहाँ कुछ संकेत दिए गए हैं, कि कार्यस्थल में पसंदीदा प्रतिनिधित्व प्रणाली को कैसे समझा जा सकता है और व्यक्ति कैसे कार्य करना चुनते हैं। इस खंड में कई सामान्यीकरण हैं, जो हर एक व्यक्ति के लिए सत्य नहीं हो सकते हैं।

दृश्य (यानी, वे चित्रों और आरेखों में सोचना पसंद करते हैं):

* तेजी से बोलें (वे चित्रों में सोचते हैं और चित्र हजार शब्द चित्रित करता है) और तेजी से इशारा करते हैं।

* "दृश्य" भाषा का उपयोग करें, जैसे कि देखो, देखना, प्रकट होना, ध्यान केंद्रित करना, चित्र बनाना, मानसिक छवि, स्पष्ट देखने में, धुंधला, दिखाना, आगे देखना, रौशन करना, कल्पना करना, समीक्षा करना, मुझे आपकी बात समझ आ गई है, अदूरदर्शी, मंद दृष्टि रखना।

* शौक रखें और ऐसा काम करें, जिसमें चीज़ें देखना शामिल हो, जैसे कला, फ़िल्में देखना या फ़ोटोग्राफ़ी, उन्हें अपने शगल(खेलों) का दृश्य पहलू पसंद है, जैसे कि देश में घूमते समय दृश्यों को देखना।

* चीजों को देखते समय उन्हें बेहतर ढंग से याद रखें, विशेषकर आरेख, प्रवाह चार्ट और चित्र।

- देखकर सीखें, जैसे आरेख, वीडियो देखकर, प्रवाह चार्ट, और चित्र।
- चीजों को साफ-सुथरा रखना पसंद है—कोई चीज या कोई व्यक्ति किस तरह दिखता है, यह महत्त्वपूर्ण है।

श्रवण (यानी, वे शब्दों का उपयोग करके संवाद करना पसंद करते हैं):

- मध्यम गति से बोलें, अक्सर लयबद्ध या मधुर तरीका।
- "श्रवण" भाषा का उपयोग करें, जैसे सुनना, ध्वनि, सुनना, बोलना, चर्चा करना, बातचीत करना, धुन लगाना/सुनाना, गूंजना, मैं श्रवणीय हूँ, एक राय व्यक्त करना, पूछना, बताना, घोषणा करना, घंटी बजाना, संगीत बजाना, ऊँचे और स्पष्ट, समान तरंग दैर्ध्य, सामंजस्य स्थापित करते हैं।
- शौक रखें और सुनने या शब्दों से जुड़े काम करें, जैसे कि कविता पढ़ना, संगीत सुनना, फोन पर अपने दोस्तों से बात करना या अपने मनोरंजन के श्रवण पहलू को पसंद करना, जैसे कि देश में घूमने वाली प्रकृति की आवाज़ सुनना।
- चीज़ें तब बेहतर ढंग से याद रहती हैं, जब उन्होंने उन पर चर्चा की हो या सुनी हो।
- सुनकर, ऑडियो सामग्री सुनकर या स्पष्टीकरण सुनकर सीखें।

श्रवण डिजिटल (यानी, वे विचारों में सोचना और विश्लेषण करना पसंद करते हैं):

- यह समझना चाहते हैं, कि विचार कैसे काम करते हैं।
- ऐसे विचारों में रुचि रखते हैं, जो अर्थपूर्ण हों और तार्किक हों।
- ऐसी भाषा का उपयोग करें, जो "संवेदी-विशिष्ट" न हो, जैसे कि गर्भ धारण करना, मूल्यांकन करना, मूल्यांकन करना, सोचना, समझना, जानना, सीखना, प्रक्रिया करना, निर्णय लेना, विचार करना, बदलना, अर्थ बनाना, तार्किक प्रक्रिया, हमारी सोच को संशोधित करना, मन का परिवर्तन, तर्क यह है।
- तथ्यों, आँकड़ों और सबूतों की आवश्यकता है।
- तीन अन्य मुख्य प्रणालियों में से किसी की विशेषताओं को प्रदर्शित कर सकता है।

काइनेस्टेटिक (यानी, वे चीज़ों को महसूस / अनुभव करना पसंद करते हैं):

- धीमी गति से बोलें।
- "काइनेस्टेटिक" भाषा का उपयोग करें, जैसे कि ठोस पकड़ना, जोड़ना, ठोस बनाना, संपर्क बनाना, कुछ विचारों को इधर-उधर फेंकना, कठोर, नरम, खुरदुरा, किसी चीज़ के लिए रास्ता चिकना करना, पकड़ना, संपर्क में आना, आधार को छूना साथ में, एक हैंडल प्राप्त करें, हमारे कार्ड मेज पर रखें, कुछ तार खींचें।
- शौक रखें और ऐसा काम करें, जिसमें स्पर्श या भावनाएँ शामिल हों, जैसे फिजियोथेरेपी, मिट्टी के बर्तन बनाना, या खेल, या वे अपने मनबहलाव के गतिज पहलू को पसंद करते हैं, जैसे कि देश में चलते समय ताजी हवा महसूस करना (चलना वैसे भी एक गतिज गतिविधि है)।
- चीज़ें तब बेहतर ढंग से याद रहती हैं, जब उन्होंने उनका अनुभव किया हो।
- उन्हें जो सिखाया गया है, उसे अभ्यास में लाकर और प्रयोग करके सर्वोत्तम तरीके से सीखें।

आपमें जानकारी को इस तरह से प्रस्तुत करने में सक्षम होने की संभावना अधिक होगी, जैसे वे किसी की वरीयता को समझकर इसे प्राप्त करना चाहते हैं और आप उन्हें प्रभावित करने में भी बेहतर सक्षम होंगे।

एक नोटबुक और एक पेन लें और अपने लिए ऐसा करने के लिए हर दिन गुणवत्तापूर्ण समय निकालें। आप एन एल पी तकनीक के साथ किसी भी सारणी पर काम कर सकते हैं और बहुत जल्दी अच्छे परिणाम देख सकते हैं। प्रत्येक चाल को समझना और करना सरल है। आप समस्या को जानने से पहले ही उसे अलग कर सकते हैं और ऐसी कार्रवाई कर सकते हैं, जिससे वह स्थायी परिवर्तन हो, जो आप चाहते हैं।

व्यवहार परिवर्तन के लिए कई प्रकार के परामर्श उपलब्ध हैं। कुछ हद तक, वे सभी प्रदर्शन करते हैं, लेकिन इसमें शामिल समय और लागत चुनौतीपूर्ण हो सकती है। समय-गहन उपचारों में, अधिकांश मुख्यधारा के व्यवहार परिवर्तन हस्तक्षेप शामिल होते हैं, जिनकी वजह से आपको और आपके बीमा प्रदाता को समय के साथ बहुत सारा पैसा खर्च करना पड़ता है। एन एल पी उसी तरह से काम करता है, लेकिन यह आपको बिना लागत के अधिक तेजी से परिणाम तक पहुँचाता है।

यदि आपकी कोई आदत है, जिसे आप बदलना चाहते हैं या स्वस्थ मानसिक कल्याण का अनुभव करना चाहते हैं, तो एन एल पी आपको बिना किसी परेशानी और उच्च लागत के गहन चिकित्सा के सभी फायदे देता है। आज के दिन को ऐसा दिन बनाएँ, जब आपने अपने जीवन पर नियंत्रण कर लिया हो और बढ़त हासिल कर ली हो। अब आपके पास तुरंत आरंभ करने के लिए सभी संसाधन उपलब्ध हैं।

यदि आपको यह पुस्तक अच्छी लगी हो, तो कृपया अमेज़न पर एक समीक्षा अवश्य छोड़ें।

बहुत शुक्रिया और शुभकामनाएँ !

नोट्स

नोट्स

नोट्स